"Lo que tantas veces quiero decir con la palabra *bendición* dista mucho de lo que Cristo ganó para nosotros. Si quieres saber cuánto, lee este libro".

Michael Horton, profesor J. Gresham Machen de Teología Sistemática y Apologética, Westminster Seminary California

"Nancy Guthrie nos recuerda que el apóstol Juan escribió acerca de dragones, águilas y bestias no para alentar en el siglo XXI la especulación acerca de su referente físico exacto, sino para motivar a la iglesia a la piedad en medio de una cultura pagana. Apocalipsis invita a la iglesia a congregarse alrededor del trono del Dios santo, el Cordero y el Espíritu, y a adorar en cada área de la vida. Necesitamos más libros como este acerca del último libro de la narrativa bíblica. ¡Me emociona saber cómo Dios va a usar este volumen para su gloria!".

Benjamin L. Gladd, profesor adjunto de Nuevo Testamento, Reformed Theological Seminary

"Algunos cristianos evitan Apocalipsis porque piensan que es un libro solo para intelectuales o paranoicos. En este libro claro e interesante, Nancy Guthrie nos explica el significado de este importantísimo libro de la Biblia, mostrándonos la bendición que contiene. Aunque la obra no hallaría lugar en el búnquer subterráneo de un teórico de la conspiración, es indispensable para quienes se preguntan cómo los temores y las preocupaciones de nuestra vida pueden transformarse gracias a lo que Jesús le reveló a Juan hace dos mil años en la isla de Patmos. Después de leer *Bendición*, nunca volverás a saltar Apocalipsis cuando lees tu Biblia, sino que lo buscarás con asombro y confianza, deseoso de ver a Jesús. Esta obra te dará información y material de reflexión y, en efecto, será bendición para ti".

Russell Moore, teólogo de *Christianity Today*; director del proyecto de teología pública de *Christianity Today*

"Para algunos creyentes, el libro de Apocalipsis es abrumador e incluso desalentador y tenemos la tendencia a ignorarlo. Nancy Guthrie ha escrito una interpretación maravillosamente clara, accesible y fiel del libro. Su exposición capta la visión teológica del libro sin detenerse allí. Guthrie explica de un modo admirable la manera de poner en práctica el libro de Apocalipsis en nuestra vida hoy. Laicos, estudiantes y cualquier persona que desee entender el libro de Apocalipsis se beneficiará de la lectura y el estudio de este libro".

Thomas R. Schreiner, profesor James Buchanan Harrison de Interpretación del Nuevo Testamento, The Southern Baptist Theological Seminary

"Lo único que es más alarmante que el libro de Apocalipsis es un libro cristiano sobre el Apocalipsis, con su avalancha de referencias cruzadas, las angustiantes y complejas predicciones futuras, los diversos 'milenialismos'. Este libro no es así. Nancy está convencida de que, al igual que todas las Escrituras, el Apocalipsis está escrito para que todo cristiano lo entienda. Su significado está al alcance de todo el que esté dispuesto a leer, en oración y a la luz del contexto, las palabras impresas en él. Nancy lo hace parecer un libro sencillo, vivo, cálido y práctico, lo cual es sin duda lo que Dios se propuso cuando le entregó la profecía a su siervo Juan como una bendición para todos los que lo leen y toman en serio lo que está escrito en él".

Andrew Sach, pastor de Grace Greenwich Church,
Reino Unido; coautor de *Pierced for Our Transgressions*
y de *Cava más profundo*

"Esta guía del libro de Apocalipsis es justo lo que necesitan los individuos y los grupos que quieren estudiar Apocalipsis sin sentirse intimidados. Aunque se basa en una investigación sólida e íntegra, está escrito con un público amplio en mente. Es interesante y cautivador y presta atención a las aplicaciones personales. Guthrie acompaña admirablemente a los lectores sin desconocer los desafíos y las dificultades. Al mismo tiempo, los anima a no detenerse frente a ellos, sino a continuar en el aprendizaje de lo que es claro en el mensaje de Apocalipsis. Como indica el título, el libro nos muestra las bendiciones que tenemos en Cristo".

Vern S. Poythress, distinguido catedrático de Nuevo
Testamento, Interpretación Bíblica y Teología Sistemática,
Westminster Theological Seminary

"Este libro fue de gran ayuda para mí. Nancy nos lleva a recorrer Apocalipsis con gran expectativa y asombro. Si bien algunos lectores pueden diferir con algunas conclusiones de Nancy, al igual que ella todos contemplaremos y nos maravillaremos ante nuestro gran Dios. El libro renovará nuestro ánimo de perseverar en apartarnos del mal y de aferrarnos a Cristo hasta el final".

Colleen McFadden, directora de seminarios para mujeres,
Charles Simeon Trust

BENDICIÓN

Libros de Nancy Guthrie publicados por Portavoz

Bendición: Experimenta la promesa del libro de Apocalipsis
Santos y sinvergüenzas en la historia de Jesús

BENDICIÓN

EXPERIMENTA LA PROMESA DEL LIBRO DE APOCALIPSIS

NANCY GUTHRIE

EDITORIAL PORTAVOZ

Título del original: *Blessed: Experiencing the Promise of the Book of Revelation*, © 2022 por Nancy Guthrie, y publicado por Crossway, un ministerio editorial de Good News Publishers, Wheaton, IL 60187, U.S.A. Traducido con permiso. Todos los derechos reservados.

Edición en castellano: *Bendición* © 2022 por Editorial Portavoz, filial de Kregel Inc., Grand Rapids, Michigan 49505. Traducido con permiso. Todos los derechos reservados. Publicado por acuerdo con Crossway.

Traducción: Nohra Bernal

Con profunda humildad y admiración dedico este libro a mis hermanos y hermanas alrededor del mundo que viven bajo amenaza constante y han sufrido grandes pérdidas por su valiente lealtad a Jesús y por negarse a transigir con su fe. Ustedes son de lo que el mundo no es digno (He. 11:38).

Aunque no los conozca en esta vida, un día nos reuniremos alrededor del trono de Dios y del Cordero. Cantaremos juntos que el Cordero es digno y alabaremos al Señor Dios Todopoderoso por la manera en que ha impartido su justicia. Un día estaremos cara a cara con nuestro Salvador y estoy segura de que Él los verá a los ojos y dirá: "Ustedes han vencido por medio de la sangre del Cordero y por el mensaje del cual dieron testimonio, pues no valoraron tanto su vida como para evitar la muerte" (Ap. 12:11, NVI).

Hasta entonces, oro por ustedes. Pido a Dios que los llene de gracia y paz. Pido que los fortalezca para perseverar con paciencia mientras esperamos la venida de nuestro Rey.

CONTENIDO

INTRODUCCIÓN

QUIZÁS DEBO EMPEZAR con una confesión.

Hace unos años, cuando por primera vez mi iglesia me pidió que preparara un estudio acerca de Apocalipsis, yo empecé a buscar una salida, una buena excusa para decir no. Me sentía completamente intimidada. Mi idea de Apocalipsis era la de una colección de criaturas y sucesos extraños e imposibles de entender que yo no era capaz de descifrar, mucho menos enseñar a otros.

Sin embargo, luego pensé: *Tal vez debería leer el libro antes de decir no.*

Así que empecé a leerlo. Nada más iba en el tercer versículo, cuando encontré esta afirmación: "Bienaventurado el que lee, y los que oyen las palabras de esta profecía, y guardan las cosas en ella escritas; porque el tiempo está cerca" (Ap. 1:3). Cuando leí esto, pensé: *¿Estaría yo dispuesta a afirmar que existe una bendición de Dios que no me interese recibir?* Seguí mi lectura hasta el final, donde reapareció la declaración: "Bienaventurado el que guarda las palabras de la profecía de este libro" (Ap. 22:7). Asimismo, "no selles las palabras de la profecía de este libro" (22:10), que en paráfrasis de Eugene Peterson sería: "No lo archives en la repisa". Cuando leí esto, pensé: *Eso es, en esencia, lo que he hecho. He archivado este libro dando por hecho que no seré capaz de entenderlo. Y no tiene que ser así.* Me di cuenta de que necesitaba sacar de la repisa el libro de Apocalipsis y aplicarme a leerlo, a oírlo, a entenderlo, a disfrutarlo y rendirme a él.

Tal vez tú sientas la misma necesidad. En ese caso, me alegra mucho explorar el libro contigo a través de las páginas que siguen.

No obstante, antes de empezar, hay tres asuntos que me gustaría tratar. Primero, quiero examinar algunas razones que nos llevan a desechar o prescindir del libro de Apocalipsis. Segundo, quiero justificar por qué vale la pena aplicarse a entender este libro. Tercero, quiero presentar algunas guías básicas para comprender el mensaje de este libro que serán de utilidad en nuestro recorrido.

Razones que nos llevan a eludir Apocalipsis

1. Tememos que no seremos capaces de entenderlo.

Apocalipsis está lleno de criaturas extrañas, imágenes de otro mundo y escenas que son difíciles de imaginar y descifrar. Es un libro que nos exige usar la imaginación y en realidad no estamos acostumbrados a hacer eso cuando leemos la Biblia. Apocalipsis está escrito en un género literario con el que no estamos familiarizados y por ende no sabemos cómo leerlo ni entenderlo. Esto significa que para entenderlo correctamente es preciso que desarrollemos habilidades de lectura para el género literario de la profecía apocalíptica. Cuando lo hacemos, el libro se abre delante de nosotros.

Apocalipsis no fue escrito para eruditos, de modo que no tienes que ser un académico para entenderlo. Es una carta escrita a creyentes comunes del siglo I con el ánimo de que entiendan su mensaje. Fue escrita para descubrir o revelar realidades ocultas, no para hacerlas más difíciles de ver y entender.

Apocalipsis no fue escrito para crear confusión, conflicto ni temor a quienes lo leen. Antes bien, fue escrito para que creyentes comunes que oyen y reciben sus palabras no solo sean capaces de entenderlo, sino que sean bendecidos por medio de él, bendecidos en un sentido contracultural que el mundo simplemente no puede entender y no valora.

2. Sabemos que existen muchas discrepancias en torno a Apocalipsis.

Es cierto que existen muchos desacuerdos acerca de Apocalipsis. Hay una gran variedad de enfoques sobre cómo leer y entender el libro, algunos más válidos que otros. Y hay muchas personas que tienen opiniones muy apasionadas acerca de cómo leer e interpretar Apocalipsis. Por desdicha, los diferentes criterios de interpretación tienden a crear barreras que lo convierten en un libro cerrado para muchos. Esta situación me parece trágica.

Permíteme ser directa: Si has escogido este libro con la esperanza de encontrar un aliado o un oponente para tus ideas interpretativas o escatológicas de las que estás plenamente convencido, tal vez te decepcione. Si bien mis puntos de vista en algunos temas polémicos pueden parecer evidentes en algunos apartados, mi objetivo no es presentar argumentos que contradigan opiniones opuestas a las mías. Sencillamente no cuento con el espacio ni el deseo de hacer tal cosa. Por regla general, no voy a presentar diversas perspectivas y a defender mi propio punto de vista. Solo voy a exponer lo que creo que las Escrituras nos presentan. No me interesa la crítica, la polémica ni la especulación. Me interesa presentar aquello que está claro y que no admite ser pasado por alto.

3. Pensamos que Apocalipsis se trata casi por completo del futuro y que no tiene nada práctico para ofrecernos hoy.

La mayoría de las personas dan por hecho que Apocalipsis se trata principal o exclusivamente acerca del futuro. No obstante, detente a pensar en esto. ¿Tendría sentido realmente que Juan dirigiera una carta a siete iglesias del siglo I cuya temática solo fuera relevante, casi en su totalidad, para la generación viva en el momento del regreso de Cristo? ¿Acaso no tiene más sentido que Juan escriba a los creyentes de su época, así como a los creyentes en cualquier época desde entonces hasta el día del regreso de Cristo acerca de lo que necesitan saber, de cómo han de vivir y cómo pueden enfrentar las duras realidades de la vida en este mundo?

Apocalipsis muestra una realidad pasada, presente y futura que los siervos de Jesús que viven en el período entre su ascensión y su regreso necesitan ver. Arroja luz sobre la historia tal y como se ha desarrollado en el pasado y como se desarrolla en el presente. Sirve para corregir todo tipo de presupuestos que podríamos abrigar acerca de la permanencia del estado actual y de lo inútil que es resistir el sistema del mundo.

Es evidente que algunos acontecimientos descritos en este libro aún no han sucedido. Hay una culminación futura del conflicto que ha sido una realidad constante en nuestro mundo desde que Dios puso enemistad entre la serpiente y la mujer en Edén. Habrá una batalla final. Jesús volverá. Y Apocalipsis va a ayudarnos a ver estas cosas con mayor claridad. Sin embargo, esto no significa que se enfoque únicamente, o incluso principalmente, en el futuro.

En realidad, Apocalipsis se trata menos acerca de *cuándo* regresará Jesús y más acerca de *qué* debemos hacer, *quiénes* debemos ser y *qué* podemos esperar que padeceremos mientras esperamos que Jesús regrese a establecer su reino.

Nuestra tendencia general es ser muy pragmáticos. Por lo general, nos gusta salir de un estudio bíblico con una lista de tareas y quizás damos por hecho que la batalla cósmica representada en Apocalipsis no se presta a aplicaciones prácticas. Pero simplemente no es así. Apocalipsis nos hace un llamado reiterado y urgente a todos nosotros y nos exige una respuesta ahora mismo, hoy mismo. Apocalipsis tiene todo que ver con la manera en que invertimos el capital de nuestra vida, aquello que merece nuestro entusiasmo y nuestro temor. Apocalipsis habla a nuestras grandes y pequeñas transigencias con el mundo que nos rodea, cómo vemos los sistemas políticos y gubernamentales y lo que esperamos que nuestro dinero provea.

Si nos preocupa lo práctico, llegará el día en el que miremos en retrospectiva y sea evidente para nosotros que no existe nada más práctico que la oración, nada más práctico que la perseverancia y nada más práctico que alabar al Dios trino incluso bajo la presión del maligno. Descubriremos que la adoración es la "actividad subversiva por excelencia" en un mundo de idolatría y materialismo.[1] Perseverar en nuestra lealtad al Rey Jesús a pesar de que nos cueste y vivir sin

---

1. Iain Duguid, "Doxological Evangelism in Practice: Preaching Apocalyptic Literature", Westminster Conference on Preaching and Preachers, Westminster Theological Seminary, 21 de octubre de 2020.

esperar el aplauso, la aprobación o la satisfacción de este mundo es subversivo. Es escandaloso. Y al mismo tiempo, es la vida cristiana de todos los días. Es lo que se espera de un ciudadano del reino de los cielos que vive en el reino del mundo.

4. Sabemos que Apocalipsis habla mucho acerca de la persecución de los creyentes y eso nos incomoda.

Tal vez no sea tanto la extrañeza o la polémica de Apocalipsis lo que nos aleja del libro. Tal vez, para muchos de nosotros, es nuestro gran apego a la comodidad y nuestra incapacidad para identificarnos con la realidad de ser atacados a causa de nuestra fe. La amenaza de ser exiliado a una isla prisión por declarar lealtad al Rey Jesús dista por completo de la cómoda realidad que muchos vivimos. Sencillamente nos resulta difícil contemplar las situaciones de tensión y de peligro, las consecuencias de vida o muerte que encontramos en este libro. Es difícil identificarnos con el clamor de "¿hasta cuándo?", cuando tenemos la seguridad de una casa hermosa y un buen trabajo, un juego de fútbol que podemos ver en nuestro televisor de pantalla grande y comida entregada

> Apocalipsis nos hace un llamado reiterado y urgente a todos nosotros y nos exige una respuesta ahora mismo, hoy mismo.

en la puerta. Si somos francos, tal vez nuestra vida cómoda y todo lo que esperamos adquirir, lograr y experimentar en esta vida nos satisfacen tanto que bien podríamos esperar mucho más antes que Jesús regrese e intervenga en los asuntos de este mundo.

Tal vez solo cuando osamos conmovernos frente a los informes de creyentes en otros lugares del mundo que son torturados y asesinados por su fe, cuando nos sentamos con una mujer que ha sido violada o ha presenciado la ejecución de su esposo a manos de extremistas islámicos, o cuando pensamos en personas de carne y hueso cuyas iglesias han sido incendiadas y sus pastores asesinados podemos sentir por fin el dolor que expresan los creyentes en Apocalipsis que preguntan hasta cuándo vendrá Cristo a restaurar todas las cosas. Apocalipsis nos invita a participar del dolor de la persecución que padecen nuestros hermanos y hermanas alrededor del mundo y a lo largo de la historia. El libro trata ese dolor y nos asegura que los días en los que la maldad triunfa están contados.

Razones por las cuales debemos estudiar Apocalipsis

1. Aunque no entendamos todo en Apocalipsis, podemos entender su mensaje central.

Si nuestra meta en el estudio de Apocalipsis es aclarar cada imagen que presenta, el significado de cada símbolo y de cada detalle, es muy probable que nos encaminemos a la frustración. En lugar de eso, nuestro objetivo debe ser prestar un oído atento y tomar con seriedad lo que realmente está claro en el libro.

A fin de ayudarte a captar el mensaje central de Apocalipsis, he preparado unas preguntas que puedes encontrar en www.portavoz.com/vida-cristiana/bendicion/. Sacarás mayor provecho del libro si dedicas tiempo a responder algunas preguntas acerca del texto bíblico antes de leer cada capítulo.

Vivimos tiempos de mucha división. Todos tenemos nuestras propias opiniones, al igual que opiniones acerca de cuáles opiniones valen la pena ser consideradas. Ese es indudablemente el caso del libro de Apocalipsis. Tal vez algunos nos sintamos más a gusto enfocándonos en asuntos interpretativos o aclarando los detalles, que en disponer nuestras vidas para examinarnos como lo exige este libro. El mensaje central de este libro está a nuestro alcance y podemos entenderlo. La pregunta más importante es si estamos o no dispuestos a abrazar y a vivir a la luz de su mensaje.

2. Necesitamos ver este mundo y nuestra vida en este mundo bajo la perspectiva del cielo.

A veces damos por hecho neciamente que contamos con toda la información necesaria para evaluar los sucesos de este mundo. Pero no es así. Nuestros puntos de vista están limitados por nuestra condición humana y por nuestra perspectiva terrenal. En el libro de Apocalipsis vemos que delante de Juan se corrió un velo que le permitió ver, más allá del tiempo y del espacio de esta vida terrenal, el corazón de la realidad suprema. Se le permitió ver lo que sucede en este mundo no desde la perspectiva de esta tierra, sino desde la perspectiva del cielo. Asimilar lo que él vio nos permitirá ver más claramente la verdadera naturaleza de las cosas. En lugar de ver las ofertas de este mundo como atractivas, desde la perspectiva celestial podemos ver cuán horribles e insatisfactorias son. En lugar de ver la persecución de un creyente fiel como una trágica derrota, podemos verla como una victoria gloriosa.

3. Queremos la bendición prometida a los que "oyen y guardan" este libro.

Muchos tenemos una percepción más bien superficial de lo que significa ser *bendecido*. Apocalipsis va a rectificar algunos presupuestos que tenemos acerca de lo que es la vida bendecida para creyentes comunes como tú y como yo. Y ya que la bendición prometida en Apocalipsis está reservada a quienes "oyen y guardan" lo que está escrito en este libro, seremos desafiados a sopesar detenidamente lo que significa y exige de nosotros oír y guardar sus palabras. Apocalipsis va a recubrir de carne los huesos de nuestro entendimiento en lo que concierne a la realidad de la vida bendecida.

4. Necesitamos vivir en la práctica la historia que relata Apocalipsis.

Todos vivimos, en la práctica, la historia que creemos que es cierta. Algunos viven la historia llamada "el sueño americano". Algunos vivimos una historia que debe terminar con un "fueron felices para siempre". Algunos hemos llegado a pensar que podemos construir nuestra propia vida y encaminarla hacia el final que nos place. Hay una historia que tú y yo deberíamos vivir en la práctica, una historia que debería determinar nuestra manera de vivir hoy y cada día que tenemos por delante. Jesús declara que esa historia es el reino de Dios. Apocalipsis nos ayuda a ver hacia dónde se dirige esa historia a fin de que podamos vivirla con una expectativa gozosa.

Lo que necesitamos para sacar el máximo provecho del estudio de Apocalipsis

1. Necesitamos disponernos a usar nuestra imaginación visual.

En muchos pasajes de las Escrituras los autores bíblicos nos relatan lo que *oyeron* de parte del Señor. Apocalipsis es diferente. Juan escribe acerca de lo que *vio* en cuatro visiones diferentes: Una visión de Cristo, una visión en el cielo, una visión en el desierto y una visión en el monte grande y alto. Juan dibuja con sus palabras cuadros grandiosos, imágenes que buscan dar una impresión y comunicar una realidad.

Tú y yo vivimos en un mundo visual. A lo largo del día estamos inundados de imágenes. Todas estas imágenes amenazan con definir la realidad para nosotros. Sin embargo, no son una imagen completa de la realidad. Apocalipsis nos presenta una imagen más completa de la realidad que no podemos ver con nuestros ojos físicos. Nos brinda la oportunidad de ver más allá del tiempo y del espacio de este mundo y verlo todo desde la perspectiva del cielo.

Las imágenes que nos presenta Apocalipsis pueden parecer extrañas o, en algunos casos, carecer de sentido. Sin embargo, estas imágenes sorprendentes, cautivadoras e incluso estremecedoras tienen como propósito sacudir nuestra autosuficiencia frente a los males de este siglo y revelarnos la inimaginable bendición del siglo venidero. Cuando procesamos las fuertes imágenes de Apocalipsis debemos percibir el aliento ardiente de la bestia, oler el azufre del foso y ver el arcoíris alrededor del trono. Estas imágenes buscan sacudir nuestro letargo y apatía y nuestra condescendencia con el mundo y sus caminos. Nuestra oración debería ser que la visión de estas cosas nos impresione de un modo tan profundo que cambie nuestra manera de sentir, que mude lo que tememos y lo que queremos. Ese es su propósito.

2. Necesitamos desarrollar nuestras habilidades para interpretar símbolos.

Apocalipsis usa mucho simbolismo. Las visiones de Juan incluyen descripciones de objetos o fenómenos físicos que en realidad representan algo más. Por supuesto, Apocalipsis no es el primer libro en el que la Biblia usa simbolismo. Por ejemplo, en Éxodo 19:4 cuando Dios dice a Israel: "Os tomé sobre alas de águilas" no se refiere a que haya usado águilas para sacar a su pueblo de Egipto. El símbolo de un águila comunica la idea de la velocidad y la fuerza de su rescate. Jesús usó muchos símbolos para representar aspectos de su propia persona y obra, afirmando que era un buen pastor, el pan de vida y la vid. De igual modo, aunque tal vez de un modo más generalizado, Juan usa símbolos para comunicar realidades complejas. Babilonia era un símbolo de idolatría mundana y de inmoralidad. El mar es un símbolo del caos y de la amenaza del maligno. Asimismo, los colores y los números tienen un significado simbólico.

A veces el significado de los símbolos de Apocalipsis es claro o incluso se indica de manera explícita. Por ejemplo, el texto nos dice que los candeleros representan las iglesias (1:20), el lino blanco las acciones justas de los santos (19:8) y la serpiente antigua es el diablo (20:2). Por otro lado, a veces es más difícil captar con certeza lo que comunica.

Algunos intérpretes insisten en que, si no leemos cada imagen de Apocalipsis de manera literal, no tomamos la Biblia con seriedad. Sin embargo, un aspecto importante de tomar la Biblia con seriedad es reconocer e interpretar cada parte de ella en el género literario que usó el autor humano como quien es inspirado por el autor divino. Interpretar símbolos de forma simbólica no es espiritualizar el texto, sino interpretarlo apropiadamente. Por ejemplo, cuando leemos acerca del Cordero como inmolado, sabemos de manera instintiva que Juan usa un simbolismo para comunicar algo acerca del Cristo crucificado. Cuando habla de Dios y del Cordero sentados en un trono sabemos que usa un simbolismo para comunicar algo acerca de la soberanía de Dios en el universo y en la historia. Cuando habla de la bestia, comunica algo acerca de la naturaleza y de las intenciones de Roma en su día y en cada gobierno que se ha levantado desde entonces contra Dios y contra su pueblo. Cuando describe un dragón con siete cabezas y diez cuernos, comunica algo acerca del poder espantoso de Satanás. Al usar símbolos de ese modo, Juan revela la verdadera naturaleza de las cosas.

Nuestro primer paso y el mejor para interpretar correctamente los diferentes símbolos será determinar si aparecen y dónde aparecen en otros libros de la Biblia y tomar esa referencia para esclarecer nuestra comprensión. Luego, debemos considerar lo que el símbolo habría significado para los destinatarios del libro en el siglo i. Muchos símbolos del Apocalipsis reflejan la realidad social, política, cultural y religiosa del mundo del primer siglo. No son un sistema de códigos con significados equivalentes en las personas y los acontecimientos de nuestro tiempo. Antes bien, tienen significado teológico y espiritual que eran pertinentes para los primeros lectores de Apocalipsis, y ese significado debe orientar nuestra interpretación de su significado para nosotros hoy.

Interpretar símbolos de forma simbólica no es espiritualizar el texto, sino interpretarlo apropiadamente.

3. *Necesitamos ojos y oídos abiertos a las imágenes y alusiones del Antiguo Testamento.*

En el libro de Apocalipsis queda claro que Juan escribió lo que vio y oyó. Sin embargo, el libro está lleno de alusiones al Antiguo Testamento y existen al menos dos razones para ello. La primera es que Juan vio y escribió acerca de la misma realidad celestial que Isaías, Daniel, Ezequiel y Sofonías vieron y acerca de la cual escribieron. Con razón el trono que vio Juan se parece tanto al trono que vio Isaías. Con razón el reino que aplasta a otros reinos es tan parecido al reino que Daniel vio. Con razón la nueva Jerusalén que Juan vio se parece tanto a la ciudad que vio Ezequiel. ¡Estaban viendo las mismas cosas!

La segunda razón por la que Apocalipsis tiene tantas imágenes del Antiguo Testamento es que Juan estaba completamente embebido en las Escrituras hebreas, cuyas imágenes quedaron grabadas en su consciencia y en su imaginación. Tiene sentido que él echara mano de palabras e imágenes conocidas para redactar descripciones de lo que vio. A diferencia de otros pasajes del Nuevo Testamento que resaltan partes del Antiguo Testamento, Apocalipsis no señala sus citas y alusiones al Antiguo Testamento. Es más sutil. Da por sentado que sus lectores y quienes lo escuchan reconocerán las alusiones al Antiguo Testamento y establecerán la conexión. Así que en lugar de citar una y otra vez el Antiguo Testamento, Juan simplemente ve todo y describe todo a través de la lente del Antiguo Testamento.

4. Necesitamos comprender la organización del libro.

Hay diversas maneras de entender cómo está organizado el libro de Apocalipsis.[2] Kevin DeYoung presenta varios enfoques posibles; entre ellos, dividir el libro en dos secciones principales: Capítulos 1 al 11 que introduce la historia de la victoria de Dios y capítulos 12 al 22 que explica la historia en mayor detalle, o dividido en cuatro secciones principales, cada una empezando con las palabras "las cosas que deben suceder pronto" o "las cosas que sucederán después de estas" (Ap. 1:1, 19; 4:1; 22:6). Otra manera en la que DeYoung sugiere que puede dividirse el libro en cuatro partes sería organizarlo en las instancias en las que Juan afirma que estaba en el Espíritu y le fue dada una visión (1:10; 4:2; 17:3; 21:10).[3]

Veremos que los números son muy importantes en el libro de Apocalipsis. Son una expresión de la soberanía de Dios en la historia. El número cuatro habla de completitud en un sentido universal, global

---

2. Vern Poythress presenta múltiples formas de bosquejar Apocalipsis en "Outlines of Revelation", Westminster Theological Seminary, consultado el 6 de octubre de 2021, http://campus.wts.edu/~vpoythress/nt311/nt311.html.

3. Kevin DeYoung, "Revelation, Coronavirus, and the Mark of the Beast: How Should Christians Read the Bible's Most Fascinating Book? (Parte 1)", blog de Kevin DeYoung, The Gospel Coalition, 26 de mayo de 2020, https://www .thegospelcoalition.org/.

o mundial. El número seis se refiere a la humanidad. El número siete habla de plenitud, perfección y salvación; representa el plan soberano de Dios en su perfección y cabalidad. El número diez habla de completitud en la experiencia o dimensión humanas. Y el número doce habla de completitud en términos de la comunidad del pueblo de Dios, una unidad en la diversidad.

El número siete es especialmente importante en Apocalipsis (donde se usa 53 veces), de modo que no debe sorprendernos que exista otra manera de organizar el libro en siete series de siete:

Prólogo (1:1-3)
1. Siete iglesias (1:4–3:22)
2. Siete sellos (4:1–8:5)
3. Siete trompetas (8:6–11:19)
4. Siete grandes señales (12:1–15:4)
5. Siete copas de ira (15:1–16:21)
6. Siete mensajes de juicio final (17:1–18:24)
7. Siete últimas cosas (19:1–22:5)
Epílogo (22:6-20)

Lo más importante que debe entenderse acerca de la organización de Apocalipsis es que repasa los mismos acontecimientos desde diferentes ángulos, cada vez con un énfasis o enfoque diferente. Como pensadores y lectores modernos, nuestra tendencia es esperar que los acontecimientos descritos en un documento sean presentados en orden cronológico. De hecho, muchos intérpretes intentan hacer encajar los acontecimientos descritos en el libro de Apocalipsis en un orden cronológico. No obstante, al intentar hacerlo nos damos cuenta de que Jesús aparece como si regresara varias veces y existieran varios juicios "finales". Si tratáramos de imponer una lectura cronológica del libro, habría un vaivén entre quienes persiguen al pueblo de Dios y son juzgados por ello, para luego perseguirlo otra vez. Sabemos que eso no tiene sentido.

En vez de leer Apocalipsis como una descripción cronológica de acontecimientos, es útil reconocer que Juan repite acontecimientos que tienen lugar entre la primera y la segunda venida de Cristo. Así, nos lleva a visitar varias veces el final de la historia y lo repite una vez más mostrando el mismo período de tiempo desde un ángulo diferente. Al principio, el libro se centra más en el tiempo que antecede la segunda venida de Cristo, en el juicio final y la salvación. Luego se enfoca más en esos acontecimientos del fin. En "cada serie de siete (siete sellos, siete trompetas y siete copas) y también dentro del interludio de Apocalipsis 12 a 14, lleva al lector al 'final'".[4] De ese modo, el comienzo de cada sección es como si Juan tomara su cámara y apuntara a otra ubicación o ángulo e hiciera otra toma de la misma escena, cada vez ajustando su lente para enfocarse en un aspecto diferente de la escena con mayor intensidad. Eso significa que Apocalipsis se compone de siete secciones que son paralelas, siete secciones que describen el mismo período, el tiempo entre la primera y la segunda venida de Jesús, visto desde varios ángulos.[5]

5. Necesitamos reemplazar la fascinación malsana acerca del futuro por una determinación de seguir a Cristo en el presente.

Mientras que algunas personas quieren evitar Apocalipsis, otras sienten una verdadera fascinación por el libro. Sin embargo, a veces ese interés no es muy sano. A algunos les cautiva la posibilidad de encontrar

---

4. Joseph R. Nally Jr., "Recapitulation: Interpreting the Book of Revelation?", Third Millennium Ministries, consultado el 7 de septiembre de 2021, https://thirdmill.org.

5. Para saber más acerca de la recapitulación de las secciones paralelas de Apocalipsis, ver William Hendrickson, *More than Conquerors: An Interpretation of the Book of Revelation* (Grand Rapids, MI: Baker, 2015), 25-26, que escribe: "Diferentes secciones asignan la misma duración al período descrito. Según el tercer ciclo (capítulos 8-11), el principal período descrito aquí es de cuarenta y dos meses (11:2) o mil doscientos sesenta días (11:3). Ahora bien, constituye un hecho singular que encontremos ese mismo período de tiempo en la siguiente sección (capítulos 12–14), a saber, mil doscientos sesenta días (12:6) o un tiempo, y tiempos, y la mitad de un tiempo (tres años y medio) (12:14). Un estudio minucioso del capítulo 20 revelará que este capítulo describe un período simultáneo al del capítulo 12. Por consiguiente, de acuerdo con este método de razonamiento, se sustenta el paralelismo. Cada sección nos brinda una descripción de la era completa del evangelio desde la primera hasta la segunda venida de Cristo". Ver también Anthony Hoekema, *The Bible and the Future* (Grand Rapids, MI: Eerdmans, 1994), 223-26, y G. K. Beale con David H. Campbell, *Revelation: A Shorter Commentary* (Grand Rapids, MI: Eerdmans, 2015), 22-25.

paralelos en las noticias que escuchan con los extraños detalles o imágenes del libro. Si eso es lo que esperas encontrar en este libro, permíteme decirte que vas a decepcionarte e incluso a molestarte. Ante todo, si eso es lo que quieres extraer del estudio del libro de Apocalipsis, vas a estar demasiado preocupado por el futuro para captar las implicaciones personales en tu realidad de aquí y ahora.

Apocalipsis fue escrito para fortalecer a los cristianos a fin de que vivan en el mundo y soporten sus duros tratos y enajenación con una confianza firme.

Apocalipsis no fue escrito para entretener, para trazar una línea del tiempo hacia el futuro ni para satisfacer nuestra curiosidad acerca de la fecha del regreso de Cristo. Apocalipsis fue escrito para fortalecer a los cristianos a fin de que vivan en el mundo y soporten sus duros tratos y enajenación con una confianza firme en que este mundo no es todo lo que existe y que, de hecho, lo que parece una derrota va a dar paso a la victoria.

Si al término de este estudio podemos explicar cada símbolo, identificar cada alusión al Antiguo Testamento y establecer cada conexión posible, pero sigue intimidándonos la opinión que tiene el mundo de nosotros, sigue cautivándonos el dinero del mundo y seguimos aferrados a las comodidades y los placeres mundanos, entonces no habremos oído y guardado realmente su mensaje. No habremos entendido ni abrazado verdaderamente el libro de Apocalipsis.

Mi objetivo es exponer el texto quitando el factor de intimidación o temor. Quiero enfocar tu atención en el Cordero como inmolado para ayudarte a escuchar la voz de Aquel que es Fiel y Verdadero, para animarte a que le abras a quien está llamando a tu puerta, para desafiarte a aceptar la autoridad del Rey de reyes, para invitarte a tomar tu lugar en las bodas del Cordero, para dirigirte a tu hogar en la nueva Jerusalén.

Me he propuesto suprimir la confusión y ayudarte a ver la belleza, la esperanza y la ayuda únicas que ofrece este libro. Quiero fijar tu mirada en el glorioso Hijo del Hombre y a infundir en ti la determinación de vencer al mundo. Quiero que te dejes llevar por la adoración alrededor del trono. Quiero que sientas el alivio de saber que se ha hallado a alguien digno de abrir el rollo. Quiero que sientas la realidad del juicio venidero a todos aquellos que rehúsan unirse a Cristo y al mismo tiempo el alivio, el descanso y la recompensa venideros para todos aquellos que le pertenecen a Él. Quiero ayudarte a ver este mundo como la Babilonia que es a fin de que te sientas motivado a huir de ahí y a encaminarte hacia la nueva Jerusalén donde Dios mismo hará su morada contigo. Quiero que se te ponga la piel de gallina porque casi puedes probar la comida servida en la cena de las bodas y casi puedes sentir que enjugan tus lágrimas y casi puedes ver a tu Salvador mirándote a los ojos cuando por fin lo ves cara a cara.

Al estudiar Apocalipsis me he dado cuenta de algo. Empezamos nuestro estudio de este libro creyendo que nuestro desafío más grande es entenderlo. Y no es así. El desafío más grande es tener una mente abierta a los cambios de vida que nos exige este libro. Aun así, este gran desafío es también lo que promete la mayor bendición. Abordemos pues el libro de Apocalipsis deteniéndonos a cada paso en el camino para considerar lo que significa para nosotros oír y guardar lo que está escrito en él y, de ese modo, esperar en nuestra experiencia la bendición que promete.

SIETE DECLARACIONES DE BENDICIÓN EN EL LIBRO DE APOCALIPSIS

Bienaventurado el que lee, y los que oyen las palabras de esta profecía, y guardan las cosas en ella escritas; porque el tiempo está cerca.
—Apocalipsis 1:3

Oí una voz que desde el cielo me decía: Escribe: Bienaventurados de aquí en adelante los muertos que mueren en el Señor. Sí, dice el Espíritu, descansarán de sus trabajos, porque sus obras con ellos siguen.
—Apocalipsis 14:13

He aquí, yo vengo como ladrón. Bienaventurado el que vela, y guarda sus ropas, para que no ande desnudo, y vean su vergüenza.
—Apocalipsis 16:15

Y el ángel me dijo: Escribe: Bienaventurados los que son llamados a la cena de las bodas del Cordero. Y me dijo: Estas son palabras verdaderas de Dios.
—Apocalipsis 19:9

Bienaventurado y santo el que tiene parte en la primera resurrección; la segunda muerte no tiene potestad sobre estos, sino que serán sacerdotes de Dios y de Cristo, y reinarán con él mil años.
—Apocalipsis 20:6

¡He aquí, vengo pronto! Bienaventurado el que guarda las palabras de la profecía de este libro.
—Apocalipsis 22:7

Bienaventurados los que lavan sus ropas, para tener derecho al árbol de la vida, y para entrar por las puertas en la ciudad.
—Apocalipsis 22:14

1

LA BENDICIÓN DE OÍR EL APOCALIPSIS DE JESÚS

Apocalipsis 1:1-8

LA GRAN REVELACIÓN. De eso se tratan los espectáculos televisivos de remodelación completa de casas. Todo empieza con una propiedad que tiene . . . grandes posibilidades. Por supuesto, también tiene problemas. Los encargados de la remodelación trazan un plan. Sobre la marcha, surgen desafíos inesperados, como una base del piso podrida y cimientos hundidos, entre otros. El tiempo corre. El presupuesto se estira. Un equipo innumerable de electricistas, carpinteros y decoradores trabajan entre bambalinas. Y al fin llegamos al momento que todos hemos esperado: la gran revelación. En la serie de televisión *Remodelación en pareja*, Chip y Joanna Gaines sostienen por el borde un par de paneles con una foto impresa de la casa en tamaño real antes de la remodelación. Acto seguido, retiran los paneles. Lo que estaba oculto al fin es revelado.

Esta ilustración en la que se corre un velo para que podamos ver el trabajo que los expertos en remodelación y su equipo han creado nos ayuda a comprender de lo que se trata el libro que nos disponemos a estudiar. Dios ha estado y está ahora mismo obrando en una esfera que no podemos ver con ojos humanos. Sin embargo, a fin de que podamos conocer lo que Él ha hecho, lo que está haciendo y lo que hará para remodelar la casa que planea compartir con nosotros, Dios ha corrido el velo y ha invitado a Juan para que vea lo que hay detrás. Juan escribió para nosotros lo que vio. Apocalipsis es la crónica escrita de Juan de lo que vio detrás del velo que separa el cielo de la tierra. Se trata de la revelación suprema, especialmente si consideramos quién nos la revela. Así empieza el libro:

La revelación de Jesucristo (Ap. 1:1).

Si leyéramos este libro en griego, el texto diría que es el *apokálupsis* de Jesucristo. Podríamos decir, si me permites inventar una palabra, que "apocalipsar" significa desvelar o descubrir algo que estaba oculto. Conviene empezar aquí nuestro recorrido por el libro porque muchos hemos llegado a pensar que Apocalipsis es un libro misterioso, hermético, un libro de difícil comprensión, incluso un libro acerca del cual muchos prefieren debatir antes que entenderlo o ponerlo en práctica. Sin embargo, es evidente que este libro no fue escrito para confundirnos, asustarnos o dividirnos en bandos de opinión. En cambio, fue escrito para infundir en los siervos de Jesucristo en el siglo I y en los siglos posteriores la confianza en lo que Dios está haciendo para cumplir los propósitos que se ha trazado para el mundo que le pertenece.

Claro, desvelar o descubrir aquello que está oculto no es lo que la mayoría tiene en mente cuando oyen la palabra *apocalipsis*. Para la mayoría de las personas, apocalipsis es un suceso catastrófico que marcará el fin de la vida sobre la tierra tal y como la conocemos. Sí, el libro de Apocalipsis revela algunos sucesos acerca de la manera en que la vida sobre la tierra como la conocemos llegará a su fin, para dar paso a los nuevos cielos y la nueva tierra. Aun así, este libro no se trata única ni principalmente acerca del futuro. Tiene revelaciones importantes para nosotros acerca del presente.

A fin de comprender mejor lo que Juan quiso decir cuando se refirió a este libro como un apocalipsis, puede ser útil reconocer que, en realidad, no es la primera vez que se usa esta palabra en el Nuevo Testamento. Jesús usó la palabra en dos ocasiones cuando declaró: "Te alabo, Padre, Señor del cielo y de la tierra, porque escondiste estas cosas de los sabios y de los entendidos, y las revelaste ['apocalipsaste'] a los niños . . . y nadie conoce al Hijo, sino el Padre, ni al Padre conoce alguno, sino el Hijo, y aquel a quien el Hijo lo quiera revelar ['apocalipsar']" (Mt. 11:25-27). Más adelante en el Evangelio de Mateo leemos que después que Pedro afirmó que Jesús es "el Cristo, es Hijo del Dios viviente", Jesús señaló que esto no se lo había revelado ["apocalipsado"] carne ni sangre a Pedro, sino "[su] Padre que está en los cielos" (Mt. 16:16-17).

Cuando el apóstol Pablo intentó describir cómo llegó a comprender el evangelio, escribió: "Yo ni lo recibí ni lo aprendí de hombre alguno, sino por revelación [apocalipsis] de Jesucristo" y: "agradó a Dios . . . revelar ['apocalipsar'] a su Hijo en mí" (Gá. 1:12, 15-16). Aunque Pablo había pasado su vida entera estudiando los rollos del Antiguo Testamento, fue incapaz de ver quién era Jesús realmente hasta que Dios de manera sobrenatural se lo reveló o "apocalipsó" en el camino a Damasco.[1]

Juan recibió un apocalipsis de Jesucristo y lo que vio lo escribió en las páginas de Apocalipsis. Aquí, lo que ha estado oculto será revelado: El Cristo resucitado y glorificado que ha estado oculto, las ocultas huestes angelicales y demoniacas, la hipocresía oculta de los falsos creyentes, la belleza oculta de la novia de Cristo, la fealdad oculta del sistema del mundo, el plan oculto para la renovación de todas las cosas. A medida que estudiemos este libro descubriremos que un apocalipsis puede mostrarnos que algunas cosas que considerábamos importantes, hermosas o seguras son en realidad efímeras, horribles y están destinadas a la destrucción. Algunas cosas en las que invertimos nuestra vida, en las que nos apoyamos o esperamos o de las que dependemos no son tan importantes ni tan seguras como pensamos que son. En nuestro recorrido por el libro de Apocalipsis la verdadera naturaleza de estas cosas quedará al descubierto para que podamos verlas a través de la lente de la realidad, desde la perspectiva misma del cielo.

---

1. Tim Mackie presenta estos usos previos en el Nuevo Testamento de la palabra griega *apokálupsis* en "Apocalyptic Please—Apocalyptic E1", *The Bible Project* (pódcast), 27 de abril de 2020, https://Bibleproject.com/.

Oír Apocalipsis como profecía apocalíptica

Así pues, *apocalipsis* significa simplemente "revelación" o "manifestación". Sin embargo, después que Juan escribió el libro de Apocalipsis, la palabra *apocalíptico* se usó también para describir el singular género literario al que pertenece Apocalipsis, junto con otros libros proféticos de la Biblia como Daniel y Ezequiel y el discurso de los Olivos en Mateo y Marcos. La apocalíptica bíblica, como una subdivisión de la profecía, es un tipo de literatura que hace hincapié en el levantamiento del velo entre el cielo y la tierra que permite al profeta ver una imagen completa de la manera en que Dios ejecuta sus planes para su mundo.

En la literatura apocalíptica encontramos a menudo relatos de sueños, visiones o viajes al cielo que los autores describen usando un simbolismo gráfico de lo que vieron y del mensaje que les fue comunicado por medio de un ser celestial o angélico. Por lo general, lo apocalíptico es como de otro mundo, por lo que podemos sentirnos "perdidos en una nube de imágenes".[2]

Quizás la manera más concisa de explicar la apocalíptica bíblica es decir que describe sucesos terrenales desde una perspectiva celestial. Estas son algunas características y particularidades de la profecía apocalíptica en la Biblia:

- visiones celestiales
- ángeles y demonios
- criaturas extrañas
- imágenes y números simbólicos
- uso abundante de metáforas
- sucesos catastróficos
- escenas de juicio y destrucción[3]

---

2. Tim Mackie, "The Jewish Apocalyptic Imagination—Apocalyptic E4", *The Bible Project* (podcast), 18 de mayo de 2020, https://Bibleproject.com/.

3. Esta lista es una adaptación de una similar de David R. Helm en "An Approach to Apocalyptic Literature: A Primer for Preachers", Charles Simeon Trust, 2009, https://simeontrust.org/.

Es seguro afirmar que la mayoría de estos elementos son ajenos a nuestra vida cotidiana. En ocasiones tú y yo necesitamos algo fuera de lo común que realmente sacuda nuestro pensamiento y ajuste nuestra perspectiva. Tiene que ser algo llamativo, dramático. Y eso es exactamente lo que nos presenta el libro de Apocalipsis y otros textos de profecía apocalíptica. Apocalipsis sacude nuestra complacencia y nos saca de lo que ha podido volverse una mentalidad enquistada con la cual interpretamos el mundo y nuestra propia vida.

La profecía apocalíptica de la Biblia revela las cosas secretas de Dios que están fuera del alcance del conocimiento humano normal en lo que concierne al desarrollo de sus planes para la historia. En la profecía apocalíptica se corre el velo para que podamos ver que los poderes de este mundo serán derribados y reemplazados por el reino de Dios. Podríamos considerar que la profecía apocalíptica es un reporte noticioso de lo que está sucediendo sobre la tierra tal y como se relata desde el cielo. Los ángeles y los demonios que están activos en la tierra aparecen a plena vista. Vemos sucesos pasados, presentes y futuros a todo color en un formato cósmico que nos es comunicado en forma de imágenes e impresiones, metáforas y símbolos.

Algunos percibimos la naturaleza de este tipo de literatura del otro mundo como poco amigable. Tan pronto encontramos en el texto dragones y bestias con muchos ojos o langostas con rostro humano, algunos pensamos: *No hay caso, estudiemos algo más sencillo. Consolémonos con los Salmos o seamos desafiados con las enseñanzas de Jesús en los Evangelios. Examinemos los argumentos de Pablo en Romanos.* Sin embargo, hay mucha ganancia en esforzarnos en interpretar correctamente lo que el autor divino y el autor humano eligieron escribir para nosotros en estilo apocalíptico. El Apocalipsis tiene su manera particular de exhortarnos en Cristo, iluminando la persona y la obra de Cristo a fin de nutrir nuestro amor por Cristo. Simplemente no nos dejará tranquilos en nuestros laureles de tiempos pasados cuando vivíamos por la fe y testificábamos con denuedo de Jesucristo. Nos exige hoy mismo una obediencia y valentía renovadas. No nos permitirá conformarnos con un tipo de fe que se contenta con ir a la iglesia los domingos y vive como el resto del mundo el resto de la semana.

Se propone estremecer nuestra apatía y transigencia. Busca infundir asombro a nuestra adoración.

Si bien las criaturas y los acontecimientos acerca de los cuales escribe Juan pueden parecer fantásticos, incluso quizás el producto de una imaginación viva, Juan quiere que tengamos claro que él no se ha inventado todo eso. Juan está dando testimonio de lo que vio. De hecho, desde el primer versículo nos dice dónde se originaron sus visiones y cómo le fueron dadas:

La revelación de Jesucristo, que Dios le dio, para manifestar a sus siervos las cosas que deben suceder pronto; y la declaró enviándola por medio de su ángel a su siervo Juan (Ap. 1:1).

Dios el Padre dio esta revelación a Jesús, quien la dio a conocer a Juan enviándole su ángel. Y al escribir lo que vio y oyó, Juan lo transmitió a los siervos de Jesús. De Dios el Padre → a Jesús → al ángel de Jesús → a Juan → a los siervos de Jesús. Y ¿qué contenía esto que fue dado a través de esta cadena de procedencia? "Las cosas que deben suceder pronto".

El Apocalipsis tiene su manera particular de exhortarnos en Cristo, iluminando la persona y la obra de Cristo a fin de nutrir nuestro amor por Cristo.

¿Qué significa eso? En realidad, hablar en estos términos de la era entre la ascensión de Jesús y su regreso corpóreo concuerda con lo que está escrito a lo largo del Nuevo Testamento. Pablo terminó su carta a los Romanos diciendo que "el Dios de paz aplastará *en breve* a Satanás bajo vuestros pies" (Ro. 16:20). Santiago exhortó a sus lectores a que sean pacientes y afirmen sus corazones porque la venida del Señor "*se acerca*" (5:9). Pedro advirtió a sus lectores que fueran sobrios y velaran en oración porque "el fin de todas las cosas *se acerca*" (1 P. 4:7).

Cuando leemos que este libro se trata de "las cosas que deben suceder pronto" y que el tiempo "se acerca", comprendemos que lo que está escrito en este libro acerca de la venida del reino de Dios se puso en marcha por medio de la muerte, la resurrección y la ascensión de Jesús. Como escribió Juan, el reino de Dios se extendía por el mundo dondequiera que el evangelio era predicado y los que pertenecían al reino de las tinieblas eran trasladados al reino de Jesús (Col. 1:13). La oposición contra el reino de Dios que describe Apocalipsis no era simplemente una realidad distante en el futuro. Era una realidad presente para quienes oyeron la primera lectura de este libro y es una realidad presente para nosotros hoy.

> [Juan] ha dado testimonio de la palabra de Dios, y del testimonio de Jesucristo, y de todas las cosas que ha visto (Ap. 1:2).

Juan vio las realidades celestiales y luego, de forma semejante a los profetas del Antiguo Testamento, recibió el encargo de escribir lo que había visto.[4] Fue invitado al salón del trono para ver quién está ahí y lo que se hace ahí, luego al desierto terrenal para ver el sistema del mundo y en tercer lugar a un monte alto desde donde podía contemplar la nueva Jerusalén. Apocalipsis es un registro escrito de todo lo que Juan vio en esas visiones.

¿Puedes imaginar lo que es tener un atisbo de las realidades celestiales y luego intentar describirlo para que puedan entenderlo quienes no han visto algo semejante? ¿Cómo encontrar el vocabulario para hacerlo? Tendrías que comparar lo que viste con elementos conocidos para tus lectores. Tratarías de pintar imágenes con palabras, lo cual es precisamente lo que hace Juan en este libro.

---

4. En el libro de Daniel en el Antiguo Testamento leemos que Dios envió al ángel Gabriel a que levantara el velo para que Daniel pudiera ver que el ángel Gabriel se retrasó porque estaba luchando contra una fuerza demoniaca. En Ezequiel leemos que una voz del cielo ordena a Ezequiel que escriba sus visiones de la gloria de Dios en marcha. En Zacarías el profeta documenta ocho visiones que incluyen caballos, cuernos, lámparas y un rollo volador.

Oír Apocalipsis como una promesa

Las imágenes que este libro pinta con palabras tienen el objetivo de conmovernos profundamente. De hecho, hay una promesa en este libro para quienes se disponen a ser transformados por lo que ven:

> Bienaventurado el que lee, y los que oyen las palabras de esta profecía, y guardan las cosas en ella escritas; porque el tiempo está cerca (Ap. 1:3).

Según este versículo, la bendición está dirigida primeramente a quienes leen este libro en voz alta. Apocalipsis fue pensado originalmente para ser leído en voz alta a las siete iglesias a las que está dirigido. Fue escrito de tal modo que al oír en voz alta su lectura, las iglesias de la época de Juan fueran capaces de entender su mensaje. Eso significa que fue escrito para transmitir un mensaje y despertar la imaginación más que para plantear una polémica. Fue escrito para despertar la adoración, la confianza, la expectativa y la esperanza en quienes oyen su lectura. Fue escrito para que los oyentes capten un panorama general en lugar de obsesionarse con los detalles. Y lo mismo es cierto para nosotros. Para algunos, la idea de no intentar precisar con certeza el significado de cada palabra del texto que estudiamos contradice nuestro instinto de lo que definiríamos como "un estudio bíblico serio". Queremos tener al término de nuestro estudio una comprensión clara de cada detalle del texto en cuestión. Sin embargo, estudiar Apocalipsis exige otro tipo de habilidades. "Es más como estudiar un cuadro impresionista; si miramos demasiado cerca, perdemos de vista la obra en su conjunto".[5] Si insistimos en poseer cada detalle de sus imágenes fantásticas, nos arriesgamos a pasar por alto su mensaje.

Imagina que eres miembro de una de las siete iglesias en Asia que recibieron primero esta carta. Alguien se pone de pie en medio de la

---

5. Iain Duguid, "Doxological Evangelism in Practice: Preaching Apocalyptic Literature", Westminster Conference on Preaching and Preachers, Westminster Theological Seminary, 21 de octubre de 2020.

congregación para leer una carta que el apóstol Juan ha enviado a tu iglesia. Estás en el borde de tu asiento. Y empieza la lectura. Pronto te das cuenta de que tienes que hacer algunos ajustes a medida que escuchas y procesas lo que ha escrito porque no se parece a ninguna de las otras cartas de Pablo, Pedro, Santiago o Juan que han circulado entre las iglesias y que se ha leído antes en tu congregación. La lectura de esta carta se parece más a un espectáculo teatral. Todos los presentes tienen una experiencia similar. Su percepción de lo que sucede realmente en tu iglesia y en el mundo se altera cuando te ves expuesto a las impresionantes visiones de Juan.

De regreso a casa y al pasar por las edificaciones de arquitectura romana y al observar la evidencia del gobierno romano te das cuenta de que ahora ves todo a través de la lente de las intensas imágenes que Juan contrapone en su carta. Has visto una realidad alternativa que es la verdadera realidad y eso ha cambiado tu manera de ver todo lo demás. La declaración de Juan: "Bienaventurado el que lee, y los que oyen las palabras de esta profecía" ha probado su veracidad. Dios ha bendecido la lectura en voz alta de su palabra, lo cual queda evidenciado por la manera en que todos los que la oyeron en tu iglesia ahora piensan y sienten, cantan y sufren, adoran y esperan. Tú has sido bendecido por ellas. Pero no simplemente por oírlas. Has sido bendecido porque lo que oíste cambia tu manera de pensar y de sentir, cambia lo que dices y lo que crees.

No existe una bendición mágica por el simple hecho de oír lo que está revelado en el libro de Apocalipsis. No hay bendición para quienes lo oyen y prefieren ignorarlo, rechazarlo, rebelarse contra él o simplemente tratarlo como una curiosidad. La bendición es para aquellos cuyas vidas son transformadas y moldeadas por las palabras del libro. Cambia sus prioridades. Fortalece su valor. Cambia su manera de gastar su dinero. Los inspira a adorar en espíritu y en verdad. Los pone de rodillas en oración. Los impulsa a testificar con denuedo. Los libera del miedo a la muerte. Satura su imaginación, nutre su expectativa acerca de la trayectoria de la historia y les permite entender cómo su sufrimiento quedará resuelto en los nuevos cielos y la nueva tierra.

Los primeros siervos de Jesús que oyeron lo que está escrito en Apocalipsis eran creyentes que vivían en la región de Asia en el siglo I. Era exactamente el mensaje que necesitaban oír en su tiempo. Sin embargo, no era solo lo que *ellos* necesitaban oír. Juan lo escribió para cada creyente en cada siglo desde entonces. Siempre ha sido la verdad precisa que los creyentes necesitan oír, la realidad que los creyentes necesitan ver. Nos muestra:

- la oposición cuyo aumento podemos esperar
- la perseverancia que necesitamos cultivar
- el juicio que vamos a celebrar
- la victoria de la cual todos seremos partícipes
- el enemigo que Jesús va a destruir
- el dolor que Él va a aliviar
- la creación que va a regenerar
- el matrimonio que va a consumar
- y el hogar anhelado donde viviremos con Él para siempre.

Eso es lo que yo llamo bendición.

Oír Apocalipsis como una carta

Hemos visto que Apocalipsis es profecía apocalíptica, su propio género literario especial. Incluye la promesa de bendición para aquellos que la oyen y la guardan. También es una carta o epístola. Después de explicar la procedencia y la promesa del libro, Juan se dirige a un grupo específico de destinatarios:

Juan, a las siete iglesias que están en Asia (Ap. 1:4a).

Apocalipsis no *contiene* simplemente cartas para las siete iglesias, sino que *es* una carta que Juan se propone hacer circular entre las siete iglesias en Asia. Fue escrita para suplir las necesidades reales de los creyentes de su época. Algunos de ellos estaban transigiendo con su fe y necesitaban una sacudida. Algunos padecían persecución a un precio muy alto y necesitan ser fortalecidos para soportar. Todos necesitaban entender la batalla de proporciones cósmicas que se libraba contra el maligno en el cielo y en la tierra y que se resolverá con el establecimiento del reino de Dios y la venida del Rey.

¿Por qué estas siete iglesias? Es indudable que había otras iglesias en Asia. Vamos a descubrir que el número siete reviste una importancia tremenda en Apocalipsis. Cada vez que aparece el número siete en el libro, encierra algún mensaje que quiere comunicar. Siete es el número de lo que es completo. De modo que, al dirigirse a las siete iglesias, Juan quiere decir que su carta está escrita a la iglesia como un todo, a los cristianos a lo largo de los siglos. Cada una de las siete iglesias a las que se dirige

La bendición es para aquellos cuyas vidas son transformadas y moldeadas por las palabras del libro.

representan las luchas y las victorias que están presentes en la iglesia de cada generación. El consuelo que transmite a cada congregación no está reservado únicamente a los creyentes que viven en Asia al final del primer siglo, tampoco sus mandamientos.

Después de enunciar a los destinatarios de la carta nos hacemos una idea de lo que se les comunica:

Gracia y paz a vosotros, del que es y que era y que ha de venir, y de los siete espíritus que están delante de su trono; y de Jesucristo el testigo fiel, el primogénito de los muertos, y el soberano de los reyes de la tierra (Ap. 1:4b-5a).

Hemos leído otras cartas en el Nuevo Testamento que empiezan con un saludo de gracia y paz. Así que puede parecer fácil leer este saludo como una fórmula de cortesía. Sin embargo, no creo que esa sea la idea. Juan sabe que, si los creyentes que oirán la lectura de esta carta han de poder guardar y obedecer lo que está escrito en ella, van a necesitar ayuda sobrenatural. Van a necesitar gracia para perseverar en lugar de transigir. Van a necesitar paz si han de soportar el conflicto constante con el sistema del mundo. Esta clase de gracia y de paz solo tiene una fuente. Y eso es exactamente lo que dice Juan que va a proveer. Cada miembro de la Deidad está involucrado en ello.

Juan incluye en su mención al Padre, al Espíritu y al Hijo como fuente de dicha gracia y paz. Se refiere al Padre como el "que es y que era y que ha de venir". Estamos a punto de leer acerca de realidades muy difíciles. En esa confrontación podemos estar seguros de la ayuda del Dios "que era", el Dios que siempre ha sido el ayudador de su pueblo, el Dios "que es" y que cuida ahora mismo de su pueblo. Estamos a punto de leer acerca de duras realidades futuras. Podemos estar seguros de la vigilancia soberana de esas realidades que ejerce el Dios "que ha de venir". Luego habla del Espíritu Santo como "los siete espíritus que están delante de su trono". Podemos contar con que el Espíritu Santo nos dará esta gracia y pondrá esa paz en los siervos de Jesús. Luego nos presenta tres nombres o títulos para el Hijo, cada uno de los cuales nos comunica gracia y nos transmite paz:

- Jesús es el testigo fiel. Podemos confiar en que Jesús nos dirá la verdad acerca de nosotros mismos, acerca del mundo en que vivimos, acerca del futuro, acerca de todo.
- Jesús es el primogénito de los muertos. Él fue el primer ser humano que resucitó de los muertos y nunca volvió a morir. ¡Pero no será el último! Él es nuestra esperanza más allá de esta vida cuando nuestras vidas son amenazadas.
- Jesús es el soberano de los reyes de la tierra. A veces nos parece que los gobiernos, las organizaciones, las filosofías y las culturas dominantes tienen todo el poder en este mundo. Pero no es así. Alguien gobierna sobre ellos. Sus días están contados.

Estos tres títulos de Jesús impulsan a Juan a alabar. Casi podemos imaginarlo que mira hacia lo alto mientras escribe, y levanta sus manos hacia el cielo mientras dice:

Al que nos amó, y nos lavó de nuestros pecados con su sangre, y nos hizo reyes y sacerdotes para Dios, su Padre; a él sea gloria e imperio por los siglos de los siglos. Amén (Ap. 1:5b-6).

Juan se ve animado a adorar a este Dios trino que revela mucho más acerca de quién es, de lo que hace y de lo que se dispone a hacer en "las cosas que deben suceder pronto". El que revela estas cosas no es un ser robotizado lejano. Juan recibe esta revelación de alguien "que nos ama". Siempre resulta más fácil oír realidades duras cuando provienen de alguien que nos ama, ¿no es así? Y ¿cómo sabemos que Él nos ama? Juan lo dijo claramente en una de sus cartas anteriores que conocemos como Primera de Juan. "En esto consiste el amor: no en que nosotros hayamos amado a Dios, sino en que él nos amó a nosotros, y envió a su Hijo en propiciación por nuestros pecados" (1 Jn. 4:10). El amor de Jesús por nosotros no es meramente sentimental; es un amor sacrificial. Él demostró seriamente su amor por nosotros ofreciéndose a sí mismo en nuestro lugar a fin de que el pecado no vuelva a tener poder sobre nosotros. Él nos "lavó de nuestros pecados por su sangre", nos libró de su castigo y de su potestad.

En el siguiente versículo Juan combina imágenes conocidas acerca del Mesías, tomadas de Daniel 7:13 y de Zacarías 12:10, para dirigir nuestra mirada hacia la expectativa del día en el que Jesús volverá a esta tierra en poder y en gloria:

He aquí que viene con las nubes, y todo ojo le verá, y los que le traspasaron; y todos los linajes de la tierra harán lamentación por él. Sí, amén (Ap. 1:7).

El mundo entero lo verá cuando regrese. Su venida no será un secreto. Sin embargo, el día de su venida no será un motivo de celebración para todos los que lo vean. Para quienes lo han despreciado, ignorado y han rechazado su ofrecimiento de gracia y misericordia, su venida será un día de gran gemido y lamentación. Todos lo que lo crucificaron y rechazaron, los que se burlaron de Él y se negaron a creer en Él al final verán su gloria. Y eso los pondrá de rodillas, sobrecogidos de aflicción y remordimiento.

Por último, Juan nos permite oír a Dios mismo hablar. Lo que Dios dice acerca de Él mismo nos garantiza que Él es la fuente confiable de todo lo que vamos a leer en este libro:

> Yo soy el Alfa y la Omega, principio y fin, dice el Señor, el que es y que era y que ha de venir, el Todopoderoso (Ap. 1:8).

Detente un momento a pensar en todo lo que ha visto alguien que es y que era y que ha de venir. Piensa en todo lo que sabe, todo lo que entiende desde su perspectiva. Y luego imagina que Él quiere correr el velo entre el cielo y la tierra para que tú puedas ver, conocer y entender estas cosas. Imagina que Él quiere que tú tengas su perspectiva acerca de lo que sucede en el mundo, su perspectiva acerca de lo que sucede en tu propia vida. Ese es el gran objetivo del libro de Apocalipsis. Dios ha decidido darnos su apocalipsis, es decir, revelarnos su perspectiva para que podamos enfrentar la incertidumbre, la injusticia y la destrucción de la vida en este mundo con fe y esperanza.

Dios ha decidido . . . revelarnos su perspectiva para que podamos enfrentar la incertidumbre, la injusticia y la destrucción de la vida en este mundo con fe y esperanza.

Nada más en estos dos versículos introductorios Dios se ha identificado en dos ocasiones como "el que es y que era y que ha de venir". Lo dice de nuevo en 4:8. Y luego vamos a oír que lo repite una vez más en términos ligeramente diferentes. Más adelante oiremos que se identifica a sí mismo como "el que es y que era" (11:17; 16:5). No incluirá la parte "y que ha de venir" ¿Por qué? ¡Porque para entonces ya habrá venido!

Por último, Dios se identifica como "el Todopoderoso" (1:8). Dios se revela a un pueblo que quizás se ha preguntado si Él estaba al tanto del sufrimiento de ellos, si realmente debían entregar sus vidas por el evangelio, si acaso estaban arriesgando todo por algo que no era real ni verdadero, y Él les recuerda su nombre, un nombre que refleja la realidad de que Él tiene el poder y la posición para controlarlo todo. Los gobiernos opresivos están bajo su control. Los falsos maestros están bajo su control. El mal está bajo su control. El sufrimiento de sus santos está bajo su control. La tierra y las estrellas están bajo su control. Todo está bajo su control porque Él no es solamente poderoso, sino Todopoderoso.

Imagina lo que significaría para nosotros que nada de lo que nos dicen estos primeros ocho versículos fuera verdad. ¿Qué pasaría si Dios no decidiera revelarnos o mostrarnos estas cosas? ¿Qué pasaría si Él no actuara para revelarnos hacia dónde se dirige la historia? El sufrimiento y la persecución que tantos padecen por causa de Él parecería absurda e insoportable. Imagina que no contáramos con la gracia ni la paz que Él da. Sin Jesús como el testigo fiel, ¿cómo sabríamos lo que es verdadero en un mundo lleno de mentiras? Sin Jesús como el primogénito de los muertos, ¿cómo tendríamos alguna esperanza de vida más allá de nuestros años contados en esta tierra? Sin Jesús como el soberano de los reyes de la tierra, ¿qué nos guardaría de la desolación frente a la corrupción, la opresión y la miseria tan generalizadas en nuestro mundo? Si Jesús no nos hubiera amado librándonos de nuestros pecados, estaríamos aún bajo su yugo aquí y ahora, destinados a la destrucción por causa de ellos en el más allá. Si Él no hubiera hecho de nosotros un linaje y sacerdotes para su Dios y Padre, nuestra vida no tendría dignidad ni propósito.

Antes bien, Aquel que es el Alfa y la Omega nos ha revelado lo que podemos esperar en este período intermedio entre su ascensión al cielo y su regreso a la tierra. El que es y que era y que ha de venir está presente en este momento por medio de su Espíritu y estará plena e íntimamente presente cuando regrese. Puesto que Él es Todopoderoso, podemos descansar seguros de que Él tiene el poder para proveer la bendición que nos promete este libro, para poner fin al mal y al sufrimiento descritos en este libro y para prepararnos como una novia delante del Hijo tal y como lo revela este libro.

Lo que significa oír y guardar Apocalipsis 1:1-8

Ya hemos leído que quienes oyen y guardan lo que está escrito en el libro de Apocalipsis son bendecidos. Así pues, empezando en este primer capítulo y en los que siguen queremos plantear una pregunta muy práctica y, espero, perspicaz: ¿Qué significa para nosotros "oír y guardar" las palabras de este libro? ¿Cómo podemos vivir a la luz de lo que ha sido revelado? Tenemos que saberlo porque allí se encuentra la bendición. Y queremos recibir cada bendición que Dios tiene para nosotros.

Oír y guardar Apocalipsis 1:1-8 significa que oímos este pasaje como algo que Dios quiere que sepamos. Ante todo, lo oímos como algo que simplemente *necesitamos* saber si hemos de vivir como siervos de Jesús que esperan su venida. Tal vez esto nos impulse a orar ahora que empezamos nuestro estudio de Apocalipsis: "Señor, quiero ver todo lo que tú quieres mostrarme. Mis ojos, mi corazón y mi mente están dispuestos".

Oír y guardar estas palabras significa permitir que aquello que vio Juan nos conmueva, nos desafíe e incluso sacuda nuestra complacencia. Significa que nos negamos a tomar con ligereza o por simple interés intelectual lo que nos es revelado. Antes bien, sentimos tal apremio de recibir la bendición que este libro promete que estamos dispuestos a reconocer nuestro error, a someternos a que nos redarguya y a responder con arrepentimiento, prestos a que nuestras costumbres de interactuar con el mundo, tan profundamente arraigadas, sean sacudidas y transformadas. ¿Sientes ese apremio?

Oír y guardar estos versículos significa descansar en el control soberano de Dios sobre el pasado, el presente y el futuro a tal punto que no estamos bajo el asedio constante del remordimiento por el pasado, las frustraciones del presente ni los temores acerca del futuro. Antes bien, queremos vivir a la luz de la gracia que cubre nuestro pasado y que nos capacita para vivir el presente como quienes han sido verdaderamente librados de sus pecados por su sangre. Tenemos paz ahora porque realmente creemos que hemos sido amados, y somos amados ahora mismo del modo en que más necesitamos ser amados.

Y tenemos paz respecto al futuro porque sabemos que el Alfa y la Omega, el Todopoderoso, lo tiene firmemente en sus manos. Él hará que se cumpla todo lo que Juan vio.

Tal vez oír y guardar estos primeros ocho versículos de Apocalipsis significa ponernos de rodillas y orar: "Señor, necesito que esta revelación de quién eres tú sea para mí mucho más que simple información. Necesito que esta revelación de tu eternidad y de tu soberanía me llenen del valor para vivir a la luz de su verdad. Necesito que tu gracia y paz me inunden e incluso definan mi vida. Necesito que ajustes por completo mi perspectiva acerca de lo que es real, de lo que vale la pena, de quién es digno de mi adoración".

Estos primeros ocho versículos se parecen en cierto modo al suspenso creciente que tiene lugar en un espectáculo de remodelación de casas. Nos han presentado a la persona que ha estado obrando entre bastidores. Hemos oído su promesa de bendición, la garantía de su amor y el alcance de su poder. Dios mismo ha corrido el velo y nos ha invitado a contemplar la realidad que más necesitamos ver. Y estamos ahí de puntillas ansiando ver todo lo que Él tiene para mostrarnos, para "apocalipsarnos" acerca de la venida de su reino.

2

LA BENDICIÓN DE VER AL JESÚS GLORIFICADO

Apocalipsis 1:9-20

¿ALGUNA VEZ HAS tenido una primera impresión de alguien y más adelante cuando ves otra faceta de esa persona descubres que habías pasado algo por alto, que había mucho más en esa persona de lo que habías percibido en un principio, mucho más de lo que parecía a simple vista?

Eso fue lo que me sucedió cuando vi por primera vez a David Guthrie en los pasillos de la oficina en Word Incorporated donde yo trabajaba. Cuando él se trasladó de Portland, Oregon a Waco, Texas en agosto de 1985, tenía una abundante cabellera oscura y una barba larga. Recuerdo que llevaba puestos unos zapatos cómodos y mi impresión cuando lo vi en el pasillo de la oficina fue la de un hombre muy serio.

Sin embargo, él asistió un día al ensayo de coro de mi iglesia. Nuestro coro iba a lanzar un nuevo musical en un seminario para ministros de música, y como encargado del mercadeo de Word, él vino a hablar con el coro acerca del evento. Se le veía muy a gusto en frente de un grupo. Su voz, su inteligencia, su confianza. Y cuando yo me dirigía a mi auto en el estacionamiento después del ensayo, lo vi entrar en su auto, un Mazda RX7 rojo deportivo. Y pensé: *Creo que lo he subestimado.* De repente me pareció mucho más interesante y, podría decir, mucho más atractivo de lo que había reconocido en un principio.

A veces nuestra opinión de las personas se queda estancada en nuestra primera impresión o en la etapa en la que las conocimos en la infancia, en la universidad o en algún tiempo pasado. De hecho, puede ser que nos suceda lo mismo con Jesús. Tal vez en algún punto nos pareció entender quién era Jesús, por qué vino y de qué se trata su vida. Y nos quedamos ahí estancados. Nunca nos hemos tomado el tiempo de evaluar si el Jesús que vemos en nuestra cabeza concuerda con el verdadero Jesús. Apocalipsis nos muestra que hay mucho más acerca de Jesús de lo que creemos, tal vez incluso mucho más de lo que hayamos visto antes.

La mayoría de las imágenes de Jesús que tenemos en nuestra mente y que determinan nuestra comprensión, nuestra respuesta y tal vez incluso nuestra obediencia a Él, han sido adquiridas a través de la lente de los Evangelios. Y esas imágenes son buenas. Son ciertas. Nos muestran cómo era Jesús cuando se encarnó y vivió en esta tierra durante treinta y tres años. No nos muestran necesariamente cómo es Jesús ahora en su humanidad glorificada, gobernando y reinando en el cielo. En Apocalipsis 1, Juan escribe lo que vio cuando el velo entre el cielo y la tierra fue corrido delante de sus ojos para que él pudiera ver a Jesús como es verdaderamente, hoy mismo, ahora mismo.

Sufrir por causa de Jesús

Veamos en primer lugar a quién fue dada esta visión de Jesús:

> Yo, Juan, soy hermano de ustedes, y su compañero en el sufrimiento, en el reino de Dios y en la paciente perseverancia a la que Jesús nos llama . . . (Ap. 1:9a, NTV).

La visión fue dada a Juan, quien se identifica como "hermano y compañero" de los destinatarios de su carta. Lo que los hace hermanos y compañeros es el hecho de que todos están en Cristo. Juan escribe a aquellos que, como él, han sido unidos a Cristo por la fe.

Observa los tres puntos que tienen en común Juan y los destinatarios de su carta: El sufrimiento, el reino de Dios y la paciente perseverancia a la que Jesús nos llama.

Al igual que ellos, él padece el sufrimiento que Jesús describió cuando dijo: "Entonces os entregarán a tribulación, y os matarán, y seréis aborrecidos de todas las gentes por causa de mi nombre" (Mt. 24:9). Al igual que sus lectores, Juan es parte del reino. Y ¿qué se requiere de todos los súbditos del reino durante este tiempo entre la ascensión de Jesús y su segunda venida? La paciente

"Apocalipsis es un llamado a la perseverancia paciente en la tribulación mientras esperamos la venida del reino de Cristo en toda su plenitud".

perseverancia, soportar con paciencia el sufrimiento que es parte intrínseca de nuestra identificación con Jesús.

Tal vez deberíamos subrayar estas palabras en nuestra Biblia: La paciente perseverancia. Vamos a oírlas una y otra vez a lo largo de nuestro recorrido por Apocalipsis (2:2, 3, 19; 3:10; 13:10; 14:12). De hecho, si alguien pregunta de qué se trata el libro de Apocalipsis, una buena respuesta sería: "Apocalipsis es un llamado a la perseverancia paciente en la tribulación mientras esperamos la venida del reino de Cristo en toda su plenitud". La idea de que la vida cristiana es o debería definirse por la perseverancia paciente en realidad no debería sonar como algo nuevo para nosotros. Jesús prometió: "Mas el que persevere hasta el fin, este será salvo" (Mt. 24:13). Y Pablo escribió: "Si perseveramos, también reinaremos con Él" (2 Ti. 2:12, NBLA).

Juan pasa en seguida a relatar el contexto donde, en medio de la tribulación, le fue dada una visión del Rey de este reino:

Yo, Juan . . . estaba en la isla llamada Patmos, por causa de la palabra de Dios y el testimonio de Jesucristo (Ap. 1:9b).

Los romanos habían exiliado a Juan a una prisión en una isla rocosa. No era una costumbre inusual en el primer siglo. Los romanos exiliaban con frecuencia a los prisioneros políticos a islas en el mar Egeo. ¿Por qué fue exiliado Juan en Patmos? Juan escribe que él estaba ahí "por causa de la palabra de Dios y el testimonio de Jesucristo". El testimonio de Juan acerca de Jesús y de su reino era considerado un crimen político. Él vivía en un mundo dominado por Roma donde el emperador Domiciano exigía que lo adoraran como un dios. Sin embargo, todos los compañeros en el reino, el reino de Jesús, no podían decir: "César es el Señor". Por el contrario, declaraban con valentía que Jesús es Señor. Y por ello pagaban un precio.

La valentía de Juan de reconocer al Rey Jesús ya le había costado poco después de Pentecostés, cuando las autoridades del templo lo arrestaron a él y a Pedro por sanar a un hombre en el nombre de Jesús, un hombre que había nacido cojo, y por invitar luego a los testigos del milagro a que pusieran su fe en Cristo. Sin embargo, dado que después del arresto los sacerdotes no sabían qué hacer con ellos, se limitaron a advertirles que no hablaran ni enseñaran más en el nombre de Jesús y los liberaron. La respuesta de Pedro y Juan fue: "nosotros no podemos dejar de decir lo que hemos visto y oído" (Hch. 4:20).

Poco después, Juan y los otros apóstoles estaban de regreso en el pórtico de Salomón en el templo. La gente traía a los enfermos y a los que eran atormentados por espíritus inmundos y todos eran sanados. Esta vez, el sumo sacerdote arrestó a los apóstoles y los encarceló. Sin embargo, por la noche un ángel abrió las puertas de la cárcel y los sacó. Los líderes religiosos estaban enfurecidos y querían matarlos, pero temían la reacción del pueblo. De modo que los mandaron azotar, les ordenaron una vez más que dejaran de hablar en el nombre de Jesús y los liberaron. Hechos 5:40-41 relata que Juan y los otros apóstoles "salieron de la presencia del concilio, gozosos de haber sido tenidos por dignos de padecer afrenta por causa del Nombre".

El Rey Jesús era tan real y tan precioso para Juan que él prefería ser exiliado en una isla desierta antes que dejar de hablar acerca de Él. Y meditar en esto me lleva a plantearme algunas preguntas. Primero, ¿estoy dispuesta a ser excluida, acusada, incluso encarcelada porque Jesús se ha vuelto tan valioso y tan cautivador para mí que no puedo evitar hablar de Él abiertamente a todo el que quiera escuchar? No tengo que temer un exilio en una prisión en una isla rocosa por hablar de Jesús como Señor. Pero si así fuera, ¿habría suficiente evidencia en mi contra para condenarme? ¿Amo a tal punto su Palabra? ¿He dado un testimonio así de claro acerca de Jesús?

Como prisionero en Patmos, es probable que Juan pasara sus días realizando alguna labor manual. La historia relata que, en las minas de mármol de la isla de Patmos, "los hombres trabajaban encadenados a sus carretillas".[1] Quizás nadie más llevaba cuenta del trascurso de los días. Pero Juan llevaba registro. Era el día del Señor, el primer día de la semana. Y en ese preciso día del Señor, el velo entre el cielo y la tierra se corrió delante de sus ojos:

> Yo estaba en el Espíritu en el día del Señor, y oí detrás de mí una gran voz como de trompeta, que decía: Yo soy el Alfa y la Omega, el primero y el último. Escribe en un libro lo que ves, y envíalo a las siete iglesias que están en Asia: a Éfeso, Esmirna, Pérgamo, Tiatira, Sardis, Filadelfia y Laodicea (Ap. 1:10-11).

Cuando Juan escribe que estaba "en el Espíritu", debemos entender que se trataba del mismo tipo de experiencia que tuvieron los profetas del Antiguo Testamento. Juan "fue llevado a una especie de trance, un estado visionario"[2] mediante el Espíritu para recibir la revelación de Dios. Y al igual que los profetas del Antiguo Testamento como Moisés, Isaías y Jeremías, Juan recibió el encargo de escribir en un libro lo que había visto.

Sin embargo, describir lo que vio era un desafío para Juan. Él sencillamente no tenía las palabras para describir a los seres celestiales que vio y oyó, de modo que hace su mejor esfuerzo por hacerlo comprensible a los lectores en las siete iglesias, escribiendo una y otra vez: "Es como . . . es como . . . es como . . . es como . . . .". Ese

---

1. Herbert Lockyer, *All the Apostles of the Bible* (Grand Rapids, MI: Zondervan, 1972), 97.

2. Richard D. Phillips, *Revelation*, Reformed Expository Commentary (Phillipsburg, NJ: P&R, 2000), 61.

es el lenguaje de la metáfora y la analogía. Puesto que él no tenía las palabras para describir las cosas celestiales que vio, echó mano de las mejores descripciones que pudo encontrar usando imágenes que sus lectores y oyentes conocieran. Cuando Juan describió lo que vio en esta visión y en las siguientes tres visiones en Apocalipsis, en lugar de tomarlo como si él describiera las cosas de manera literal, debemos entender que él las describía como una analogía, diciendo: "Es *como* esto". Cuando decimos que lo que describe no es literal, no queremos decir que no fuera real. Juan está mirando el corazón de la realidad suprema. Simplemente estamos diciendo que él usa un lenguaje metafórico para describir lo que es real. "Esto no revela cómo *sería* Jesús, sino más bien cómo *es* Jesús, describiendo de manera simbólica su persona y su obra".[3]

Volverse a la visión de Jesús

La voz que Juan oyó era potente, como el sonido de una trompeta. Era ineludible. Imposible de ignorar. Inevitable.

> Y me volví para ver la voz que hablaba conmigo; y vuelto, vi siete candeleros de oro, y en medio de los siete candeleros, a uno semejante al Hijo del Hombre, vestido de una ropa que llegaba hasta los pies, y ceñido por el pecho con un cinto de oro (Ap. 1:12-13).

El pasaje dice: "Vi . . . a uno semejante al Hijo del Hombre". En otras palabras, vio a alguien con apariencia humana. Juan vio a su Señor glorioso y lo primero que lo conmueve fue la humanidad de Jesús. Esto nos recuerda que Jesús no se encarnó simplemente durante los años que anduvo sobre la tierra. Él todavía es un ser humano que está sentado en el trono del cielo. Sin embargo, no es un ser humano cualquiera. Juan escribió en su Evangelio que Jesús oró en la víspera de su crucifixión: "Ahora pues, Padre, glorifícame tú al lado tuyo, con aquella gloria que tuve contigo antes que el mundo fuese" (Jn. 17:5). En Apocalipsis 1 vemos que Dios respondió esa oración. Su gloria ya

---

3. Phillips, *Revelation*, 64.

no está velada. Él sigue siendo carne, pero su carne terrenal y perecedera ha sido transformada en carne imperecedera y celestial. Ahora mismo, Jesucristo es el primero y el único ser humano glorificado. Pero no será el último.

Sin embargo, cuando Juan escribe que vio "a uno semejante al Hijo del Hombre", está expresando más que la simple visión de un ser humano glorificado. Está conectando a la persona que él vio con la persona que Daniel vio y de quien escribió cuando corrieron para él el velo que separaba el cielo de la tierra setecientos años antes de Juan. Daniel escribió:

> Miraba yo en la visión de la noche, y he aquí con las nubes del cielo venía uno como un hijo de hombre, que vino hasta el Anciano de días, y le hicieron acercarse delante de él. Y le fue dado dominio, gloria y reino, para que todos los pueblos, naciones y lenguas le sirvieran; su dominio es dominio eterno, que nunca pasará, y su reino uno que no será destruido (Dn. 7:13-14).

El "Hijo del Hombre" acerca del cual escribió Daniel es una figura gloriosa, imponente y redentora. La profecía de Daniel marcó las expectativas del pueblo judío acerca de cómo habría de ser el Mesías. Con razón a las personas en tiempos de Jesús les costaba tanto creerle a Jesús cuando se refería a sí mismo como el "Hijo del Hombre", un título que claramente lo vinculaba con la persona que vio Daniel. Desde su perspectiva, Jesús era un hombre común que venía de la humilde aldea de Nazaret. Tenía una chusma de seguidores. ¿Cómo podía este hombre simple ser el "Hijo del Hombre" a quien se le había dado dominio y gloria y el reino como profetizó Daniel?

Incluso a los más cercanos a Jesús, los discípulos, les costaba aceptar que el Jesús que veían comiendo con prostitutas, durmiendo en la barca y recorriendo las calles con pies sucios fuera en realidad el "Hijo del Hombre" que habían esperado. Seguramente aun después que Jesús ascendió al cielo, no era evidente para ellos imaginarlo como el "Hijo del Hombre" glorificado que está sentado a la diestra de Dios.

Jesús dio a Juan esta revelación y le dijo que la escribiera porque quería que ellos y nosotros lo viéramos como Él es. Él no quiere que tengamos una imagen mental de Él detenida en los treinta y tres años que anduvo sobre la tierra. La visión de Juan nos muestra a Jesús tal como Él es y tal como Él quiere ser conocido. También nos muestra el lugar en el que prefiere estar:

> Y en medio de los siete candeleros, a uno semejante al Hijo del Hombre, vestido de una ropa que llegaba hasta los pies, y ceñido por el pecho con un cinto de oro (Ap. 1:13).

Su lugar predilecto

Juan vio a Jesús "en medio de los siete candeleros". Aunque hay muchas imágenes usadas en Apocalipsis que son difíciles de entender, no hace falta preguntarse qué representan estos candeleros. Más adelante en este primer capítulo encontramos que los candeleros representan las iglesias (1:20). Cuando Juan regresó a ver de quién era la voz que le hablaba, lo primero que atrajo su atención fue ver a Jesús de pie en medio de su pueblo.

¿Acaso se preguntaban estos primeros cristianos si con el aumento de la persecución la iglesia sería relegada? Cuando se reunían a escuchar la lectura de esta carta, debían de sentirse profundamente animados por saber que Jesús no estaba lejos ni distante, mientras sus seguidores sufrían por causa de Él. Jesús estaba ahí mismo con ellos, caminando en medio de ellos, manteniendo encendido su fuego por el evangelio, corrigiéndolos, velando por ellos, fortaleciéndolos.

En el mundo actual hay quienes desconfían mucho de la iglesia. Demasiadas veces han visto lo que catalogan de hipocresía e, incluso, si se interesan en Jesús, el último lugar donde quisieran ser vistos es allí. En cambio, Jesús no se avergüenza de ser visto en medio de su iglesia imperfecta. Ese es su lugar predilecto. Él elige estar en y en medio de su pueblo imperfecto que le sigue y le sirve de formas imperfectas. Qué alivio.

Su obra sacerdotal

De pie en medio de su iglesia sufriente, Jesús está vestido de "una ropa que llegaba hasta los pies", la cual es una descripción del sumo sacerdote del Antiguo Testamento. Si has estudiado el libro de Hebreos, recordarás que resalta la figura de Jesús como el sumo sacerdote perfecto y que "no tenemos un sumo sacerdote que no pueda compadecerse de nuestras debilidades, sino uno que fue tentado en todo según nuestra semejanza, pero sin pecado" (He. 4:15). Así pues, de pie en medio de su iglesia sufriente está nuestro sumo sacerdote, nuestro mediador, representándonos delante del Padre, intercediendo por nosotros, protegiéndonos de toda acusación que pueda condenarnos por medio de su propio sacrificio definitivo.

Juan escribe que Jesús estaba "ceñido por el pecho con un cinto de oro", que es la descripción no solo de un sumo sacerdote, sino de un rey. Los creyentes que vivían en tiempos de Juan necesitaban ver la autoridad de Jesús como rey. Estaban sufriendo bajo un gobierno que criminalizaba su fe en Jesús. Esta visión de Jesús como Rey debió de infundirles la confianza de saber que Él, no el gobierno romano ni ningún otro poderío, tiene el mando de los acontecimientos de este mundo.

Su sabiduría perfecta

La observación de Juan pasó de los vestidos de Jesús vestía al cabello sobre su cabeza:

Su cabeza y sus cabellos eran blancos como blanca lana, como nieve (Ap. 1:14a).

A nosotros nos parece que el cabello blanco es una señal de edad avanzada. Sin embargo, esta asombrosa cabellera blanca de Jesús revela su sabiduría, la cual se demuestra en sus juicios justos. Después de establecer la conexión entre su visión y la de Daniel 7, los primeros oyentes y lectores de Juan habrían relacionado esta descripción de Jesús resucitado con la que hizo Daniel del Anciano de días sentado en el trono, "cuyo vestido era blanco como la nieve, y el pelo de su cabeza como lana limpia" (Dn. 7:9). Aunque quizás nuestro instinto sea preguntarnos si Juan está confundiendo al Hijo del Hombre con el Anciano de días, lo que él hace realmente es *conectar* al Hijo del Hombre con el Anciano de días. "Juan describe al Hijo del Hombre con cabello blanco, aunque en Daniel 7 el cabello blanco le pertenece al Anciano de días. Por supuesto, el cabello blanco no es un rasgo literal sino una indicación de la sabiduría y de la omnisciencia del Hijo del Hombre; por lo que no queda duda de que el Hijo del Hombre es divino".[4]

Esto significa que Jesús no solo sabe exactamente qué hacer, sino que lo que hace es absolutamente puro y recto. Jesús es absolutamente puro en lo que piensa, dice y hace. Él nunca tiene motivaciones confusas. Él es santo, santo, santo.

Su mirada penetrante

Sus ojos como llama de fuego (Ap. 1:14b).

Imagina lo que pudo experimentar Juan al ver unos ojos que eran como llamas de fuego. Juan debió sentir que esa mirada feroz atravesaba su propia alma, revelando toda superficialidad y cualquier pecaminosidad que existiera en ella.

Jesús no solo nos ve, sino que también nos examina. Y si estamos dispuestos a sostener su mirada, Él consumirá aquello que es insignificante, frívolo y que contamina. En el capítulo siguiente veremos que Jesús habla a la iglesia de Tiatira acerca de su tolerancia de la inmoralidad sexual y la idolatría como el que "tiene ojos como llama de fuego" (2:18). Él busca la pureza de su iglesia y señala aquello que la contamina.

Por supuesto, cuando imaginamos a alguien cuyos ojos son como fuego ardiente, suponemos que esa persona debe de estar muy enojada. Hay numerosos pasajes del Antiguo Testamento donde leemos acerca

---

4. Thomas Schreiner, *Hebrews–Revelation*, ESV Expository Commentary (Wheaton, IL: Crossway, 2018), 564.

de la ira de Dios que se enciende contra sus enemigos. Dios está airado contra el pecado. Su ira justa se enciende contra el mal, la injusticia y la impiedad, y por mucho que quisiéramos señalar a alguien, esta realidad debería producir en todos nosotros el deseo de correr y escondernos.

Sin embargo, en lugar de incitarnos a correr lejos de Él, ver el fuego en sus ojos debería motivarnos a correr hacia Él, a aceptar con agrado que Él consuma en nosotros aquello que le desagrada. Jesús nos invita a venir a Él y así poder estar confiados cuando llegue el día de ver sus ojos ardientes y experimentemos su salvación plena, no su juicio airado.

> Jesús es absolutamente puro en lo que piensa, dice y hace. Él nunca tiene motivaciones confusas. Él es santo, santo, santo.

Su fundamento que perdura

> Y sus pies semejantes al bronce bruñido, refulgente como en un horno (Ap. 1:15a).

El bronce es una aleación de hierro y cobre. El hierro es fuerte, pero se oxida. El cobre no se oxida, pero es maleable. Cuando los dos metales se funden para convertirse en bronce, se preserva la mejor cualidad de cada uno, la fortaleza del hierro y la resistencia del cobre. Así pues, comparar sus pies como bronce bruñido que se ha hecho refulgir en un horno significa que el fundamento del poder de Jesús ha sido probado por el fuego y va a perdurar.

Este es el fundamento firme sobre el cual se levanta nuestra vida cuando se edifica sobre Jesucristo. Nuestra vida se vuelve segura y perdura, como la de Él. Jesucristo es nuestra fuente de perseverancia paciente cuando recibimos de Él su fortaleza.

Su poderosa voz

Antes de relatar lo que dice el Hijo del Hombre, Juan nos habla del sonido de su voz. Recuerda que Juan había oído antes la voz de Jesús. Sin embargo, lo que Juan oyó aquel día fue diferente:

Y su voz como estruendo de muchas aguas (Ap. 1:15b).

Esta voz que oyó Juan que le hablaba resonó con la potencia de una catarata que silencia todos los demás sonidos de otras voces. Piensa en las cataratas del Niágara o en la tormenta más ensordecedora que hayas escuchado. La voz del Jesús glorificado en su trono es imponente, ineludible y abrumadora. Cuando Él habla no puede ser ignorado.

Hay algunas voces en nuestra vida que a veces desearíamos ajustar con un simple botón para bajar el volumen. Sin embargo, esta no es una voz que nos convenga silenciar. Oír la poderosa voz de Jesús es oír la voz que imparte vida y sabiduría. No tenemos que bloquear su voz ni defendernos de lo que Él nos dice. No queremos discutir con Él. Queremos aceptar todo lo que Él tiene para decirnos. Qué bendición es oír la poderosa, penetrante y absolutamente confiable voz de Jesús que habla a nuestra vida.

Su posesión preciada

Tenía en su diestra siete estrellas (Ap. 1:16a).

En su diestra, la mano en la que una persona sostiene lo que es preciado, lo que se propone usar, lo que quiere tener cerca, Jesús sostiene siete estrellas. Una vez más, no tenemos que intentar adivinar lo que representan estas siete estrellas en la visión de Juan. El versículo 20 nos dice que "las siete estrellas son los ángeles de las siete iglesias". Según G. K. Beale, esto podría sugerir que mientras que los candeleros representan la iglesia en la tierra, las estrellas representan la iglesia en el cielo.[5] Y Jesús las tiene cerca.

---

5. G. K. Beale con David H. Campbell, *Revelation: A Shorter Commentary* (Grand Rapids, MI: Eerdmans, 2015), 48.

Su palabra penetrante

De su boca salía una espada aguda de dos filos (Ap. 1:16b).

Esta impresionante imagen de una espada aguda que sale de su boca aparece tres veces más en Apocalipsis (2:16; 19:15, 21). En cada pasaje la espada es una metáfora de las palabras de juicio que pronuncia Jesús. Cuando Juan oyó hablar a Jesús, sintió el poder penetrante de sus palabras. Sin embargo, observa que es una espada de dos filos. Tiene dos lados. Corta en ambos sentidos. Las palabras de Jesús proclaman salvación para el creyente y destrucción para el incrédulo. Su palabra trae convicción y consuelo, mandatos y promesas, castigo y recompensa. Él habla gracia a su pueblo y destrucción para sus enemigos.

Lo que Jesús tiene para decir no siempre es reconfortante. A veces Él viene a reprender y castigar. ¿Podemos reconocer con franqueza que no siempre queremos oír lo que Él nos dice? A veces resistimos lo que Él nos dice, lo cual es perjudicial para nosotros. Tim Keller dice: "Si tu Dios nunca está en desacuerdo contigo, tal vez simplemente estás adorando una versión idealizada de ti mismo".[6] Una espada aguda corta. Las palabras de Jesús cortan nuestra resistencia obstinada. Exponen la superficialidad de nuestro cristianismo cómodo. Atraviesan nuestra reputación que, con tanto cuidado, hemos cultivado con el ánimo de tener siempre la razón. Y gracias a ello nos hace mejores.

Su resplandor personal

El último aspecto de Jesús que describe Juan es su rostro:

Y su rostro era como el sol cuando resplandece en su fuerza (Ap. 1:16c).

Es el mismo resplandor al que estuvo expuesto Moisés hasta que su propio rostro empezó a brillar de tal modo que el pueblo no podía mirarlo a la cara. Es el resplandor que prometió Aarón cuando recibió

---

6. Tim Keller (@timkellernyc), Twitter, 12 de septiembre de 2014.

la instrucción de bendecir al pueblo diciendo: "Jehová haga resplandecer su rostro sobre ti, y tenga de ti misericordia" (Nm. 6:25). Este, amigos míos, es el rostro que anhelamos ver, el resplandor que anhelamos disfrutar por la eternidad.

A veces es un verdadero deleite salir en un día de sol, mirarlo con los párpados cerrados y disfrutar los beneficios de su resplandor. Supongo que hacerlo podría considerarse un pequeño anticipo del cielo, salvo por el hecho de que su exposición no nos hará daño alguno. Será una bendición completa. El Señor hará resplandecer su rostro sobre nosotros día tras día para siempre. Vamos a pasar la eternidad disfrutando de los rayos de su gracia para con nosotros.

Cuando Juan vio el rostro de Jesús que resplandecía como el sol, en realidad no fue la primera vez que lo había visto. Poco antes de su crucifixión, Jesús llevó a Pedro, a Santiago y a Juan a un monte. El relato de lo que sucedió allí se encuentra en Mateo 17:

> Y se transfiguró delante de ellos, y resplandeció su rostro como el sol, y sus vestidos se hicieron blancos como la luz . . . los discípulos, se postraron sobre sus rostros, y tuvieron gran temor. Entonces Jesús se acercó y los tocó, y dijo: Levantaos, y no temáis (Mt. 17:2-7).

Cabe notar que exactamente lo mismo sucedió cuando Juan vio al Jesús glorificado en su visión en Patmos:

> Cuando le vi, caí como muerto a sus pies (Ap. 1:17a).

¿Acaso no es la misma reacción de todos aquellos que han contemplado a Cristo en toda su gloria celestial? Cuando Isaías vio "al Señor sentado sobre un trono", dijo: "¡Ay de mí!" (Is. 6:1-5). Cuando Daniel vio y oyó al Hijo del Hombre que vio Juan, escribió: "Caí sobre mi rostro en un profundo sueño, con mi rostro en tierra" (Dn. 10:9).

¿Por qué cada profeta reacciona de ese modo al ver la gloria de Dios en la persona de Jesús? Quizás porque nuestra tendencia es evaluarnos a la luz de otros humanos que nos rodean y así determinamos que, comparados con ellos, nos vemos bastante bien. No obstante, es evidente que estar frente al Jesús glorificado hace insoportable la disparidad entre su perfección y santidad y nuestra pecaminosidad, de modo que la única reacción posible es caer como muerto.

Postrarse a los pies de Jesús

Juan cayó postrado delante de Jesús en adoración, en asombro, en sumisión y en quietud, lo cual es nada menos que la respuesta apropiada al ver a Jesús como Él es verdaderamente.

Las palabras de Jesús . . . exponen la superficialidad de nuestro cristianismo cómodo. Y gracias a ello nos hace mejores.

¿Alguna vez te ha cautivado Jesús al punto de estar dispuesto a caer postrado delante de Él? Claro, en tu corazón sí, pero ¿qué tal postrado físicamente en humildad, arrepentimiento y rendición? El acto físico de levantar las manos, de ponerse de rodillas y de postrarse ante de Jesús producen un efecto poderoso en el corazón, ¿no te parece? Entonces, ¿qué nos impide hacerlo? Tal vez somos demasiado orgullosos o tenemos demasiado control para caer rendidos a los pies de Jesús.

Postrarse a los pies de Jesús es reconocer al fin que nuestra reputación ya no importa, que nuestro orgullo ya no importa. Es reconocer al fin que *lo único que importa es Jesús.*

Juan había visto la mirada penetrante de fuego ardiente de su glorioso Rey celestial que puso sus ojos en él revelando sus pensamientos ocultos. Había constatado su propia inmundicia a la luz de la ropa resplandeciente de Jesús y su propia necedad en contraste con la sabiduría representada en el cabello blanco de Jesús. Había sido atravesado hasta los tuétanos por la espada de dos filos de Jesús. Juan estaba deshecho. Quizás pensó que iba a morir en ese instante, ahí mismo. Entonces sucedió algo:

Y él puso su diestra sobre mí (Ap. 1:17b).

Jesús se acercó a Juan y lo tocó.

La respuesta al toque de Jesús

¿No te parece hermoso que esta figura esplendorosa y poderosa que vio Juan tuviera tal amor para acercarse y tocarlo en el estado absolutamente deshecho en el que se encontraba?

Esto es, de hecho, lo que Jesús hace siempre que alguien se ve confrontado con su propia pecaminosidad acuciante a la luz de la perfecta santidad de Él, y se inclina delante de Él humilde y necesitado. Jesús nos toca y nos da vida nueva. A menos que Él lo haga, estamos espiritualmente muertos, somos incapaces de encontrarlo. Y luego, en su gracia y en su misericordia, Él da el primer paso para acercarse a nosotros.

- Él se acerca y toca a niños y niñas que están muertos espiritualmente y los despierta a su bondad y su amor.
- Él se acerca y toca espiritualmente a jóvenes infundiéndoles el deseo vehemente de vivir para Él.
- Él toca espiritualmente a las personas mayores que quizás han pasado toda una vida en la iglesia sin experimentar una vida nueva en Jesús, y los llena de un gozo sin precedentes.

Cuando Jesús nos toca, Él nos sana, nos limpia y nos hace de nuevo. Cuando Jesús se acercó a tocar a Juan, dijo:

No temas; yo soy el primero y el último; y el que vivo, y estuve muerto; mas he aquí que vivo por los siglos de los siglos, amén. Y tengo las llaves de la muerte y del Hades (Ap. 1:17c-18).

Muchos sucesos en Apocalipsis pueden parecer aterradores. Por eso ayuda saber que Jesús no quiere que temamos. Lo que Él desea que Juan escriba no tiene como fin atemorizarnos. Tiene como propósito infundirnos confianza y esperanza para que no tengamos que enfrentar el futuro bajo la tiranía del temor.

Cuando Jesús le dice a Juan y nos dice a ti y a mí: "Yo soy el primero y el último", quiere decir que todo empezó con Él y que todo terminará con Él. Declara: "Tu vida empieza cuando yo me acerco y te toco, y cuando tú cobras vida espiritualmente. Y cuando tu vida física llegue a su fin, yo estaré ahí para cuidarte por toda la eternidad". Amigo mío, toda tu ansiedad acerca del futuro encuentra alivio en la persona de Jesús.

¿Qué significa el hecho de que Jesús tiene las llaves de la muerte y del Hades? La persona que tiene las llaves es la que controla el acceso a un lugar. La persona con las llaves es la que abre y la que cierra.

Imagina lo que esto significó para Juan cuando su vida se marchitaba en Patmos, tal vez preguntándose si iba a morir allí. Imagina lo que esto significó para los creyentes de las primeras iglesias que iban a leer el relato de Juan acerca de su encuentro con Jesús. Algunos habían sufrido la pérdida de sus seres queridos que les fueron arrebatados y que fueron arrojados a los leones; tal vez vivían cada día y cada noche con la zozobra de lo que podía pasarles. Imagina el consuelo y la confianza que inspiraron las palabras que oyeron de Jesús: "Yo estoy al mando de la muerte y del lugar al que van las personas cuando mueren". Eso significaba que no debían temer que alguien o algo pudiera arrebatarles prematuramente su propia vida o la vida de sus seres queridos.

> "Yo soy el primero y el último" quiere decir que todo empezó con Él y que todo terminará con Él.

Nosotros tampoco tenemos que temer.[7]

Puesto que Jesús está a cargo de la vida y de la muerte, Él nos dice a ti y a mí hoy: "Tengo en mi mano las llaves del lugar de los muertos. Nadie va allí a menos que yo abra esa puerta. Yo tengo las llaves porque yo morí. Yo mismo fui al lugar de los muertos y salí de ahí con las llaves en mi mano. Yo puedo abrir las puertas de la muerte eterna a aquellos que no me quieren y puedo cerrar las puertas

---

7. Una versión de los dos párrafos anteriores apareció primero en mi libro, *Hearing Jesus Speak into Your Sorrow* (Carol Stream, IL: Tyndale, 2009), 143-44.

de la muerte eterna y abrir las puertas del cielo a quienes quieren vivir conmigo para siempre".

¿Alguna vez has necesitado oír a Jesús decir: "No temas. Yo tengo las llaves de la muerte"? Yo sí.

En 1998 mi esposo y yo tuvimos a una hija a la que llamamos Hope. Ese nombre parecía indiferente a todo lo que sucedía en torno a su vida porque, desde la óptica del mundo, la vida de Hope no tenía esperanza. Hope nació con un extraño desorden metabólico llamado síndrome Zellweger. El síndrome consistía en la ausencia de una diminuta partícula subcelular que expulsa las toxinas de la célula. En su segundo día de vida, el genetista nos dijo que no existía tratamiento ni cura y que la mayoría de los niños que padecían el síndrome vivían menos de seis meses.

Así que cuando sacamos a Hope del hospital no la llevamos a casa para vivir con nosotros, sino para morir.

Recuerdo cuando empecé a darme cuenta de esa realidad al cabo de un par de semanas. Aunque sabíamos que todo el mundo muere algún día, esto era diferente. Comprendí que se acercaba el día en el que Hope iba a morir en mis brazos o yo iba a encontrarla muerta en su cuna. Y el miedo empezó a apoderarse de mí. Tenía miedo de cómo iba a morir, tanto por ella como por mí, y cuán complicada podía volverse su vida mientras esperábamos el desenlace fatal.

Hope estuvo con nosotros 199 días. El día que temía llegó cuando David se despertó en medio de la noche para ver cómo estaba y ella estaba fría.

Jesús, el que tiene las llaves de la muerte, le abrió la puerta.

Es posible que tú hayas tenido un día como ese. O tal vez tienes un miedo enquistado que tiene que ver con la muerte de un ser querido. O tal vez es tu propia muerte lo que temes. Por eso necesitamos realmente fijarnos en Jesús resucitado y glorificado como nos lo presenta Juan en las palabras de su libro. Por medio de las palabras de este libro, Jesús se acerca a nosotros y nos asegura que no tenemos que tener miedo porque Él tiene las llaves de la muerte.

Gracias a que Jesús resucitó, tomó las llaves de la muerte y vive para siempre, ¡llegará el día en el que Jesús va a darle a Hope, a ti y a mí, un glorioso cuerpo resucitado como el suyo! Un día, nos dice Pablo en Filipenses, Jesús "transformará el cuerpo de la humillación nuestra, para que sea semejante al cuerpo de la gloria suya, por el poder con el cual puede también sujetar a sí mismo todas las cosas" (Fil. 3:21). Un día, Aquel que tiene las llaves de la muerte va a ponerle cerrojo definitivo a la puerta de la muerte y va a deshacerse de las llaves. Como leeremos más adelante en Apocalipsis, "ya no habrá muerte" (21:4).

¿No te parece una bendición tener esa clase de esperanza y de certeza?

Lo que significa oír y guardar Apocalipsis 1:9-20

Oír y guardar el mensaje de Juan en este pasaje puede significar que debemos empezar a vernos como compañeros en la tribulación que es en Jesús. Es posible que necesitemos reajustar nuestras expectativas de una vida cristiana en la que Jesús nos protege de todo daño terrenal y el Padre responde a todas nuestras oraciones de manera afirmativa y conforme a nuestro cronograma personal.

Oír y guardar este pasaje de Apocalipsis va a semejarse a una vida de paciente perseverancia en la que somos incomprendidos, criticados, marginados, rechazados, maltratados y cosas peores por causa de nuestra asociación con Jesús y nuestro amor por Él. Guardar esta palabra va a significar que en lugar de resentir la tribulación que es parte de nuestra experiencia como ciudadanos de su reino, la esperamos, incluso nos regocijamos en ella, porque Juan nos ha dado un atisbo del Rey. Comprendemos que ver al Jesús glorificado y ascendido en su realidad de autoridad, poder, victoria y compasión es lo que necesitamos para soportar con paciencia la tribulación que es inherente a nuestra posición en Jesús hasta que venga su reino.

Internalizar esta visión de Jesús como Él es ahora en toda su gloria resucitada nos lleva a sentir la mirada penetrante de sus ojos como llama de fuego. Nos hace desear edificar nuestra vida sobre su fundamento firme. Queremos que su voz en nuestra vida sea ineludible e imposible de ignorar.

Cuando oímos la poderosa y penetrante voz de Jesús que nos dice "no temas . . . yo tengo las llaves de la muerte", nuestra manera de pensar acerca de la vida y la muerte cambia por completo. Ya no tenemos tanto miedo. Podemos renunciar a nuestra necesidad de tener siempre el control, confiados en que Jesús no solo tiene las llaves en su mano, sino que nosotros estamos también en sus manos.

Vivimos en un mundo donde todo está simplificado para que podamos asimilarlo de manera fácil y rápida. Las publicaciones de un blog tienen en promedio 800 palabras y los tweets se limitan a 280 caracteres. Cuán diferente es Jesús como lo revela Apocalipsis 1. En lugar de reducir a Jesús a términos simplificados, comprensibles, manejables, la visión que recibió Juan y que escribió para nosotros expande nuestra visión y cautiva nuestra imaginación. Abre delante de nosotros la realidad de alguien más grande, más majestuoso, más cautivador y más imponente de lo que hayamos visto jamás. Y con ello experimentamos bendición, la bendición de ver al Jesús glorificado.

3

LA BENDICIÓN DE SER CONOCIDOS POR JESÚS

Apocalipsis 2:1–3:22

¿RECUERDAS CUANDO en primaria la maestra nos entregaba un sobre sellado con el reporte de calificaciones que debíamos entregar a nuestros padres para que lo leyeran, lo firmaran y lo devolvieran? Cuando yo llevaba el reporte a casa para entregarlo a mis padres no tenía que preocuparme mucho por el tema de las calificaciones, pero recuerdo que más de una maestra anotaba algún comentario sobre mi comportamiento. Mi maestra de segundo escribió: "Nancy habla demasiado". (Mientras lleno de palabras este libro, me gustaría decirle a la señorita Swartz: "¡Vaya! ¡Todavía hablo demasiado!").

En un sentido, Apocalipsis 2–3 es como un reporte de calificaciones para cada una de las siete iglesias en Asia, enviado para que todas las iglesias lo lean. La evaluación ha sido realizada no por un maestro de primaria, sino por Aquel que es, que era y que ha de venir, el glorioso Rey que describió Juan detalladamente en el capítulo 1. En efecto, Él observa el comportamiento, pero su mirada es mucho más profunda. Su conocimiento se extiende al interior del corazón, al nivel de los motivos y las creencias.

Imagina lo que pudo ser para los miembros de estas siete iglesias la llegada de esta carta, que incluye un reporte de calificaciones de su condición espiritual. Estaban reunidos, quizás en la casa de uno de los miembros, cuando el mensajero que trajo la carta se puso de pie para leerla en voz alta delante del grupo. Desde el principio oyeron quién era el remitente. Era Jesús mismo. Oyeron también quiénes eran los destinatarios. Era una carta dirigida a ellos.

¿Qué quería decirles Jesús? ¿Qué quería revelarles?

El mensajero prosiguió con la lectura. Cuando oyeron: "Escribe al ángel de la iglesia en Éfeso . . .", podemos imaginar a los miembros de la iglesia en Éfeso sobrecogidos y atentos. Estaban a punto de oír lo que el Jesús que ascendió a los cielos tenía para decirles a ellos en particular. Por supuesto, no solamente ellos terminarían leyendo las palabras de Jesús. Conforme el mensajero pasaba por las siete iglesias leyendo la carta en voz alta, cada iglesia oyó lo que Jesús había dicho no solo a una sino también a las otras iglesias. Imagina lo que pudo ser, después de oír la franqueza de las primeras cartas, esperar lo que Jesús iba a decir de tu iglesia. Él no dejó cabos sueltos. Su mensaje está "lleno de gracia y de verdad" (Jn. 1:14).

Lo que Jesús tenía para decir era poderoso. Era personal. Ya habían oído lo que Juan había escrito acerca de Jesús en medio de los candeleros y al oírlo debieron sentirse reconfortados. Sin embargo, ahora se hacen una idea más completa de lo que significa la presencia de Jesús en medio de ellos. Significa que Él ve todo. Él conoce todo: Lo bueno y lo malo, lo encomiable y lo desdeñable. Él conoce la necesidad que tienen ellos de ser animados y afirmados, y la necesidad de ser confrontados y amonestados.

Las grandes preguntas para los primeros oyentes de esta carta eran: *¿Tenemos oídos para oír lo que Jesús quiere decirnos? ¿Estamos dispuestos a vernos como Él nos ve? ¿O vamos a desviar, resistir o desechar lo que Él tiene para decirnos? ¿Vamos a sentarnos en la congregación señalando en nuestro interior a otros que realmente necesitan oír lo que Jesús dice, dando por hecho que nosotros estamos bien? O ¿vamos a obedecer su llamado a pesar de que nos cueste y sea humillante y difícil?*

Por supuesto, estas son preguntas que por igual debemos plantearnos. Jesús ama demasiado a su pueblo para solo decirnos lo que queremos oír. Antes de subir el volumen para oír lo que Jesús dice a su iglesia del primer siglo y de cada siglo posterior, es preciso que decidamos recibir sus palabras con un corazón dispuesto a quedar al descubierto, a ser redargüido y desafiado a cambiar. Solo quienes tienen gran orgullo espiritual o un corazón muy endurecido podrían sumergirse en las verdades que Jesús declara en estos dos capítulos y mantenerse a una distancia cómoda o permanecer indiferentes.

Jesús ama demasiado a su pueblo para solo decirnos lo que queremos oír.

¿Estás dispuesto a ponerte ahora mismo en una actitud de humildad y receptividad ante lo que Jesús quiere revelarte acerca de ti mismo? ¿Responderás a su llamado a la corrección, el arrepentimiento y la perseverancia? ¿Estás dispuesto a someterte al examen personal que exigen estos dos capítulos? Si no es así, es posible que estés en peligro espiritual. En cambio, si estás dispuesto puedes estar seguro de que te encaminarás hacia la renovación espiritual y el gozo verdaderos.

El Jesús que conoce

En estos dos capítulos Jesús comunica directamente a cada una de las siete iglesias en Asia mensajes que siguen el mismo modelo básico. Primero, Jesús se describe a sí mismo usando imágenes y términos muy similares a la descripción de Juan en Apocalipsis 1. Aun así, las imágenes que escoge para presentarse a cada iglesia con una descripción de sí mismo no son arbitrarias. Cada descriptor refleja un aspecto de su persona, un aspecto de su carácter, su poder y su propósito que es necesario o aplicable a los asuntos que atañen a esa iglesia en particular. En el encabezado y en el final de cada carta vemos que Jesús, su persona y sus promesas, son nuestra necesidad más acuciante. Jesús es la fuente de todo lo que necesitamos para soportar con paciencia la vida en este mundo con todas sus tentaciones y sus pruebas.

Después de presentarse, cada mensaje de Jesús empieza con las palabras: "Yo conozco . . .". A casi todas las iglesias dice: "Yo conozco tus obras". Dice: "Yo conozco tu manera de vivir tu fe. Conozco el fruto que se produce en tu vida". Él conoce lo bueno y lo malo, lo grande y lo pequeño, lo público y lo privado, que son el producto de una relación con Él. En dos casos, Jesús señala que conoce algo ligeramente diferente. En el caso de Esmirna, dice que conoce la tribulación que han experimentado, su pobreza y las calumnias que han sufrido por parte de los judíos. De Pérgamo dice: "Yo conozco tus obras, y dónde moras" (2:13). Él conoce el ambiente en el que viven y las maneras en las que ese ambiente les imponen ciertas presiones.

Jesús es la fuente de todo lo que necesitamos para soportar con paciencia la vida en este mundo con todas sus tentaciones y sus pruebas.

Jesús reitera una y otra vez a estas iglesias: "Yo conozco". Y podemos estar seguros de que Él nos diría lo mismo a nosotros. Jesús conoce todo. Él nos conoce mejor de lo que nos conocemos a nosotros mismos. Nosotros tenemos una capacidad increíble de negación y de engañarnos a nosotros mismos. Jesús ve y conoce la verdad acerca de nosotros que más necesitamos conocer. Y porque nos ama y está empeñado en bendecirnos, está dispuesto a decirnos la verdad, aún cuando sea incómodo oírla.

Jesús conoce lo que realmente amas

Si miramos un mapa de las iglesias en Asia, vemos que Éfeso era la ciudad más cercana a Patmos. Tiene sentido que esta carta empiece a circular ahí. La iglesia en Éfeso es donde Pablo pasó tres años enseñando la Palabra de Dios (Hch. 20:31). Apolos, Timoteo y el mismo Juan enseñaron ahí. Desde su fundación, Éfeso fue una iglesia sumamente instruida.

Escribe al ángel de la iglesia en Éfeso: El que tiene las siete estrellas en su diestra, el que anda en medio de los siete candeleros de oro, dice esto: Yo conozco tus obras, y tu arduo trabajo y paciencia; y que no puedes soportar a los malos, y has probado a los que se dicen ser apóstoles, y no lo son, y los has hallado mentirosos; y has sufrido, y has tenido paciencia, y has trabajado arduamente por amor de mi nombre, y no has desmayado (Ap. 2:1-3).

Una de las cosas que Jesús conoce, algo que alegraba su corazón, era que la iglesia en Éfeso tenía verdadero discernimiento doctrinal. Ellos sabían cómo detectar a un mercachifle de la Palabra de Dios y habían perseverado en la obra de dar a conocer el verdadero evangelio.

Pero tengo contra ti . . . (Ap. 2:4a).

Me pregunto si sus corazones decayeron al oír estas palabras. *¿Jesús tiene algo contra nosotros? ¿Qué podrá ser?*

Que has dejado tu primer amor (Ap. 2:4b).

Ellos habían empezado amando a Jesús, amando su Palabra, amándose los unos a los otros y amando su participación en la transformación que su evangelio operaba en las vidas de todos los que lo abrazaban por la fe. Sin embargo, en algún punto del camino, algo había cambiado. Quizás fue el cinismo el enemigo del amor. O quizás la discrepancia de opiniones y el conflicto de intereses ahogaron el amor fraternal. O tal vez empezaron a amar más tener la razón que amar el hecho de ser un canal de gracia y de misericordia. Tal vez llegaron a enfocarse tanto en la verdad del evangelio que su amor y su asombro frente a él disminuyeron.

Jesús, que conocía los verdaderos afectos de sus corazones, les reveló exactamente lo que necesitaban hacer para reparar esa brecha:

Recuerda, por tanto, de dónde has caído, y arrepiéntete, y haz las primeras obras; pues si no, vendré pronto a ti, y quitaré tu candelero de su lugar, si no te hubieres arrepentido. Pero tienes esto, que aborreces las obras de los nicolaítas, las cuales yo también aborrezco. El que tiene oído, oiga lo que el Espíritu dice a las iglesias (Ap. 2:5-7a).

Ellos debían darse vuelta y cambiar de dirección. Rememorar lo que hicieron cuando su amor por Jesús estaba fresco les serviría para avivar la llama que ardía antes en sus corazones por Él.

¿Qué hiciste en aquellos tiempos de tu primer amor por Jesús? Yo recuerdo que de adolescente pasaba tiempo en mi habitación leyendo mi *Living Bible* (Biblia viviente) de cubierta verde. Nadie me obligaba a hacerlo. Yo no lo hacía por algún sentido de deber, ni siquiera por disciplina. Simplemente lo hacía porque deseaba hacerlo. No me cansaba de leerla. Yo amaba a Jesús y amaba su Palabra y sencillamente quería llenarme de ella tanto como pudiera. Sin embargo, puede ser difícil mantener esa clase de pasión, ¿no te parece? ¿Existe algo que pueda ayudarnos a mantener viva esa clase de pasión? Sí. Una promesa:

Al que venciere, le daré a comer del árbol de la vida, el cual está en medio del paraíso de Dios (Ap. 2:7b).

Jesús concluye su mensaje a los creyentes en Éfeso prometiendo que quienes vencen las tácticas del mundo que debilitan el compromiso de amor a Él les espera la recompensa de comer del árbol de la vida en el paraíso de Dios. Meditar en esa promesa puede avivar el fuego de amor en el corazón de los que quieren amar a Jesús hoy y mañana más de lo que lo amaron ayer.

Jesús conoce aquello por lo que estás dispuesto a sufrir

Para el mensaje a la iglesia en Esmirna, Juan recibió las palabras: "Yo soy el primero y el último; y el que vivo, y estuve muerto" (Ap. 1:17-18; 2:8). Y cuando descubrimos lo que Jesús tenía para decirles, entendemos por qué se identificó de ese modo:

Yo conozco tus obras, y tu tribulación, y tu pobreza (pero tú eres rico), y la blasfemia de los que se dicen ser judíos, y no lo son, sino sinagoga de Satanás (Ap. 2:9).

La iglesia en Esmirna estaba sufriendo. Eran espiritualmente ricos en virtud de su unión con Cristo, pero eran financieramente pobres. ¿Por qué? Porque su lealtad a Cristo los excluía de la participación plena en las asociaciones profesionales y en la comunidad comercial que existía en la ciudad de Esmirna. A muchos los había desheredado su familia por causa de seguir el Camino. Algunas calumnias acerca de ellos que difundían los judíos (como que tenían intenciones de introducir un nuevo reino a expensas de los romanos) les habían costado su medio de subsistencia. Los ciudadanos romanos en Esmirna no querían comprar pan de los panaderos que hacían parte de esta iglesia ni contratarlos para trabajar en sus casas.

Trato de imaginar el momento en el que los creyentes de Esmirna oyeron estas palabras introductorias del mensaje de Jesús para ellos. Tal vez ellos esperaban oír que Jesús iba a hacer algo respecto al trato injusto que recibían, que iba a hacer algo para protegerlos del sufrimiento que estaban experimentando. Pero eso no fue lo que oyeron decir a Jesús. En lugar de eso, dijo:

No temas en nada lo que vas a padecer. He aquí, el diablo echará a algunos de vosotros en la cárcel, para que seáis probados, y tendréis tribulación por diez días (Ap. 2:10a).

Ese mensaje daba en qué pensar. Su sufrimiento no iba a acabarse ni a mermar, sino a aumentar. No iba a desaparecer rápidamente, sino que iba a perdurar un tiempo. El número diez se usa simbólicamente para denotar que va a durar exactamente el tiempo que Dios ha determinado.

Con todo, esta noticia vino acompañada de una promesa correspondiente:

Sé fiel hasta la muerte, y yo te daré la corona de la vida.
El que tiene oído, oiga lo que el Espíritu dice a las iglesias.

> El que venciere, no sufrirá daño de la segunda muerte (Ap. 2:10b-11).

El solemne mensaje de Jesús a la iglesia en Esmirna era que ellos podían esperar ser puestos a muerte por causa de su lealtad a Él. Sin embargo, hablando como quien ha muerto y resucitado, Jesús les aseguró que la muerte no sería el fin de su historia. Cuando llegue el día señalado en el que todo el que ha muerto volverá a la vida para presentarse delante de Él en el juicio final, el día en el que toda la humanidad será dividida entre los que irán al castigo eterno y los que van a la vida eterna (Mt. 25:46), ellos podían estar seguros de entrar en la vida eterna.

Para muchos que leen este libro, incluso para mí, el prospecto de ser ejecutado por nuestra lealtad a Jesús puede parecer algo muy lejano e improbable debido al tiempo y al lugar donde vivimos. Sin embargo, sabemos que es una realidad en nuestro mundo actual.

Hace pocos años Necati Aydin y Ugur Yuksel, dos turcos que se habían convertido del islam al cristianismo, y Tillman Geske, un ciudadano alemán, fueron ejecutados en la ciudad de Izmir, la misma ciudad que en la antigüedad era llamada Esmirna. Los tres hombres trabajaban en la traducción de una Biblia de estudio al idioma turco. Varios jóvenes turcos se presentaron en su oficina, supuestamente para explorar las creencias del cristianismo. Ataron a los tres hombres para luego golpearlos y apuñalearlos repetidamente.

Semse Aydin, la esposa de Necati, relató a *Christianity Today* que ella no se arrepiente del ministerio que tuvieron en Izmir, donde en tres años vieron a quince personas llegar a la fe. "Yo considero a mi familia victoriosa", dice.[1]

Sus palabras son notables en muchos sentidos. Lo que su familia experimentó no parece de ningún modo una victoria a los ojos del mundo. El mundo solo ve tragedia en una historia semejante. No obstante, cuando leo sus palabras, no puedo evitar pensar que Semse no solo ha leído este mensaje a la iglesia en Esmirna, sino

---

1. Denise McGill, "A Victorious Family", *Christianity Today*, 4 de enero de 2008, https://www.Christianitytoday.com/.

que ha abrazado con seriedad el llamado que se repite en cada una de las siete cartas y a todo lo largo del libro de Apocalipsis acerca de conquistar, vencer y ser victorioso, y sus promesas para quienes lo hacen. Jesús dijo a los hermanos de la iglesia en Esmirna hace varios siglos: "El que venciere, no sufrirá daño de la segunda muerte". A todas luces, ¡Semse cree de todo corazón lo que Jesús dijo a la iglesia de ese lugar hace tanto tiempo! Ella ha creído las palabras de Jesús y ha permitido que esa perspectiva celestial acerca de los sucesos terrenales prevalezca en sus pensamientos y en sus sentimientos, en lugar de abrazar una mera perspectiva terrenal acerca de la vida y la muerte.

Tal vez pocos se atreverían a afirmar que ella tiene una vida bendecida, pero yo creo que lo es, ¿no te parece? Es evidente que no es una vida fácil. Puedo imaginar que en ocasiones ha sido una vida de mucha soledad y peligros, y aún así profundamente bendecida en el sentido verdadero de la palabra.

Jesús conoce lo que realmente crees

Escribiendo como quien tiene "una espada aguda de dos filos" (Ap. 1:16; 2:12), lo cual se refiere por lo general a palabras de juicio que salen de su boca, Jesús empezó su carta a la iglesia en Pérgamo diciendo:

> Yo conozco tus obras, y dónde moras, donde está el trono de Satanás (Ap. 2:13a).

¿Qué importancia tiene el lugar donde moran y por qué lo describiría Jesús como el trono de Satanás? Pérgamo era un lugar de poder gubernamental, similar a la capital de un estado. Tenía una magnífica biblioteca. También era un centro de la religión grecorromana. Había en la ciudad templos a varios dioses grecorromanos, entre ellos un templo a Asclepio, el dios grecorromano de la curación cuya imagen incluía el símbolo de una serpiente enroscada en su bastón.

Así que cuando Jesús dijo: "yo conozco . . . dónde moras", tal vez estaba diciendo: "Sé muy bien en qué ambiente luchas por ser fiel a mí, los desafíos y las fuerzas que operan en la esfera de tu realidad cotidiana". Y continuó diciendo:

> Pero retienes mi nombre, y no has negado mi fe, ni aun en los días en que Antipas mi testigo fiel fue muerto entre vosotros, donde mora Satanás (Ap. 2:13b).

En ese ambiente pagano, los miembros de la iglesia de Pérgamo habían permanecido firmes en su fe a pesar de que uno de ellos, un hombre llamado Antipas, después de proclamar con valentía la verdad del reino de Jesús, fue asesinado. Esto nos lleva a preguntarnos qué dijo o hizo Antipas y qué aspecto de la vida de Pérgamo denunció. Tal vez se negó a ofrecer el sacrificio asignado a Asclepio cuando fue a ver al médico. Tal vez cuestionó las ideas del libro más leído de la biblioteca. Por la razón que sea, Antipas no negó su fe y el resto de los creyentes que habitaban en Pérgamo permanecieron firmes junto con él y fieles a Jesús bajo presión.

Jesús continuó su mensaje a la iglesia con palabras que reflejaban el otro lado de la espada de doble filo:

> Pero tengo unas pocas cosas contra ti: que tienes ahí a los que retienen la doctrina de Balaam, que enseñaba a Balac a poner tropiezo ante los hijos de Israel, a comer de cosas sacrificadas a los ídolos, y a cometer fornicación. Y también tienes a los que retienen la doctrina de los nicolaítas (Ap. 2:14-15).

Algunos de ellos, no todos, retenían "la doctrina de Balaam". Jesús hizo referencia a un acontecimiento que registra el capítulo 22 del libro de Números. Balaam, un enemigo del pueblo de Dios, trató de perseguir a Israel pronunciando una maldición contra ellos, aunque tuvo mayor éxito enviando a mujeres de Moab al campo israelita para seducir a los hombres a caer en pecado sexual e idolatría. En Pérgamo, donde tantas personas practicaban la adoración a dioses paganos, es evidente que algunas personas de la iglesia estaban siendo tentadas a caer en la inmoralidad sexual y la idolatría de la cultura en la que vivían, pensando que podían combinarla con la adoración al único Dios verdadero.

Jesús también dijo que algunos de ellos retenían la enseñanza de los nicolaítas, que "alentaban el conformismo cultural y el estilo de vida secular".[2] Podríamos imaginar a estos nicolaítas diciendo a sus consiervos de la iglesia en Pérgamo: "Nada tiene de malo usar el vocabulario secular y participar en los festejos rituales que son parte de la vida en esta gran ciudad. Así van a poder establecer relaciones que al final les permitirán comunicar el evangelio".

¿Recuerdas cómo Éfeso fue afirmada por su amor a la sana doctrina y exhortada por perder su primer amor? En Pérgamo el peligro era la falta de cuidado por la verdad doctrinal y la falta de acción contra la falsa enseñanza. Sin embargo, la respuesta al problema de ambas era la misma: Darse vuelta y avanzar en otra dirección. Jesús les dijo:

> Por tanto, arrepiéntete; pues si no, vendré a ti pronto, y pelearé contra ellos con la espada de mi boca. El que tiene oído, oiga lo que el Espíritu dice a las iglesias (Ap. 2:16-17a).

Quienes se niegan a arrepentirse pueden esperar que Jesús pelee contra ellos. En cambio, quienes están dispuestos a arrepentirse pueden esperar algo muy diferente de parte del Señor:

> Al que venciere, daré a comer del maná escondido, y le daré una piedrecita blanca, y en la piedrecita escrito un nombre nuevo, el cual ninguno conoce sino aquel que lo recibe (Ap. 2:17b).

Esta promesa es un poco misteriosa. Habla de un maná escondido y de una piedrecita blanca con un nuevo nombre escrito en ella. Por supuesto, este maná escondido debe tener alguna relación con el maná que Dios hizo descender sobre su pueblo durante los cuarenta años que pasaron en el desierto. Tal vez Dios estaba prometiendo a estas personas, temerosas de perder su sustento, que su

---

2. Phillips, *Revelation*, 114.

determinación a no transigir les garantizaría en la era venidera su provisión celestial.

En su comentario de Apocalipsis, Richard Phillips explica que en el mundo antiguo una piedra blanca ceremonial llamada "tesela" tenía varios significados, cada uno de los cuales podía aplicarse a aquellos que vencen.[3] En la época de Juan, los campeones de las competencias deportivas recibían una piedra blanca. Así que tal vez esta promesa comunica el hecho de que ellos vencieron la tentación de transigir y, por tanto, podían esperar recibir de parte de Jesús el reconocimiento por su victoria. En las festividades y en los festivales paganos se entregaban piedras blancas como boletos de entrada. Así pues, aunque no estuvieran invitados a las fiestas paganas de Pérgamo, podían estar seguros de que tenían un lugar en la mesa en la cena de las bodas del Cordero. Además, se usaban piedras blancas en los tribunales, donde el jurado votaba por la absolución presentando una piedra blanca y, por el contrario, una piedra negra para votar la condena. Así pues, al igual que Antipas, aunque ellos fueran condenados en los tribunales de Pérgamo, podían estar seguros de que en el tribunal del cielo serían absueltos.

Jesús conoce lo que estás dispuesto a tolerar

La forma en que Jesús se presenta en su mensaje a la iglesia en Tiatira también es significativa:

> Y escribe al ángel de la iglesia en Tiatira: El Hijo de Dios, el que tiene ojos como llama de fuego, y pies semejantes al bronce bruñido (Ap. 2:18).

El fuego en los ojos y los pies semejante al bronce bruñido nos hacen pensar en la abrasadora santidad de Dios, por lo que sentimos que Jesús se dispone a señalar alguna impiedad que sus ojos no puedan mirar. Sin embargo, antes de hacerlo expresa un elogio que debe haber sido profundamente significativo para los creyentes en Tiatira:

---

3. Phillips, *Revelation*, 116.

Yo conozco tus obras, y amor, y fe, y servicio, y tu paciencia, y que tus obras postreras son más que las primeras (Ap. 2:19).

Jesús estaba en medio de ellos y conocía el fruto de la fe que era evidente en sus vidas. Él podía ver cuánto lo amaban y cuánto amor fraternal había entre ellos, cómo servían y permanecían fieles bajo presión. Este fruto no era simplemente evidente en sus vidas, sino que crecía e iba en aumento en lugar de estancarse o disminuir.

En seguida, anticipamos un *pero*, y ahí está:

Pero tengo unas pocas cosas contra ti: que toleras que esa mujer Jezabel, que se dice profetisa, enseñe y seduzca a mis siervos a fornicar y a comer cosas sacrificadas a los ídolos. Y le he dado tiempo para que se arrepienta, pero no quiere arrepentirse de su fornicación. He aquí, yo la arrojo en cama, y en gran tribulación a los que con ella adulteran, si no se arrepienten de las obras de ella. Y a sus hijos heriré de muerte, y todas las iglesias sabrán que yo soy el que escudriña la mente y el corazón; y os daré a cada uno según vuestras obras (Ap. 2:20-23).

A pesar de su amor, su fe, su servicio y su perseverancia paciente, había un problema en la iglesia, un problema concerniente a la santidad: Toleraban la inmoralidad sexual y la idolatría.

Tiatira era una ciudad comercial donde "predominaban gremios que supervisaban sus variadas industrias: Lana, lino, tinturas, fabricantes de ropa, marroquinería, cerámica, panadería y orfebrería en bronce".[4] Cada gremio pagaba tributos a los dioses paganos. Los cristianos que trabajaban en esos oficios experimentarían la presión de participar en festivales sagrados a estos dioses paganos, lo cual incluía comer en sus templos y participar en relaciones sexuales con prostitutas del templo.

---

4. Phillips, *Revelation*, 123. Phillips cita a Sir William Ramsey, como fue citado por Leon Morris, *The Revelation of St. John: An Introduction and Commentary*, Tyndale New Testament Commentary 20 (Grand Rapids, MI: Eerdmans, 1969), 69.

Era evidente que había cierta influencia de esto en la iglesia, tal vez una mujer en la congregación que afirmaba ser profetisa y alentaba a los creyentes a participar en las fiestas y en las ceremonias sexuales. Llamarla "Jezabel" era una manera de conectar la naturaleza de su influencia en la iglesia con la Jezabel de 1 Reyes, que instó a los israelitas a adorar a Baal y a Astarot además del Señor, un culto que también incluía relaciones sexuales en los santuarios paganos. En esencia, el mensaje de esa persona a los miembros de la iglesia era que ellos podían hacer todo lo que los demás ciudadanos de Tiatira hacían.

Cabe preguntarse si, al fomentar tal participación, ella incluyó quizás el mensaje de "Jesús conoce tu corazón" para sugerir que Jesús iba a juzgar sus corazones por estar en el lugar correcto mientras que sus cuerpos participaban de la inmoralidad sexual. Si es así, en cierto sentido tenía razón. Jesús conocía sus corazones. Sus ojos como llama de fuego atravesaban su alma para ver exactamente lo que había en ellos. Y lo que vio no fue inocencia y buenas intenciones, sino adulterio espiritual digno del castigo eterno. El pecado sexual es adulterio espiritual. La idolatría es adulterio espiritual. Nadie puede persistir en el pecado sexual y la idolatría con la excusa de presiones ajenas a la voluntad o una necesidad humana básica, y pensar que "Dios conoce mi corazón y va a perdonarme" y esperar que no arderá en el fuego de la ira de Dios.

A quienes permanecen fieles a Jesús mientras esperan su regreso, negándose a ser como el mundo, Jesús los usará para transformar el mundo.

En sus ojos como fuego vemos no solo la ira justa contra el pecado, sino el celo de un amante que ha sido abandonado y traicionado. Si "Jezabel" hace referencia a una mujer en particular, probablemente estaba sentada allí cuando la carta fue leída (por cierto, esa sería una situación incómoda). Ella había seducido a algunas personas en la iglesia de Tiatira a creer que podían entregarse a esos dioses paganos y aun así ser fieles a Jesús. Pero obviamente no podían. Se trataba de obras de las tinieblas que no conducían a la vida sino a la muerte, a menos que hubiera un arrepentimiento genuino.

Sin embargo, es claro que no todos en la iglesia en Tiatira habían caído bajo la seducción de esa enseñanza:

> Pero a vosotros y a los demás que están en Tiatira, a cuantos no tienen esa doctrina, y no han conocido lo que ellos llaman las profundidades de Satanás, yo os digo: No os impondré otra carga; pero lo que tenéis, retenedlo hasta que yo venga. Al que venciere y guardare mis obras hasta el fin, yo le daré autoridad sobre las naciones, y las regirá con vara de hierro, y serán quebradas como vaso de alfarero; como yo también la he recibido de mi Padre; y le daré la estrella de la mañana. El que tiene oído, oiga lo que el Espíritu dice a las iglesias (Ap. 2:24-29).

A quienes permanecen fieles a Jesús mientras esperan su regreso, negándose a ser como el mundo, Jesús los usará para transformar el mundo. Ellos ejercerán "autoridad sobre las naciones" por proclamar el evangelio de la gracia a los pecadores en sus lugares de trabajo y en sus vecindarios, para que más habitantes de Tiatira se amparen en el reino de la gracia del Rey Jesús, a pesar de vivir en un mundo dominado por César.

Jesús conoce la realidad de tu condición espiritual

Empezamos este capítulo hablando acerca del reporte de calificaciones que se utilizaba para evaluar nuestro desempeño escolar. En la mayoría de los casos, los estudiantes ya no reciben ese tipo de reporte. En cambio, sí recibimos otra clase de examen. Casi todos hemos tenido que esperar en un consultorio o una llamada telefónica para recibir los resultados de un examen médico. A veces acudimos a un examen porque experimentamos dolor o algún síntoma. En otras ocasiones, acudimos al médico creyendo que gozamos de buena salud y nos asombra descubrir que existe algún problema. Me pregunto si esa fue más o menos la experiencia de la congregación en Sardis cuando oyeron el mensaje de Jesús dirigido a ellos.

Escribe al ángel de la iglesia en Sardis: El que tiene los siete espíritus de Dios, y las siete estrellas, dice esto: Yo conozco tus obras, que tienes nombre de que vives, y estás muerto (Ap. 3:1).

Espera un momento. ¿Qué? ¿Muerto?

Ellos creían que estaban vivos. Y era evidente que otras iglesias también lo creían.

¿Por qué pensaría esta congregación como "que vive"? Quizás era por su actividad. Era una iglesia muy ocupada. Tenían muchos programas. Muchas reuniones. Mucha enseñanza. Tal vez les gustaba decir: "Dios me dijo esto" o "Dios me dijo aquello", como si tuvieran alguna habilidad especial para oír de parte de Dios lo que otros no podían, lo cual los hacía parecer muy vivos.

Seamos francos: Es bueno tener buena fama, como iglesia y como individuos. Sin embargo, es obvio que nuestro propio prestigio puede engañarnos. Es posible tener una reputación que no concuerda con la realidad de lo que somos. Es posible tener la reputación de estar espiritualmente vivo cuando la condición real de nuestra alma es lo opuesto. La realidad que enfrentaba la iglesia en Sardis era que había muerte espiritual en la iglesia. Los invadía un cáncer espiritual que los estaba matando y ellos no lo sabían. ¿Cuáles eran los síntomas que ellos y las personas a su alrededor habían pasado por alto? Por lo visto era pereza espiritual. Podemos deducir esto a partir del tratamiento que Jesús les recetó:

Sé vigilante, y afirma las otras cosas que están para morir; porque no he hallado tus obras perfectas delante de Dios. Acuérdate, pues, de lo que has recibido y oído; y guárdalo, y arrepiéntete. Pues si no velas, vendré sobre ti como ladrón, y no sabrás a qué hora vendré sobre ti (Ap. 3:2-3).

Espiritualmente estaban dormidos. Eran apáticos. Cuando oían la predicación de la Palabra, sus mentes estaban ausentes, nada penetraba. Eran espiritualmente débiles. Cada vez que sentían el impulso de levantarse temprano a orar, de hablar de Cristo a su vecino pagano o de combatir algún pecado que los tenía asediados, decidían recostarse hasta que el impulso se desvaneciera. Sufrían de falta de apetito, de falta de hambre de la Palabra de Dios, no tenían deseo de aprender nada nuevo ni de poner en práctica seriamente lo que ya entendían con absoluta claridad.

Jesús, el médico espiritual, comunicó a Sardis tanto el diagnóstico como el tratamiento que necesitaba la iglesia. Su prescripción consistía en entrenamiento de fuerza para mayor resistencia, rememoración y repetición rigurosa de las verdades fundamentales del evangelio que antes habían sido fuentes de

Es posible tener la reputación de estar espiritualmente vivo cuando la condición real de nuestra alma es lo opuesto.

vigor. También debían abandonar la pereza espiritual para buscar una vida más vigorosa y comprometida de arrepentimiento y fe.

Era evidente que no todos en la iglesia habían caído en ese sopor y muerte espirituales:

> Pero tienes unas pocas personas en Sardis que no han manchado sus vestiduras; y andarán conmigo en vestiduras blancas, porque son dignas. El que venciere será vestido de vestiduras blancas; y no borraré su nombre del libro de la vida, y confesaré su nombre delante de mi Padre, y delante de sus ángeles. El que tiene oído, oiga lo que el Espíritu dice a las iglesias (Ap. 3:4-6).

Unos pocos habían permanecido fieles, despiertos, vivos. Jesús tenía una promesa para ellos y para todos aquellos dispuestos a arrepentirse y, por ende, a vencer su propensión a la pereza espiritual. Ellos podían tener la certeza de que la vida espiritual que les había sido impartida cuando fueron unidos a Cristo iba a llegar a su plenitud. La justicia de Cristo, representada en las vestiduras blancas, se convertiría en una realidad creciente en sus vidas y un día se cumpliría de manera cabal en su presencia. Cuando llegue el día en que se abra el libro de la vida (leeremos más acerca de ese día cuando lleguemos a Apocalipsis 20) y cuando se lea la lista de nombres, ellos podrán estar seguros de que oirán sus nombres.

Jesús conoce a qué reino te dedicas

Las personas pertenecientes a cada una de estas siete iglesias vivían bajo el imperio mundial de su época, que era Roma. Por supuesto, quienes se congregaban en estas siete iglesias eran ciudadanos de otro reino, un reino que está en conflicto con el reino del mundo, un reino que, aunque pueda parecer débil a los ojos del mundo, en realidad crece y se expande continuamente y un día alcanzará cada rincón de la tierra. Jesús presentó su mensaje a la iglesia en Filadelfia como las palabras de Aquel que tiene las llaves de ese reino:

> Escribe al ángel de la iglesia en Filadelfia: Esto dice el Santo, el Verdadero, el que tiene la llave de David, el que abre y ninguno cierra, y cierra y ninguno abre (Ap. 3:7).

¿Cuál es la llave de David y cuál es la puerta que abre, esa puerta abierta que nadie puede cerrar?

Todo el libro de Apocalipsis y, de hecho, la Biblia entera, se tratan del reino de Dios. Como Hijo de David, Jesús tiene las llaves de su reino. Él ha abierto de par en par la puerta para que las naciones entren, y nada puede impedírselo:

> Yo conozco tus obras; he aquí, he puesto delante de ti una puerta abierta, la cual nadie puede cerrar; porque aunque tienes poca fuerza, has guardado mi palabra, y no has negado mi nombre (Ap. 3:8).

En su muerte y su resurrección, en su ascensión y al enviar su Espíritu, Jesús ha abierto la puerta para el avance del evangelio. Jesús dirige a la iglesia en Filadelfia hacia una puerta abierta y promete que los usará a ellos para extender su reino a cada rincón de la tierra.[5]

---

5. Si bien acepta esta visión, Thomas Schreiner presenta una visión alternativa, escribiendo: "Es posible que la puerta abierta se refiera a una oportunidad para la misión y el evangelismo, dado que en otros pasajes del Nuevo Testamento habla de una puerta abierta con este significado (Hch. 14:27; 1 Co. 16:9; 2 Co. 2:12; Col. 4:3). Sin embargo, parece más probable que haga referencia aquí a entrar en la presencia

A diferencia de sus mensajes a la mayoría de las iglesias, Jesús no incluyó ninguna crítica en su mensaje a Filadelfia. No obstante, señaló que esta iglesia joven tenía "poca fuerza". Es evidente que no eran una iglesia grande con fama de cosas grandiosas. Tal vez esta iglesia no tenía miembros notables, personas influyentes ni recursos materiales. Tal vez eran pocos en número. Con todo, era claro que habían logrado algo que realmente era importante para Jesús. Habían guardado su Palabra y no habían negado su reino y su autoridad sobre sus vidas. Era claro también que la obra que Jesús se proponía hacer en ellos y a través de ellos no estaba limitada por la fuerza que ellos tuvieran. En 2 Corintios leemos que Jesús dijo a Pablo: "Mi poder se perfecciona en la debilidad" (12:9). Definitivamente Filadelfia iba a ser un "caso ejemplar" de esta realidad entre las iglesias:

He aquí, yo entrego de la sinagoga de Satanás a los que se dicen ser judíos y no lo son, sino que mienten; he aquí, yo haré que vengan y se postren a tus pies, y reconozcan que yo te he amado. Por cuanto has guardado la palabra de mi paciencia, yo también te guardaré de la hora de la prueba que ha de venir sobre el mundo entero, para probar a los que moran sobre la tierra. He aquí, yo vengo pronto; retén lo que tienes, para que ninguno tome tu corona. Al que venciere, yo lo haré columna en el templo de mi Dios, y nunca más saldrá de allí; y escribiré sobre él el nombre de mi Dios, y el nombre de la ciudad de mi Dios, la nueva Jerusalén, la cual desciende del cielo, de mi Dios, y mi nombre nuevo. El que tiene oído, oiga lo que el Espíritu dice a las iglesias (Ap. 3:9-13).

A quienes vencen el reino del mundo viviendo en él con la misión de difundir el reino de Dios, Jesús promete que serán columnas en el templo de Dios y que tendrán escrito sobre ellos el nombre de Dios

---

de Dios (Ap. 4:1). Ellos tienen la puerta abierta a la presencia de Dios y acceso a la ciudad celestial". Thomas Schreiner, *Hebrews–Revelation*, ESV Expository Commentary (Wheaton, IL: Crossway, 2018), 590.

y de su ciudad. En otras palabras, tendrán un lugar permanente en el templo de Dios, que es el pueblo de Dios que perdurará por la eternidad (Ef. 2:22). Aunque tengan "poca fuerza" ahora, la fortaleza de Cristo los convertirá en columnas robustas. El nombre de Dios quedará escrito en ellos, una afirmación de su pertenencia a esta ciudad donde gozarán de su presencia y de su protección para siempre.

Jesús conoce de quién dependes

Si estas cartas a las iglesias aún no nos han incomodado a los cristianos en el siglo XXI, especialmente a los que vivimos en occidente, esta última carta va a dejarnos en evidencia.

> Y escribe al ángel de la iglesia en Laodicea: He aquí el Amén, el testigo fiel y verdadero, el principio de la creación de Dios (Ap. 3:14).

Quien habla es el testigo fiel y verdadero, Jesús. Él dice la verdad, y a veces la verdad duele. Pero si tenemos oídos para oírla, la verdad que Él declara al final traerá sanidad.

> Yo conozco tus obras, que ni eres frío ni caliente. ¡Ojalá fueses frío o caliente! Pero por cuanto eres tibio, y no frío ni caliente, te vomitaré de mi boca (Ap. 3:15-16).

Jesús empezó casi todas las cartas anteriores con un elogio, y a medida que los hermanos en Laodicea las oían tal vez imaginaban todo aquello que Jesús podía elogiar acerca de ellos cuando llegara su turno. Ellos se consideraban una iglesia notable que realmente no necesitaba nada, mucho menos una reprensión. Imagina sus caras cuando Jesús no pronunció un solo elogio y pasó directamente a la reprensión, diciéndoles en esencia que la manera de ellos de vivir su fe cristiana le daba ganas de vomitar. Lo que mereció tal reprensión no fue una falsa enseñanza, inmoralidad, idolatría o falta de valor frente a la persecución. Lo que causaba repulsión era el hecho de que ellos, al parecer, no se daban cuenta en absoluto de su urgente necesidad de Él. Consideraban a Jesús un simple accesorio más entre las muchas cosas que aportaban comodidad, seguridad y disfrute a sus vidas.

> Porque tú dices: Yo soy rico, y me he enriquecido, y de ninguna cosa tengo necesidad; y no sabes que tú eres un desventurado, miserable, pobre, ciego y desnudo (Ap. 3:17).

Jesús puso estas palabras en boca de ellos a fin de expresar con claridad el problema. Este se resume en cinco palabras que sencillamente no tienen cabida en la vida de un cristiano: "De ninguna cosa tengo necesidad".

- Jesús se había acercado a ellos para ofrecerles las riquezas de su gracia, las riquezas de su herencia en la tierra santa, y ellos con sus acciones y actitudes habían respondido: "No gracias. Tenemos cuentas de ahorro crecientes y pólizas de seguros confiables, de modo que no necesitamos atesorar para nosotros en el cielo".
- Jesús se había acercado a ellos para ofrecerles la vista, a fin de que pudieran ver lo que es bueno, lo que es verdadero y eterno, y ellos habían dicho: "No gracias, estamos bien. Tenemos una buena educación, tenemos ideas y opiniones avanzadas. En realidad, tú podrías aprender algunas cosas de nosotros, Jesús, acerca de cómo manejar mejor este mundo".
- Jesús se había acercado a ellos para ofrecerles vestirlos con las vestiduras de su justicia perfecta y ellos habían respondido: "No hace falta. Hemos pasado la vida entera haciendo donativos a los ministerios correctos, sirviendo en comités importantes y apalancando nuestros perfiles en las redes sociales para promover los cargos indicados. Creemos que, si te fijas bien, verás que lo estamos haciendo bastante bien en lo que respecta a nuestra propia justicia, Jesús".

Por supuesto, muchos de nosotros, con nuestras acciones y actitudes, hemos dicho exactamente lo mismo frente al ofrecimiento de Jesús de su propia persona.

Somos afortunados porque como el testigo fiel y verdadero que es, Jesús no se contenta con dejarnos en nuestra autosuficiencia y autoengaño. Por eso dice:

> Por tanto, yo te aconsejo que de mí compres oro refinado en fuego, para que seas rico, y vestiduras blancas para vestirte, y que no se descubra la vergüenza de tu desnudez; y unge tus ojos con colirio, para que veas. Yo reprendo y castigo a todos los que amo; sé, pues, celoso, y arrepiéntete (Ap. 3:18-19).

El consejo de Jesús es que acudamos a Él con nuestra necesidad y nada más, y que experimentemos su provisión. Aunque hayamos despreciado sus dones y rechazado su provisión, el Señor en lugar de apartarse se ofrece a sí mismo. Él quiere pasar por alto nuestra evasión autosuficiente y alcanzar las áreas más herméticas de nuestra vida. Él quiere hacernos partícipes de su vida en una comunión íntima y permanente. Él quiere acercarse a suplir nuestra necesidad:

> He aquí, yo estoy a la puerta y llamo; si alguno oye mi voz y abre la puerta, entraré a él, y cenaré con él, y él conmigo. Al que venciere, le daré que se siente conmigo en mi trono, así como yo he vencido, y me he sentado con mi Padre en su trono. El que tiene oído, oiga lo que el Espíritu dice a las iglesias (Ap. 3:20-22).

¿Tienes oídos para oír lo que el Espíritu nos dice a ti y a mí en este momento? Él dice: "A pesar de que has desechado el valor y la necesidad de vivir bajo mi gobierno y mi cuidado en mi reino, si aceptas ahora mi reprensión y respondes a mi disciplina, si tienes el celo de abandonar tu autosuficiencia y reconoces tu necesidad urgente de mí, tu futuro será brillante con todas las bendiciones de mi reino".

Oh, amigo mío, ¿tienes oídos para oír lo que el Espíritu te dice? ¿Estás dispuesto a sopesar lo que significa guardar esas palabras?

Lo que significa oír y guardar Apocalipsis 2–3

Recordemos que Jesús prometió que serán bendecidos quienes están dispuestos a oír y guardar las palabras de esta carta, incluso cuando (o quizás debería decir, especialmente cuando) lo que Él tiene para decir es una palabra dura y desafiante. Así pues, debemos preguntarnos: ¿Qué significa para nosotros oír y guardar lo que hemos oído que el Espíritu nos dice por medio de estas cartas a las siete iglesias? Tal vez una forma de responder esta pregunta es resumir cada carta según los cuestionamientos que plantea para cada uno de nosotros:

- La carta a la iglesia en Éfeso nos invita a preguntarnos: *¿En algún momento de mi vida he tenido más amor por Cristo y por su evangelio que en el presente? Si es así, ¿estoy dispuesto a hacer lo que hice en aquel primer amor, no por obligación o legalismo, sino por un deseo de avivar mi amor por Jesús?*

- La carta a la iglesia en Esmirna nos invita a preguntarnos: *¿Por qué cosas estoy dispuesto a sufrir, dado que eso revela el verdadero objeto de mis afectos? ¿Necesito ajustar mis expectativas de la vida cristiana de tal modo que en vez de esperar que Jesús me proteja del sufrimiento, yo espere que Él me preserve para soportar el sufrimiento que es inevitable para el cristiano?*

- La carta a la iglesia en Pérgamo nos invita a preguntarnos: *¿En qué área de mi vida podría Jesús señalar alguna transigencia de mi parte que pone en riesgo mi testimonio de Él y mi relación con Él? ¿Es el entretenimiento que consumo, las normas éticas a las que me adhiero, las bromas sexuales de las que me río, el tiempo y la atención que dedico a los deportes, a la política o a mi profesión?*

- La carta a la iglesia en Tiatira nos invita a preguntarnos: *¿Me he dejado seducir por voces dentro de la iglesia que tergiversan las Escrituras para justificar o minimizar el pecado* *sexual o la idolatría? ¿Qué enseñanza estoy tolerando, en la iglesia o en los medios que consumo, que perjudica a la novia de Cristo y no la prepara, a mí en particular, para la perseverancia paciente?*

- La carta a la iglesia en Sardis nos invita a preguntarnos: *¿Perciben las personas a mi alrededor que mi consagración a Jesús es mayor de lo que es en realidad? ¿Qué debo cambiar para que la realidad de mi relación con Jesús coincida con mi reputación? ¿Qué debo cambiar para poder estar completamente despierto y plenamente fortalecido para la perseverancia paciente?*

- La carta a la iglesia en Filadelfia nos invita a preguntarnos: *¿Estoy cruzando las puertas que Jesús ha abierto para mí para la difusión del evangelio?*

- La carta a la iglesia en Laodicea nos invita a preguntarnos: *¿Me han impedido la prosperidad y la comodidad reconocer mi verdadera condición espiritual?*

Apocalipsis 2 y 3 contienen cartas que fueron escritas no solo para esas siete iglesias en Asia en el siglo I. El pasaje entero es una carta para ti y para mí hoy. Jesús nos dice: "Yo te conozco. Conozco lo bueno y lo malo acerca de ti. Conozco lo que tiene que suceder en tu vida. Conozco lo que estoy preparando para ti y, si atesoras mis promesas, no lo lamentarás".

Dado que, en cualquier caso, Él conoce todo, podemos ser sinceros con Él y con los demás acerca de nuestras faltas. Podemos ser sinceros respecto a los recalcitrantes hábitos y patrones pecaminosos que parecieran controlarnos. Podemos ser sinceros sobre nuestra falta de amor por Él y el amor excesivo por otras cosas. Podemos ser sinceros acerca de nuestra vida sexual pasada y presente. Podemos ser sinceros respecto a nuestra reticencia de dar testimonio con denuedo y la facilidad con la que estamos dispuestos a transigir. ¡Podemos ser sinceros porque Jesús ya conoce nuestra realidad! A Él no le sorprende nuestra apatía, nuestra idolatría, nuestra inmoralidad sexual, nuestra tolerancia a quienes no dicen la verdad acerca de Él. Y Él está ahí presente para ser nuestra provisión, nuestra fuerza.

Jesús nos ofrece una promesa de bendición más allá de lo que podamos pensar o pedir jamás. Él se ofrece a sí mismo por nosotros. Él nos ofrece su provisión de todo lo que nos haga falta para perseverar pacientes mientras esperamos su regreso.

4

LA BENDICIÓN DE ADORAR LA DIGNIDAD DE JESÚS

Apocalipsis 4–5

EN TODA MI VIDA he asistido a un solo juego de fútbol universitario. (Y sé que al leer esto, algunos van a sentir una gran compasión por mí y se preguntarán en qué planeta he vivido hasta ahora). Hace unos años el equipo Ducks de la universidad de Oregon jugó contra los Volunteers de la universidad de Tennessee en la ciudad de Knoxville. La hermana de David y mi cuñada, que eran grandes aficionados a los Ducks, vinieron a Tennessee y juntos fuimos a Knoxville, donde nuestro hijo era estudiante entonces, para ver el juego. Fue una experiencia interesante.

Apretujada en mi asiento entre los aficionados en las gradas, lo que más me impresionó fue sentirme como en un culto de adoración. Las personas acudían de todo el país al estadio, no porque alguien las hubiera obligado, sino porque no podían concebir la idea de estar en otro lugar el día del juego. Había preparación, expectativa e identificación con el objeto de adoración que se evidenciaban en los atuendos, los tatuajes y la pintura facial. La gente llegaba temprano porque no quería perderse un solo minuto del evento. Estar allí era costoso; exigía sacrificio. Con todo, era un sacrificio que se entregaba con alegría. El evento tenía una liturgia que incluía una canción que

93

todos conocían y entonaban con gran entusiasmo. Y cuando el equipo salió al campo de juego, a nadie tenían que decirle que se pusiera de pie y vitoreara. Creo que nunca he visto tal extravagancia de pasión y devoción.

Parecía que nada podía disminuir el gozo auténtico y la euforia de ser partícipes de lo que sucedía en aquel estadio. Aquello merecía el costo, la incomodidad, abrirse paso entre la multitud, soportar la tormenta y el aguacero que mojó a todos. Estar congregados en un gran círculo alrededor del equipo en el campo de juego merecía todo lo que fue necesario hacer para estar ahí.

Por supuesto, esa clase de participación y de identificación gozosa no se observan únicamente en los espectáculos deportivos. También podemos verlas en campañas políticas, en convenciones de ventas, en conciertos y en otras esferas de la vida. El valor del candidato, del producto y de la música hacen que todo el sacrificio que precisó estar ahí valga la pena, sin importar el costo.

Hasta ahora, Apocalipsis ha sido un llamado a estar dispuestos a sufrir por Jesús, a enfrentar la pérdida y la dificultad, a romper con un compromiso superficial y a aceptar un examen riguroso. De modo que si consideramos todo eso cuidadosamente, tendría sentido preguntarnos: *¿Vale Jesús todo el esfuerzo, el sufrimiento y el sacrificio que se necesitan para vencer la presión del mundo a mi alrededor y buscar primero su reino y su justicia?* En realidad, esta pregunta es respondida cada día, cada semana y cada año de nuestra vida en el que se demuestra, o no, si consideramos a Jesús digno de nuestra adoración, digno de lo que sea que nos cueste identificarnos con Él.

La escena

Nuestro examen de Apocalipsis 4 y 5 empieza con la frase: "Después de esto miré, y he aquí . . .". Esto nos dice que se trata de una segunda visión, que va desde Apocalipsis 4 hasta el capítulo 16. La primera visión de Juan incluyó ver y oír al Jesús resucitado y glorificado, y el encargo de escribir las cartas a las iglesias. Cuando leemos y tratamos de imaginar la escena de la primera visión, nos da la impresión de que Jesús se hizo presente en el sufrimiento de

Juan en Patmos. Jesús se acercó a tocarlo, lo reconfortó y le dio un encargo. Esta segunda visión parece diferente. Por medio de una visión, al parecer, Juan asciende al trono celestial:

> Después de esto miré, y he aquí una puerta abierta en el cielo; y la primera voz que oí, como de trompeta, hablando conmigo, dijo: Sube acá, y yo te mostraré las cosas que sucederán después de estas (Ap. 4:1).

Juan fue invitado a "subir" al cielo y a entrar por "una puerta abierta" con el objetivo de que viera algo.

¿Cuál es el "cielo" al que fue invitado Juan? La Biblia usa la palabra *cielo* para describir varios lugares diferentes. El primer cielo es el espacio inmediato que rodea a la tierra y que se extiende unos treinta y dos kilómetros por encima de ella. En esa atmósfera vuelan las aves y, como leemos en pasajes como Salmo 147:8, Dios "cubre de nubes los cielos". El segundo cielo está compuesto por las galaxias exteriores donde los planetas giran alrededor de nuestro sol, lo que con frecuencia denominamos "espacio exterior". Por ejemplo, Génesis 1:17 dice que Dios puso el sol, la luna y las estrellas en "la expansión de los cielos".

Sin embargo, en este pasaje Juan es llevado al mismo lugar al que fue invitado Pablo, una experiencia que el apóstol describió en 2 Corintios 12:2, donde dice que fue "arrebatado hasta el tercer cielo", el lugar donde habita Dios. En Efesios, Pablo hace cinco referencias a "los lugares celestiales". Por ejemplo, el apóstol escribe en 1:3, "Bendito sea el Dios y Padre de nuestro Señor Jesucristo, que nos bendijo con toda bendición espiritual en los lugares celestiales en Cristo".

Lo que Pablo vio y registró en 2 Corintios 12 y describió en Efesios, y el lugar al que fue invitado Juan a "subir", son el lugar de la realidad espiritual suprema.

El relato que escribió Juan de la visión nos brinda a ti y a mí la oportunidad de ver el corazón de la realidad suprema en la presencia de Dios, que trasciende el tiempo, y en su trono celestial. Logramos ver el cielo como ha sido y como es desde la resurrección y la ascensión de Jesús a la diestra del Padre. En estos dos capítulos se nos invita a ver la celebración que ahora mismo tiene lugar en el cielo. Se nos permite ver aquello que ocupa el centro del cielo, alrededor de lo cual gira todo lo demás. Vemos el rollo en el cielo en donde están escritos todos los planes de Dios para la historia y oímos el canto que se entona en el cielo, un cántico cuya letra deseamos conocer, un cántico que queremos cantar ahora y por la eternidad.

Cuando Juan se asomó al corazón de la realidad suprema, ¿qué vio?

> Y al instante yo estaba en el Espíritu; y he aquí, un trono establecido en el cielo, y en el trono, uno sentado (Ap. 4:2).

En medio de todo lo que Juan vio, lo que más sobresalió, lo que estaba en el centro de todo, era un trono. Y no solo un trono, sino un trono ocupado por alguien.

En el corazón de la realidad suprema vemos, junto con Juan, lo que es más importante, lo que realmente importa. Vemos lo que los cristianos que sufrían en tiempos de Juan necesitaban ver. Vemos lo que los creyentes que han luchado a lo largo de los siglos han necesitado ver: A Dios en el trono del universo.

Mientras Juan escribía desde Patmos, el emperador Domiciano estaba sentado en el trono romano, exigiendo ser tratado como "señor y dios", lo cual significaba que quienes llamaban a Jesús "Señor" y "Dios" padecían dura persecución e incluso eran ejecutados. El trono romano era una fuente de temor y de ansiedad para los lectores de Juan y una fuente de sufrimiento sin par.

Sin embargo, a Juan se le concedió ver quién está realmente en el trono del universo. Juan vio a alguien en el trono cuyo reino espanta a todos los que rechazan su ofrecimiento de gracia y extiende misericordia a todos los que lo reciben. El que está sentado en el trono concede gracia abundante e inmerecida. Para todos los que están dispuestos a someterse a su autoridad, su trono no es algo de lo que deben esconderse, sino un trono al cual pueden acercarse. En esta escena, el que está sentado en su trono no recibe adoración a regañadientes.

Él es adorado con gran entusiasmo y con absoluta sinceridad porque Él es digno. Él es digno en su belleza, en su resplandor y en su majestad, los cuales describe Juan con imágenes de extraordinarias piedras preciosas:

> Y el aspecto del que estaba sentado era semejante a piedra de jaspe y de cornalina (Ap. 4:3a).

Dios se sienta en el trono del universo irradiando de su ser el resplandor de su santidad, la belleza de su carácter, la grandeza de su misericordia, el esplendor de sus planes y propósitos y la majestad de su reino soberano.

> Y había alrededor del trono un arco iris, semejante en aspecto a la esmeralda (Ap. 4:3b).

¿Qué buscaría comunicar Juan con esta imagen de un arcoíris? Recuerda que Dios usó un arcoíris como señal de su pacto cuando prometió a Noé que nunca volverá a destruir la tierra con agua (Gn. 9:15-17). Ver un arco iris es recordar la misericordia de Dios en el juicio y su fidelidad a su pacto.

La mayoría de los arcoíris que he visto en mi vida han sido el tipo de arco parcial o un fragmento de color. Muy pocas veces recuerdo haber visto un arcoíris completo de lado a lado del horizonte. El más memorable fue cuando David y yo viajamos a Maui para celebrar nuestro décimo aniversario. Si has estado en Maui, es posible que hayas recorrido la sacudida y aterradora ruta hacia Hana. Si la tomaste, no la has olvidado porque pensaste que no vivirías para contarlo. Con todo, valió la pena porque te condujo al lugar llamado "los siete estanques sagrados", donde las cascadas se convierten en estanques que desembocan en el mar.

Nunca olvidaré cuando escalamos las rocas hacia las cascadas y, al mirar en dirección al océano, divisamos un arcoíris que se extendía de un extremo al otro del mar. El arcoíris que vio Juan en el cielo era mejor que ese. Circundaba el trono. Era un círculo completo.

En otras palabras, Juan vio la realidad de la fidelidad de Dios en su completitud infinita.

En el corazón del universo, en el lugar de la realidad suprema, Dios está en el trono recordándonos con relámpagos, estruendos y repiques de trueno su poder para juzgar a sus enemigos. También nos recuerda su amor y su compromiso con aquellos que le pertenecen, mostrándonos en colores vivos y brillantes que Él permanecerá fiel a nosotros.

Los círculos

Juan pasa de su enfoque en el punto central a los círculos que rodean el trono de Dios. Dios está en el centro de todo. Todo gira en torno a Él:

> Y alrededor del trono había veinticuatro tronos; y vi sentados en los tronos a veinticuatro ancianos, vestidos de ropas blancas, con coronas de oro en sus cabezas (Ap. 4:4).

¿Quiénes son estos veinticuatro ancianos? Tal vez la cifra nos lleve a pensar en los doce patriarcas más los doce apóstoles, de modo que represente la totalidad de la humanidad redimida tanto de la comunidad de fe del antiguo como del nuevo pacto.[1] Lo que los une es el origen de sus vestiduras y de sus coronas. Todos están vestidos de la justicia de Cristo que les fue imputada cuando respondieron al evangelio en

Dios está en el centro de todo. Todo gira en torno a Él.

---

1. Aunque la mayoría de los comentaristas que consulté coinciden en que los veinticuatro ancianos representan la humanidad redimida de ambas eras del pacto, Tom Schreiner escribe que es "más probable que los veinticuatro ancianos sean ángeles", ya que cuando los oímos hablar, "ellos no se incluyen entre los redimidos (5:9). En lugar de eso, los ancianos exclaman: 'Y *los* has hecho un reino y sacerdotes para nuestro Dios; y [*ellos*] *reinarán* sobre la tierra' (NBLA)". Además, él comenta que "en otros pasajes de Apocalipsis siempre se hace mención de los veinticuatro ancianos junto con los cuatro seres vivientes y otros ángeles, lo cual puede sugerir que ellos también son ángeles". Thomas Schreiner, *Hebrews–Revelation*, ESV Expository Commentary (Wheaton, IL: Crossway, 2018), 600.

arrepentimiento y fe (Gá. 3:8; Ef. 4:24) y llevan puesta la corona que Jesús prometió dar a todos los que son fieles hasta la muerte (Ap. 2:10). Ellos no se atrevían o, de hecho, no podían entrar en la presencia de Dios con los harapos sucios de su propia justicia. Han sido limpiados por la sangre de Jesús y han recibido de Él un vestido de justicia. Han sido vestidos por Jesús para Jesús.

Los ancianos llevan puestas coronas de oro y también están sentados en tronos. Estar unido a Cristo por la fe es ser invitado a reinar con Él como un reino de sacerdotes. Las posiciones más altas de honor y autoridad en el universo son puestos de servicio a Dios. En la inverosimilitud de este mundo, servir a Jesús no es una posición que promueva el avance profesional, la fama y la riqueza. No obstante, en la realidad suprema del cielo, servir al Señor es el máximo honor y privilegio en el universo.

> Y del trono salían relámpagos y truenos y voces; y delante del trono ardían siete lámparas de fuego, las cuales son los siete espíritus de Dios. Y delante del trono había como un mar de vidrio semejante al cristal (Ap. 4:5-6a).

Truenos y relámpagos son sonidos asociados con juicio (Éx. 9:23-28; Is. 29:6). Del trono de este Rey hermoso, glorioso y majestuoso sale la voz de su justicia perfecta. Delante del trono están los agentes que ejecutan sus juicios. Y alrededor del trono hay una calma reposada que refleja y hace resonar la perfección de Aquel que está sentado en el trono, en el cielo, en toda su expansión.

Esta imagen del cielo nos muestra que no es el lugar que muchos imaginamos. Definitivamente no es como lo han descrito la mayoría de quienes afirman haber muerto y regresado a la vida, porque sus descripciones por lo general se centran excesivamente en el aspecto humano y son muy limitadas. En cambio, sí es como lo describen otros profetas que fueron invitados a verlo y a describirlo, como Isaías, Ezequiel y Daniel. En cada uno de sus relatos, el cielo no fue descrito como un gigantesco lugar de vacaciones. Y digo esto con delicadeza a quienes, al igual que yo, anhelan ver a sus seres queridos un día en el cielo: La parte más fascinante del cielo para estos testigos no fue ver a quienes habían muerto y los habían precedido en su entrada en la presencia de Dios. Eso será bueno, pero no será la mejor parte. El punto central del cielo, el eje central de este universo, es Dios en el trono gobernando y reinando, rodeado de un mar de cristal que refleja a la perfección su gloria.

Alrededor del trono de Dios hay una fiesta perpetua, una celebración incesante de la santidad de Dios.

Tú y yo tenemos la tendencia a pensar que esta tierra es el centro del universo. Más aún, pensamos que nuestro propio mundo individual es el centro del universo. A veces operamos como si todo girara alrededor de nosotros mismos, de nuestras necesidades, de nuestros deseos, de nuestros problemas, de nuestro dolor. No obstante, en Apocalipsis 4 y 5 descubrimos lo que es verdaderamente el centro del universo, alrededor de lo cual giran todos y todo cuanto existe.

Dios es el centro del universo. Su perfección y su poder brillan con gran resplandor y belleza. Él demuestra su amor por nosotros, no haciéndonos el centro de su universo, sino invitándonos a verlo a Él como el centro del universo y como la fuente de nuestro gozo eterno.

La celebración

Cuando Juan vio al que estaba sentado en el trono en el centro del cielo rodeado de los veinticuatro ancianos, no presenció una escena silenciosa. Ellos no estaban callados. Alrededor del trono de Dios hay una fiesta perpetua, una celebración incesante de la santidad de Dios. La atmósfera del cielo es una continua celebración de adoración:

> y junto al trono, y alrededor del trono, cuatro seres vivientes llenos de ojos delante y detrás. El primer ser viviente era semejante a un león; el segundo era semejante a un becerro; el tercero tenía rostro como de hombre; y el cuarto era semejante a un águila volando. Y los cuatro seres vivientes tenían cada uno seis alas, y

alrededor y por dentro estaban llenos de ojos; y no cesaban día y noche de decir: Santo, santo, santo es el Señor Dios Todopoderoso, el que era, el que es, y el que ha de venir (Ap. 4:6b-8).

Alrededor del trono hay cuatro seres vivientes. Sería difícil identificar estos seres si no estuvieran presentes en la visión de Ezequiel. Allí, los "cuatro seres vivientes" (Ez. 1:5) tienen la misma apariencia que aquí en Apocalipsis 4 con solo ligeras modificaciones. En Ezequiel 10 se les identifica como querubines, los poderosos sirvientes angelicales del trono de Dios. Son las mismas criaturas que protegían el acceso al árbol de la vida cuando Adán y Eva fueron expulsados del huerto, y las mismas criaturas representadas en oro encima del arca del pacto. Con sus rostros de un león, un buey, un hombre y un águila, representan todas las clases de seres vivientes sobre la tierra: El hombre, el animal salvaje, el animal doméstico y el ave por excelencia. Están recubiertos de ojos, con los que "vigilan el mundo como agentes de Dios".[2]

Los cuatro seres vivientes no pueden parar de hablar acerca de lo que tienen delante de ellos. Leemos en el pasaje que ellos "no cesaban día y noche" de hablar acerca de la santidad y la soberanía de Dios. Nunca paran de hablar sobre las cosas buenas que Él ha hecho y que aún hará.

Piensa en todas las maneras en que las personas hablan acerca de Dios en nuestro mundo. El nombre de Dios es usado de manera profana, para blasfemar, decir obscenidades, es usado con hipocresía e insinceridad. En cambio, en el cielo su santo nombre es santificado, honrado, alabado, exaltado y glorificado de manera ininterrumpida y perpetua.

Observa que Juan escribe que ellos "no cesaban día y noche de decir". ¿Hay algo que tú no ceses de decir día y noche? Durante muchos años en los que crie a mi hijo me preocupaba lo que él diría si alguien le preguntara alguna vez lo que recordaba que su madre decía, y que su respuesta fuera algo así como: "Recuerdo que siempre

---

2. Schreiner, *Hebrews–Revelation*, 601.

decía: 'Guarda silencio, estoy en el teléfono' o tal vez: '¿Ya limpiaste tu habitación?'".

En tu caso ¿cuál sería la respuesta a esa pregunta? Si las personas que más te conocen fueran a completar una frase acerca de ti: "Día y noche no para de decir . . .", ¿cómo terminaría la frase?

Dirían: "Ella repite noche y día: '¡Estoy muy ocupada!'". "Ella repite noche y día: '¿Por qué nadie me ayuda?'". "Él repite noche y día: 'Si tan solo tuviéramos más dinero . . .'; 'Si tan solo tuviéramos otro hijo'; 'Si tan solo no tuviéramos estos hijos'; 'Si tan solo . . .'". Queremos ser personas cuyas palabras están marcadas por la adoración, no la queja, la murmuración o la crítica. Adoración. Adoración continua y persistente del Dios vivo en el trono del universo.

En seguida oímos lo que la congregación de la humanidad redimida en el cielo tiene para decir:

> Y siempre que aquellos seres vivientes dan gloria y honra y acción de gracias al que está sentado en el trono, al que vive por los siglos de los siglos, los veinticuatro ancianos se postran delante del que está sentado en el trono, y adoran al que vive por los siglos de los siglos, y echan sus coronas delante del trono, diciendo: Señor, digno eres de recibir la gloria y la honra y el poder; porque tú creaste todas las cosas, y por tu voluntad existen y fueron creadas (Ap. 4:9-11).

Digno. En el centro de la realidad suprema hay personas como tú y como yo que nos han precedido. Ya no están distraídas por ninguna cosa del mundo creado, ya no están ocupados principalmente en ellos mismos. (¡Qué alivio!) Y ya no están debatiéndose acerca de si seguir a Jesús valdrá la pena lo que pueda costarles. Ellos pueden ver claramente. Él es digno. Es digno de recibir toda la gloria y la honra y el poder como el centro y la fuente de todo lo que es bueno y hermoso.

Adorar es permitir que la dignidad y la maravilla de Dios penetre a tal punto que nuestra respuesta consiste en reorientar por completo nuestra vida de manera incondicional. Lo que antes era valioso se vuelve despreciable. Lo que parecía insignificante u opcional adquiere una importancia absoluta y un valor supremo. Adorar es ver cuán digno es Dios y darle la gloria y el honor que merece.

El rollo

Mientras Juan contemplaba al que está sentado en el trono, enfocó su atención en algo que tenía en su mano:

> Y vi en la mano derecha del que estaba sentado en el trono un libro escrito por dentro y por fuera, sellado con siete sellos (Ap. 5:1).

¿Qué es este rollo y por qué importa? El rollo representa los decretos de Dios acerca de la ejecución de sus planes divinos de juicio y salvación, que fueron establecidos desde antes de la fundación del mundo y que fueron puestos en marcha por medio de la muerte y la resurrección de Cristo. G. K. Beale escribe que el rollo contiene "toda la historia sagrada, especialmente desde la cruz hasta la nueva creación".[3] El rollo está escrito por ambos lados, lo cual indica que los decretos de Dios son extensos y exhaustivos. Lo que está escrito en el rollo es preciso y está sellado para que sepamos que está completo y que no puede ser alterado.

Él es digno. Es digno de recibir toda la gloria y la honra y el poder como el centro y la fuente de todo lo que es bueno y hermoso.

El futuro de este mundo no está determinado por el azar ni por la suerte. La historia es el despliegue del plan predeterminado de Dios para todas las cosas. Y cuando el rollo en las manos de Dios se abre, empieza a desenvolverse el final de la historia, el triunfo definitivo y la consumación del reino de Dios. En el capítulo 6 de Apocalipsis

---

3. G. K. Beale con David H. Campbell, *Revelation: A Shorter Commentary* (Grand Rapids, MI: Eerdmans, 2015), 112.

veremos cómo se abre un sello tras otro y se revela más y más de los juicios venideros sobre la tierra.

Cuando ves esta imagen que presenta Juan de Dios en el trono del universo sosteniendo en sus manos este rollo sellado en el que ha escrito su plan para la historia, puedes confiar en que sus planes para este mundo y para tu vida son precisos y completos. No tienes que vivir lamentando tus errores y faltas pasados, preguntándote qué plan grandioso de Dios te has perdido. No tienes que temer que los males de alguna enfermedad mortal, de algún desastre natural o del terrorismo mundial desvíen el plan de Dios para este mundo o para tu vida. Puedes descansar en la seguridad de que un Dios soberano está sentado en el trono, sosteniendo en su diestra el rollo sellado, y que nada sucede en este mundo o en tu vida que esté por fuera de su control. Si estás en Cristo, puedes estar seguro de que sus planes para ti son buenos aun cuando no pareciera que lo son. Él tiene el control absoluto y tiene en su mano planes amorosos para tu futuro que nadie puede arrebatarle.

La historia es el despliegue del plan predeterminado de Dios para todas las cosas.

La búsqueda

Es evidente que para que los planes que están escritos en el rollo se cumplan, es preciso desatar los sellos y abrir el libro. En el drama de Apocalipsis 5 esto plantea una crisis:

> Y vi a un ángel fuerte que pregonaba a gran voz: ¿Quién es digno de abrir el libro y desatar sus sellos? (Ap. 5:2).

Antes de abordar la pregunta que hace el ángel, tal vez deberíamos tratar cuestiones más fundamentales. ¿Por qué se necesita alguien digno de abrir el rollo? ¿Por qué no lo hace Dios mismo en el trono? ¿Por qué Dios no quita los sellos y revela su contenido y trae la consumación de su reino?

Primero debemos entender que el rollo revela el plan de Dios para la historia y la humanidad, lo cual incluye la gracia abundante e inmerecida para los pecadores que se arrepienten y el juicio impuesto justa y debidamente merecido para los pecadores que no se arrepienten.

Si Dios el Padre abriera su propio rollo que derrama el perdón de pecados, eso equivaldría a disimular el pecado. Si Dios abriera por su cuenta, sin mediador o protector, el rollo que derrama la ira, nadie podría librarse del castigo desatado. En esta sobrecogedora escena celestial es preciso que Alguien intervenga para demostrar la justicia de Dios contra el mal y el sacrificio de Dios que hace posible la salvación.

Así pues, en este drama celestial se busca a alguien que sea digno de abrir el rollo, alguien que es puro, poderoso y perfecto, alguien que puede servir de mediador entre un Dios santo y unas criaturas pecadoras. Es como si una voz solitaria, la voz de un ángel poderoso, lanzara el llamado al universo entero: "¿Quién es digno?".

Y la respuesta es . . . silencio.

Y ninguno, ni en el cielo ni en la tierra ni debajo de la tierra, podía abrir el libro, ni aun mirarlo (Ap. 5:3).

Juan documenta su propia respuesta a esta búsqueda desesperada e infructuosa, escribiendo:

Y lloraba yo mucho, porque no se había hallado a ninguno digno de abrir el libro, ni de leerlo, ni de mirarlo (Ap. 5:4).

Juan lloró apenado "porque la raza humana entera había fracasado en el cumplimiento del propósito original que Dios tuvo para ella al crearla".[4] Quizás lloró por vergüenza personal, al ver su propia incapacidad de vivir a la altura de lo que Dios se proponía con él. Sin embargo, su llanto era algo más. Lloraba porque si no se encontraba

---

4. Anne Graham Lotz, *La visión de su gloria: Cómo encontrar esperanza mediante la revelación de Jesucristo* (Grand Rapids: Portavoz, 2000), 145.

alguien digno de abrir el rollo, no habría fin al sufrimiento en este mundo. No se podría confiar en que el bien venciera el mal. No habría certeza alguna de justicia definitiva. No habría victoria final para el pueblo de Dios. No se experimentarían las bendiciones prometidas. No habría nuevo cielo. No habría nueva tierra. No habría fin del pecado y de la muerte. No habría esperanza.

Y por todo ello vale la pena llorar, ¿no te parece? A mí me provoca llorar nada más pensarlo.

Entonces Juan oyó las palabras esperanzadoras que seguramente frenaron de inmediato sus lágrimas:

> Y uno de los ancianos me dijo: No llores. He aquí que el León de la tribu de Judá, la raíz de David, ha vencido para abrir el libro y desatar sus siete sellos (Ap. 5:5).

¡Por fin se encontró a alguien que es digno! Este momento en el drama de Apocalipsis 5 es como el momento en una película cuando todo parece perdido, pero aparece el héroe en el último minuto para salvar el día. *¡Sí, el León, el Rey, el vencedor! ¡Él es la respuesta! ¡Él nos salvará con su poder! ¡Él despedazará esos sellos!*

Juan debió mirar con la expectativa de ver un león conquistador. En lugar de eso, lo que vio fue un Cordero conquistado:

> Y miré, y vi que en medio del trono y de los cuatro seres vivientes, y en medio de los ancianos, estaba en pie un Cordero como inmolado, que tenía siete cuernos, y siete ojos, los cuales son los siete espíritus de Dios enviados por toda la tierra (Ap. 5:6).

Juan miró y vio un Cordero. Pero no era un cordero cualquiera. Lo interesante es que este Cordero estaba vivo y de pie, aunque se veía "como" inmolado. ¿Qué hacía ver al Cordero "como inmolado"? Juan estaba viendo al Señor Jesús crucificado y resucitado, en carne humana glorificada. Es como si pudiera ver aún las cicatrices en su frente donde le clavaron la corona de espinas y las cicatrices en sus manos y en sus pies, que fueron atravesados por los clavos.

En el centro de la realidad suprema, Juan vio a un Salvador que aún lleva las marcas de su sufrimiento, un Cordero que fue inmolado, pero que venció la muerte.

El Cordero no está hundido en la derrota. Tiene siete cuernos. A lo largo de la Biblia, como en Apocalipsis, los cuernos son símbolo de fuerza y poder. Este es un cordero poderoso, un cordero increíblemente sabio, la única criatura en todo el universo digno de abrir el rollo que contiene los planes soberanos de Dios de juicio y salvación. Cuando el rollo es abierto, la victoria que obtuvo en su muerte y resurrección tiene plenos efectos estableciendo el gobierno de Dios sobre el mundo.

> Y vino, y tomó el libro de la mano derecha del que estaba sentado en el trono. Y cuando hubo tomado el libro, los cuatro seres vivientes y los veinticuatro ancianos se postraron delante del Cordero; todos tenían arpas, y copas de oro llenas de incienso, que son las oraciones de los santos (Ap. 5:7-8).

El Cordero simplemente viene y toma el rollo, declarando su derecho de gobernar al mundo. Las oraciones de los santos, oraciones para que Dios juzgue a quienes persisten en su rebelión contra Él, oraciones por ser librados del mal de este mundo, oraciones pidiendo que venga su reino, están siendo respondidas.

El cántico

En pleno despliegue del drama empieza a oírse un cántico, un estallido espontáneo de adoración de quienes rodean el trono. Un poderoso coro de los redimidos empieza a entonar un cántico que nunca antes habían cantado, un cántico acerca de lo que se obtuvo con la muerte y la resurrección de Jesús para lograr lo que Dios se había propuesto para su pueblo desde que fueron expulsados de Edén.

> Y cantaban un nuevo cántico, diciendo: Digno eres de tomar el libro y de abrir sus sellos; porque tú fuiste inmolado, y con tu sangre nos has redimido para Dios, de todo linaje y lengua y pueblo

y nación; y nos has hecho para nuestro Dios reyes y sacerdotes, y reinaremos sobre la tierra (Ap. 5:9-10).

Este cántico celebra tres razones por las cuales Cristo es digno sin par:

- "Tú fuiste inmolado". La muerte voluntaria y sacrificial de Jesús es el apogeo y la expresión más pura de su amor extravagante e incondicional por los pecadores.
- "Con tu sangre nos has redimido para Dios". Imagina un mercado de esclavos donde se venden y se compran seres humanos. En la cruz, Jesús pagó el precio de compra con su propia sangre para readquirir o redimir hombres y mujeres. Él nos rescató del mercado de la esclavitud del pecado.
- "Nos has hecho para nuestro Dios reyes y sacerdotes, y reinaremos sobre la tierra". Por medio de Jesús, nuestra vida tiene significado y propósito eternos.

¿Por qué es Jesús digno? ¿Por qué es digno de nuestra adoración, digno de toda nuestra vida? Jesús es digno porque Él es enteramente Dios, absolutamente poderoso para llevar a cabo los planes y los propósitos del Dios trino. Jesús es digno en virtud de la magnitud de su amor por los pecadores demostrado en sacrificio. Él es digno porque es poderoso para hacer de gente común, como tú y y como yo, personas dignas de participar de su reino celestial, dignas de servirle en la santidad del cielo, dignas de sentarse en tronos para gobernar y reinar con Él en una nueva tierra.

Este cántico de la dignidad de Jesús es un cántico extraordinario y esencial, ¿no te parece? Es el tipo de cántico que yo deseo entonar. ¡Espero que tú también!

¿Te ha sucedido que te queda una canción grabada y aunque realmente no quieres repetirla más, no puedes evitarlo ni borrarla de tu cabeza? ¿O te ha sucedido que suena una vieja canción en la radio y, a pesar de no haberla oído durante décadas, recuerdas cada palabra? Cuando esto me ocurre yo me pregunto: "¿De dónde salió eso?

¿Quién iba a imaginar que esas palabras estuvieran tan grabadas en mi cerebro?".

Y ahora que lo pienso, ¿no te parece que algunas canciones grabadas en nuestra mente son realmente tontas? Tenemos muchas canciones que recordamos y repetimos fácilmente acerca de cosas insignificantes. Hay muchas canciones que en realidad no vale la pena recordar.

Amigos, la canción que vamos a cantar por la eternidad será una celebración del Cordero que fue inmolado. Este es un cántico que merece quedar grabado en nuestra cabeza y en nuestro corazón. Es un cántico al que queremos unirnos, un cántico cuya letra queremos conocer, un cántico que anhelamos un día entonar en armonía perfecta alrededor del trono. Es el anhelo que expresamos cuando cantamos:

Dios quiera que con los que están del trono en derredor,
cantemos por la eternidad a Cristo el Salvador.
Cantemos por la eternidad a Cristo el Salvador.[5]

Los cuatro seres vivientes y todos los redimidos están entonando su cántico nuevo al que también se unen los ángeles y todas las huestes celestiales:

Y miré, y oí la voz de muchos ángeles alrededor del trono, y de los seres vivientes, y de los ancianos; y su número era millones de millones, que decían a gran voz: El Cordero que fue inmolado es digno de tomar el poder, las riquezas, la sabiduría, la fortaleza, la honra, la gloria y la alabanza (Ap. 5:11-12).

¿Puedes imaginarte siquiera un sonido semejante? ¿Puedes percibir siquiera la intensidad y la sinceridad?

Observa que una vez más se hace hincapié en la muerte en sacrificio de Cristo. Aquel que es digno sin par se ofreció a sí mismo en un

____

5. Edward Perronet, "All Hail the Power de Jesus' Name", 1780; "Loores dad a Cristo el Rey", trad. Thomas Westrup.

sacrificio tan precioso como para redimir un pueblo para Dios. En virtud de su poder supremo para vencer la muerte, por ser heredero de todas las cosas, porque su sabiduría y su poder exceden por completo las fuerzas del infierno, Él es digno de todo el honor, la gloria y la bendición que las huestes celestiales declaran a gran voz.

Aun así, la celebración se vuelve más y más espléndida y alcanza un crescendo. Primero fue un querubín y la humanidad redimida, luego se unen los ángeles, y ahora:

> Y a todo lo creado que está en el cielo, y sobre la tierra, y debajo de la tierra, y en el mar, y a todas las cosas que en ellos hay, oí decir: Al que está sentado en el trono, y al Cordero, sea la alabanza, la honra, la gloria y el poder, por los siglos de los siglos. Los cuatro seres vivientes decían: Amén; y los veinticuatro ancianos se postraron sobre sus rostros y adoraron al que vive por los siglos de los siglos (Ap. 5:13-14).

Cada criatura y cada persona dan a Dios y al Cordero la alabanza y la gloria que merecen. La creación entera es incapaz de contener la ovación incesante a Dios y al Cordero.

¿Te ha sucedido que durante un gran concierto o discurso te resulta casi irresistible ponerte en pie y aplaudir, cuando algo es tan espectacular que sientes que vas a estallar si no puedes ovacionar? Esa es la impresión que da este pasaje en el que cada criatura, cada persona sobre la tierra, cada vaca en el establo, cada alce en el bosque, cada ave que vuela, cada pez en el agua, se unen al estruendo de alabanzas a Jesús.

Lo que significa oír y guardar Apocalipsis 4–5

Juan nos ha dado ingreso a esta escena celestial en la que hemos visto a Jesús sentado con el Padre en el trono siendo el centro de la realidad suprema, rodeado de una gran celebración, digno de ser adorado por toda la creación. Y tengo que preguntarte: ¿Despierta algo en lo profundo tu ser esta escena celestial y este majestuoso Salvador en el centro del universo? ¿Inspira también en ti el anhelo de entonar este cántico grandioso? ¿Se conmueve tu corazón frente a la realidad de que Jesús es digno, digno de todo?

O, si eres franco, ¿te hace bostezar y seguir adelante con tu jornada?

Recuerda que hay una bendición prometida a quienes oyen y guardan lo que está escrito en este libro. ¿Qué significa, pues, para nosotros, oír y guardar Apocalipsis 4–5?

La esencia de lo que significa oír y guardar radica en no poder resistir el impulso de participar de esta celebración. Si no hay apremio en nuestro corazón, si no hay anhelo de ser partícipe de esta celebración extraordinaria alrededor del trono cuando Jesús recibe finalmente toda la alabanza fervorosa y estruendosa que merece, tal vez necesitamos cuestionarnos seriamente. Tal vez necesitamos preguntarnos: *¿Qué hay en mi vida que se roba la pasión que solo le pertenece a Jesús?* Tal vez necesitamos orar y pedir a Dios que obre en nuestra vida, por su Espíritu a través de su Palabra, para que despierte esa clase de pasión por su presencia.

Hay una bendición prometida a quienes oyen y guardan lo que está escrito en este libro.

Oír y guardar estas palabras significa permitir que la escena presentada en este pasaje cautive nuestra imaginación y defina lo que consideramos hermoso, irresistible, conmovedor, digno de celebrarse y digno de nuestro anhelo.

Oír y guardar estas palabras significa que debe existir cierta similitud entre la manera en que adoramos aquí y la manera en que el Cordero es adorado en el cielo. Asistir a un culto de adoración es una cosa. En realidad, es fácil asistir a uno sin ofrecer jamás una adoración que involucre todo nuestro corazón y todo nuestro cuerpo en forma similar a lo que Juan nos ha revelado. ¿Hay algo que tenga que cambiar en nuestra manera de practicar la adoración?

Por último, oír y guardar estas palabras significa encaminar nuestro deseo de gloria hacia la fuente de la única gloria que perdura. El corazón humano tiene un anhelo de gloria. Tenemos el impulso natural de aferrarnos a la gloria, ya sea como seguidores de una personalidad famosa, ostentando algún nivel de poder o vistiéndonos de los colores de nuestro equipo deportivo favorito. Aun así, no son más que anticipos o muestras de la gloria para la cual fuimos creados, la gloria de la que un día seremos partícipes y en la que viviremos para siempre. Apocalipsis 4 y 5 levanta nuestra mirada de las atracciones y glorias derivadas de este mundo y pone en nosotros el deseo de vivir una vida que gravita en torno al ser más glorioso del universo.

Jesús es digno de nuestra adoración. Jesús es digno de nuestra confianza. Jesús es digno de nuestros afectos. Jesús es digno de todo lo que sea preciso que entreguemos a fin de vivir para Él con perseverancia paciente.

5

LA BENDICIÓN DE SER PROTEGIDOS POR JESÚS

Apocalipsis 6–7

EXPECTATIVAS. ¿Tienes algunas? Todos las tenemos, ¿no es así? A veces son claras, a veces ni siquiera nos percatamos de que las tenemos. A veces nuestras expectativas se basan en lo que alguien nos prometió y a veces se basan simplemente en nuestros anhelos.

A veces nuestro paladar se dispone a saborear un alimento o golosina en particular, pero no logramos experimentar lo que esperábamos. ¿Alguna vez has planeado y ahorrado para unas vacaciones y la experiencia resultó no ser lo que habías imaginado? Las multitudes eran más numerosas de lo que esperabas, los costos excedieron tu presupuesto o la compañía no fue tan agradable como esperabas. Hay muchas cosas en la vida que generan expectativas en nosotros. Y a veces la experiencia no las colma.

¿Qué podemos decir de la vida cristiana? ¿Es la vida cristiana lo que esperabas?

Tal vez empezaste a caminar con Jesús con la expectativa de que convertirte en cristiano supondría una vida menos dura, menos complicada. Tal vez pensaste que la oración sería tu recurso para deshacerte de la dificultad y del conflicto en tu vida. Tal vez consideraste la fe una conexión y la oración un mecanismo que garantizan una vida donde la dificultad es una anomalía, una completa irregularidad.

Aunque la mayoría de nosotros nunca afirmaría que espera tales cosas, la evidencia a favor o en contra de esto es nuestra reacción frente a las dificultades. Si persistimos en una actitud de enojo o resentimiento contra Dios cuando Él no nos protege de las dificultades y sufrimientos en esta vida, lo que queda en evidencia es nuestra expectativa de que nuestra pertenencia a Él nos exima de problemas como el cáncer, los accidentes automovilísticos, el maltrato, la traición y la pérdida.

Por ello es importante que conozcamos bien lo que el Señor nos ha prometido, que sepamos lo que podemos esperar legítimamente en esta vida como quienes profesan el nombre de Cristo. Y Él no nos ha dejado en la incertidumbre acerca de lo que debemos esperar. Según relató Juan, antes de ser crucificado, Jesús habló a los discípulos de su partida y les dijo con precisión lo que podían esperar entre su ascensión y su segunda venida. Les dijo que iban a ser odiados y asesinados. Les dijo: "En el mundo tendréis aflicción; pero confiad, yo he vencido al mundo" (Jn. 16:33).

Eso no es precisamente lo que esperábamos, ¿o sí?

Nadie podrá afirmar que Jesús no haya sido franco acerca de lo que pueden esperar quienes están unidos a Él por la fe en tanto que viven para Él en este mundo. Cualquiera que diga que podemos tener la mejor vida que existe aquí y ahora y sugiera que ese es el mensaje bíblico, miente. En cambio, Jesús es el testigo fiel. Jesús nos dice la verdad acerca de lo que podemos esperar mientras vivimos en este mundo en este período intermedio, el tiempo entre su ascensión y su regreso.

En los Evangelios y en el libro de Hechos leemos acerca de la ascensión de Jesús desde la perspectiva de los testigos presenciales. Él los bendijo, "se separó de ellos, y fue llevado arriba al cielo" (Lc. 24:51). Esta es la ascensión de Jesús de la tierra al cielo desde la perspectiva

Jesús es el testigo fiel. Jesús nos dice la verdad acerca de lo que podemos esperar mientras vivimos en este mundo.

terrenal. En Apocalipsis 5 vemos el mismo suceso desde la perspectiva celestial. Gracias al testimonio de Juan hemos visto a Jesús, el Cordero inmolado, entrando en el trono celestial y tomando de la diestra del Padre el rollo con los siete sellos, porque es el único digno de desatarlos.

En los capítulos 6 al 8 Juan nos describe su visión cuando Jesús empieza a abrir cada uno de los siete sellos. Recordarás que ya hemos visto que el rollo contiene los planes soberanos de Dios para la historia de la humanidad, en particular sus planes de juicio y salvación. El rollo revela que "la victoria del Cordero ha de entrar en vigor al establecer el reinado de Dios sobre el mundo".[1] Veremos que la apertura de cada sello revela algo acerca de lo que podemos esperar que suceda en la historia mientras esperamos la nueva creación. No tenemos que vivir en zozobra acerca de nuestra vida durante este período intermedio en el que esperamos lo por venir. Apocalipsis 6 y 7 delinean para nosotros expectativas realistas. Veamos pues lo que nos muestran los siete sellos cuando son abiertos y lo que nos enseñan sobre qué podemos esperar en este mundo conforme se desarrolla la historia bajo la dirección y el control de Jesús.

Lo que podemos esperar

Podemos esperar guerra, conmoción social, dificultades económicas e injusticia, enfermedad y muerte.

Aunque es inusual la manera en que Juan comunica las cuatro realidades interconectadas reveladas al desatarse los cuatro primeros sellos, las realidades en sí mismas son dolorosamente conocidas y, por desdicha, cotidianas.

> Vi cuando el Cordero abrió uno de los sellos, y oí a uno de los cuatro seres vivientes decir como con voz de trueno: Ven y mira. Y miré, y he aquí un caballo blanco; y el que lo montaba tenía un arco; y le fue dada una corona, y salió venciendo, y para vencer (Ap. 6:1-2).

---

1. Richard Bauckham, *The Theology of the Book of Revelation* (Cambridge, UK: Cambridge University Press, 1993), 80.

Cuando leemos el texto, nuestra tarea consiste en procurar interpretar correctamente lo que Juan describe por medio de los símbolos del caballo y el jinete, el arco y la corona. Nuestra respuesta automática cuando leemos acerca de este jinete que monta un caballo blanco puede ser dar por hecho que se trata de Cristo, como lo interpretan muchos teólogos respetables. En Apocalipsis 19 Jesús será representado como un jinete sobre un caballo blanco que lidera los ejércitos del cielo para la conquista. Sin embargo, cuando se lee este pasaje en el contexto de las otras series de siete que le siguen (las siete trompetas y las siete copas de ira), así como lo que Jesús mismo afirmó que debían esperar los creyentes (Mt. 24; Mr. 13 y Lc. 21), es más probable que este caballo y su jinete representen los numerosos instigadores de guerras que viven hambrientos de poder y de gloria personal, y que salen "conquistando y a conquistar" a lo largo de la historia.[2] Piensa en individuos como Pol Pot en Camboya, la dinastía Kim en Corea del Norte o Stalin en la Unión Soviética.

Por supuesto, muchos maestros de la Biblia han sugerido a lo largo de los años que cuando Jesús habló "de guerras y de rumores de guerras" (Mt. 24:6), se refería a sucesos inmediatamente anteriores al regreso de Cristo. Sin embargo, ¿acaso hemos tenido en la historia humana un tiempo sin "guerras y rumores de guerra"?

Si quieres ver cuántas guerras se están librando actualmente alrededor del mundo, puedes consultar el Armed Conflict Location and Event Data Project en ACLEDdata.com (recurso en inglés), donde encontrarás un mapa del mundo que resalta los conflictos armados alrededor del mundo y los clasifica en batallas, violencia contra la

---

2. William Hendrickson presenta un caso convincente para esta perspectiva en *More than Conquerors: An Interpretation of the Book of Revelation* (Grand Rapids, MI: Baker, 2015), 106-9. Publicado en español por Libros Desafío con el título *Más que vencedores*. La misma opinión aparece en Michael Wilcock, *The Message of Revelation: I Saw Heaven Opened* (Westmont, IL: InterVarsity Press, 1991), 74. Otra perspectiva, que afirman Jim Hamilton (James M. Hamilton, *Revelation: The Spirit Speaks to the Churches* [Wheaton, IL: Crossway, 2012], 178), y G. K. Beale (G K. Beale con David H. Campbell, *Revelation: A Shorter Commentary* [Grand Rapids, MI: Eerdmans, 2015], 126-27), sugiere que el jinete del caballo blanco representa a un impostor mesiánico o a un impostor satánico.

población civil, explosiones, disturbios y protestas. Después, dichas categorías se subdividen aún más. Cuando consulté el sitio web decía que en ese momento existían 2.232 conflictos armados en el mundo. Y esa era apenas una fracción del cuadro general.

Es evidente que no estamos esperando alguna fecha futura en la que habrá guerras y rumores de guerra. Siempre han sido parte de la vida en este mundo donde las naciones, los pueblos, las necesidades y las agendas entran en conflicto.

> Cuando abrió el segundo sello, oí al segundo ser viviente, que decía: Ven y mira. Y salió otro caballo, bermejo; y al que lo montaba le fue dado poder de quitar de la tierra la paz, y que se matasen unos a otros; y se le dio una gran espada (Ap. 6:3-4).

Este caballo es rojo. ¿Qué lo volvió rojo? La sangre de personas que se matan entre sí. No se trata tanto del derramamiento de sangre por la invasión de un ejército extranjero, sino de disturbios, conflictos, insurrección y terrorismo entre la población civil. Si miras las noticias de tu localidad, sin importar dónde vivas, seguro encontrarás a diario el informe de un asesinato o un enfrentamiento que resultó en alguna baja. Las personas se odian y se matan unas a otras. Ha sido una amarga realidad del mundo donde vivimos desde que Caín mató a su hermano Abel.

> Cuando abrió el tercer sello, oí al tercer ser viviente, que decía: Ven y mira. Y miré, y he aquí un caballo negro; y el que lo montaba tenía una balanza en la mano. Y oí una voz de en medio de los cuatro seres vivientes, que decía: Dos libras de trigo por un denario, y seis libras de cebada por un denario; pero no dañes el aceite ni el vino (Ap. 6:5-6).

El tercer sello habla de escasez y de la inflación resultante, de modo que el salario de una jornada apenas alcanza para comprar la comida del mismo día. Sin embargo, observa que el aceite y el vino, los productos que disfrutan las personas adineradas, están exentos. De ahí que el pasaje no habla solo de escasez de recursos, sino de la injusta distribución de los recursos. Es una imagen de los pobres que luchan día a día para poder comer mientras que los ricos se deleitan en sus lujos. Era el mundo en el que vivían los destinatarios originales de esta carta. Muchos creyentes de las siete iglesias eran personas marginadas y, cuando escaseaban los alimentos, probablemente eran los últimos beneficiarios de los recursos. Como es bien sabido, esto describe también el mundo en el que vivimos.

> Cuando abrió el cuarto sello, oí la voz del cuarto ser viviente, que decía: Ven y mira. Miré, y he aquí un caballo amarillo, y el que lo montaba tenía por nombre Muerte, y el Hades le seguía; y le fue dada potestad sobre la cuarta parte de la tierra, para matar con espada, con hambre, con mortandad, y con las fieras de la tierra (Ap. 6:7-8).

El cuarto caballo es amarillo. Es enfermizo. Tal vez tiene incluso el color de un cadáver. El pasaje nos revela el nombre de este caballo: Muerte. Muerte por guerras, hambrunas y enfermedades. Y Muerte es seguida por Hades. Muerte es seguida por el lugar de los muertos. Observa que no se trata de muerte generalizada. El pasaje habla de la cuarta parte de la tierra. A medida que leemos sobre los sellos, las copas y las trompetas, vemos cómo muestran el mismo período histórico desde diferentes ángulos, y que la muerte y la destrucción van a aumentar. Las visiones van a intensificarse.

Ninguna de estas cuatro realidades del mundo en el que vivimos debería sorprendernos. Sin embargo, hay algo sorprendente en lo que esta visión revela acerca de estas cosas. Lo que puede sorprender es su procedencia. Estos sucesos no son presentados como algo que el enemigo de Dios esté haciendo en el mundo, sino más bien por órdenes de Jesús mismo.

No solo la guerra, los disturbios sociales, los problemas económicos, la desigualdad, la enfermedad y la muerte son ordenados y enviados desde la habitación del trono; observa que el conquistador recibe una corona, el jinete del caballo rojo una espada y la Muerte recibe autoridad sobre la cuarta parte de la tierra. ¿Quién otorga todo ello? El Cordero que está sentado en el trono.

¿Cómo podemos entender eso?

En lugar de considerar el juicio solo como algo que sucederá al final de los tiempos, tenemos que entender que aún hoy mismo un mundo que ha rechazado y se ha rebelado contra Dios está experimentando juicio. Todavía no es el juicio final. Ese juicio va a venir, pero este mundo está experimentando desde ya una medida de ese juicio.

Cuando sucede algún tipo de desastre y luego aparece en la televisión algún líder religioso y afirma que el juicio de Dios está operando, la mayoría de nosotros se encoge de hombros, usualmente porque se establece una conexión entre el desastre con un pecado en particular y porque se trata del pecado de otros y no del propio. Con todo, hay cierta medida de verdad en eso. Podemos estar seguros de que nuestro mundo que ha rechazado el gobierno de Dios, incluso ahora, está experimentando su juicio. Así lo expresó Pablo en Romanos: "Porque la ira de Dios se revela desde el cielo contra toda impiedad e injusticia de los hombres que detienen con injusticia la verdad" (Ro. 1:18).

Vivimos en un mundo que está bajo el juicio de Dios por causa de su rebelión contra Él.

Vivimos en un mundo que está bajo el juicio de Dios por causa de su rebelión contra Él. Los males de la guerra y la desestabilización, la angustia económica y la muerte no operan sin control y sin guía. Están bajo la supervisión y los límites que les fija el Cordero.

Y si bien estas situaciones adversas cumplen propósitos de juicio contra aquellos que se han levantado contra el Cordero, tienen un propósito santificador entre quienes le pertenecen al Cordero. Cuando los seres vivientes llaman a estos caballos y sus jinetes, los llaman para que cumplan el propósito de juicio contra quienes están destinados para el juicio, y a la vez el propósito de purificar y perfeccionar la fe de quienes están destinados para la gloria.

Podemos esperar ser perseguidos por nuestro testimonio de Jesucristo.

Cuando el Cordero abrió los primeros cuatro sellos, oímos la voz de los cuatro seres vivientes, que según Ezequiel son criaturas angelicales (Ez. 1:5; 10:7-8, 21). "Cuando se abrió el quinto sello, oímos un clamor humano".[3]

> Cuando abrió el quinto sello, vi bajo el altar las almas de los que habían sido muertos por causa de la palabra de Dios y por el testimonio que tenían (Ap. 6:9).

La atención de Juan se dirige hacia el altar que está en el cielo, el altar acerca del cual escribe el autor de Hebreos y sobre el cual Jesús se ofreció a sí mismo como sacrificio para asegurar la redención de su pueblo. Juan vio las almas de los que habían sido muertos por causa de Cristo y han sido escondidos y protegidos por el sacrificio de Cristo. Parece una demostración visual de lo que Pablo escribió en Romanos 8 cuando hizo la pregunta retórica: "¿Quién nos separará del amor de Cristo? ¿Tribulación, o angustia, o persecución, o hambre, o desnudez, o peligro, o espada?". Y Pablo responde celebrando que nada podrá separarnos del amor de Dios, que es en Cristo Jesús Señor nuestro (Ro. 8:35-39). Muchos creyentes a los que Juan conoció y amó "habían sido muertos por causa de la palabra de Dios y por el testimonio que tenían", creyentes como Pedro, Santiago y Esteban y el resto de los discípulos que habían sido ejecutados por su lealtad a Jesús. Juan pudo asomarse al cielo y constatar que la tribulación, la persecución y la espada no han tenido el poder de separar a estos

Apocalipsis está escrito no como una guía acerca de cómo evitar la persecución, sino más bien como un mensaje de aliento para soportar la persecución con fidelidad.

---

3. Peter J. Leithart, *Revelation 1–11* (Edimburgo: Bloomsbury, 2018), 276.

creyentes de Cristo, sino que, por el contrario, les han asegurado un lugar de protección con Él.

Por supuesto, Jesús les había dicho que podían esperar sufrir persecución. "Acordaos de la palabra que yo os he dicho: El siervo no es mayor que su señor. Si a mí me han perseguido, también a vosotros os perseguirán; si han guardado mi palabra, también guardarán la vuestra" (Jn. 15:20).

Sin embargo, pocos queremos realmente creerlo, ¿no es así? Queremos convencernos de que la persecución es para personas que viven en otra época, en otro lugar, bajo un tipo diferente de gobierno. Y a veces confundimos el hecho de ser perseguidos por nuestras afiliaciones políticas, opiniones o simplemente por nuestra personalidad, con la verdadera persecución por causa de nuestro testimonio explícito del señorío de Jesús. Muchos creyentes hoy buscan debatir, legislar o protestar contra esa persecución. Con frecuencia, los creyentes están más interesados en exigir sus derechos y en defender su posición que en desarrollar la perseverancia paciente en medio de la persecución que Jesús nos confirmó que vendría. Apocalipsis está escrito no como una guía acerca de cómo evitar la persecución, sino más bien como un mensaje de aliento para soportar la persecución con fidelidad.

Podemos esperar que nuestras oraciones por justicia serán oídas.

> Y clamaban a gran voz, diciendo: ¿Hasta cuándo, Señor, santo y verdadero, no juzgas y vengas nuestra sangre en los que moran en la tierra? Y se les dieron vestiduras blancas, y se les dijo que descansasen todavía un poco de tiempo, hasta que se completara el número de sus consiervos y sus hermanos, que también habían de ser muertos como ellos (Ap. 6:10-11).

Antes de meditar en las peticiones que elevan estos creyentes en el cielo, debemos considerar a quién oran. Están orando al Dios que es soberano, soberano en su sufrimiento y en su muerte, soberano en el cielo y en la tierra, soberano en el tiempo y en la eternidad. Es el Dios santo y verdadero. Oran a un Dios cuya santidad exige que el mal reciba el castigo debido y a un Dios que será fiel a su promesa de ejecutarlo.

La esencia de la oración de ellos es este clamor: "¿Hasta cuándo?". Y la respuesta que reciben a su pregunta de "¿hasta cuándo?" es: "Todavía un poco de tiempo". Hay un propósito en la demora, aunque eso debió suponer otra difícil dosis de realidad para los destinatarios originales de esta carta, tal y como sería para nosotros hoy. Se les dice que hay un número determinado de hermanos y de hermanas en Cristo que van a tener que enfrentar dificultades similares a las que ellos han padecido. De ahí que quienes leen la carta van a necesitar perseverancia paciente. El contenido de esta carta que han recibido de parte de Jesús no es una promesa de que su sufrimiento va a menguar o desaparecer. Antes bien, esta carta busca fortalecerlos y prepararlos para la batalla de la fe que va a definir el resto de sus vidas y el resto de nuestras vidas.

Cuando leemos esta carta después de más de dos mil años de haber sido escrita, no podemos evitar preguntarnos cómo un período semejante se puede considerar "un poco de tiempo". G. K. Beale escribe que "el tiempo en el cielo puede calcularse de manera diferente al tiempo en la tierra".[4] Esperar que Dios actúe, esperar que Él enderece las cosas, puede parecer una demora tan larga que nos inclinamos a cuestionar si en realidad vendrá ese día. Con todo, amigo mío, puedes estar seguro de que el día de justicia va a venir. La pregunta "¿hasta cuándo?" será respondida un día de manera completamente satisfactoria para todo creyente que ha clamado a Dios con lágrimas de dolor. Dios ha fijado un día en el que pondrá todo en su sitio. El sufrimiento del pueblo de Dios tiene una fecha de caducidad. Tenemos que esperar un poco más. Tenemos que esperar el día que describe la apertura del sexto sello.

Podemos esperar que vendrá un juicio final.

La apertura del sexto sello es una revelación del día del juicio final. Es el día por el que han orado los santos bajo el altar. Si hemos leído la historia de la Biblia empezando en Génesis, sabemos que existen antecedentes de este gran día final de juicio. Hubo cuarenta días

---

4. Beale, *Revelation: A Shorter Commentary*, 136.

de lluvia que destruyeron todo, excepto a Noé y a su familia. Hubo un día en el que cayó azufre y fuego sobre Sodoma y Gomorra y destruyó todo, excepto a Lot y a su familia. Hubo una noche en la que el Señor pasó por Egipto y mató a todos los primogénitos, excepto los que estaban escondidos dentro de las casas marcadas con la sangre de un cordero. Sin embargo, todas estas instancias fueron solo muestras preliminares del gran día final de juicio que revela el sexto sello:

> Miré cuando abrió el sexto sello, y he aquí hubo un gran terremoto; y el sol se puso negro como tela de cilicio, y la luna se volvió toda como sangre; y las estrellas del cielo cayeron sobre la tierra, como la higuera deja caer sus higos cuando es sacudida por un fuerte viento. Y el cielo se desvaneció como un pergamino que se enrolla; y todo monte y toda isla se removió de su lugar (Ap. 6:12-14).

Juan presenta las mismas imágenes que usaron Isaías, Ezequiel, Joel, y Jesús para describir el día final de juicio (Is. 13:10; Ez. 32:7; Jl. 2:31; Mt. 24:29). Todos hablaron de terremotos, el sol que se oscurece, la luna que se vuelve roja y las estrellas que caen del cielo. Es como si se apagaran las luces en el universo porque el día llega a su fin. Todos usan simbolismos para mostrarnos más claramente el terror del día del juicio, para dar a entender que todo lo que se considera permanente es sacudido. La idea es que sintamos el horror de la escena. La idea es que veamos con claridad que cuando venga ese día, nada volverá jamás a ser igual.

Dios ha fijado un día en el que pondrá todo en su sitio.

Y los reyes de la tierra, y los grandes, los ricos, los capitanes, los poderosos, y todo siervo y todo libre, se escondieron en las cuevas y entre las peñas de los montes; y decían a los montes y a las peñas: Caed sobre nosotros, y escondednos del rostro de aquel que está sentado sobre el trono, y de la ira del Cordero; porque el gran día de su ira ha llegado; ¿y quién podrá sostenerse en pie? (Ap. 6:15-17).

Ya oímos a los mártires que cantan en el cielo. Aquí oímos a la humanidad que ora en la tierra, no a Dios, sino a los montes y a las peñas, para rogarles que caigan sobre ellos y los aplasten. Son personas que preferirían morir antes que estar delante del trono del Dios contra el cual se han rebelado. Preferirían morir antes que estar cara a cara con el Cordero cuya sangre escarnecieron y rechazaron. El día del cual se burlaron como una posibilidad ridícula se convertirá en su realidad inevitable. Con desesperación buscarán la respuesta que debieron haber buscado mucho antes a una pregunta fundamental. Frente al Juez justo, se preguntarán: "¿Quién puede sostenerse ante un Dios santo que está airado contra el pecado y sobrevivir? ¿Quién puede soportar la mirada abrasadora de Dios? ¿Existe algún escondite donde resguardarse de la tormenta de su juicio?".

Nadie tiene que esperar aquel día para plantearse esa pregunta y tener una respuesta. Antes de pasar al capítulo 7 de Apocalipsis, en un entreacto que antecede la apertura del séptimo sello, se da respuesta a la pregunta cuando Juan recibe una nueva visión acerca de cómo Dios guardará a salvo a los creyentes en el juicio final.

Todos los que han aceptado a Cristo por la fe pueden esperar que serán protegidos del juicio final.

Después de esto vi a cuatro ángeles en pie sobre los cuatro ángulos de la tierra, que detenían los cuatro vientos de la tierra, para que no soplase viento alguno sobre la tierra, ni sobre el mar, ni sobre ningún árbol. Vi también a otro ángel que subía de donde sale el sol, y tenía el sello del Dios vivo; y clamó a gran voz a los cuatro ángeles, a quienes se les había dado el poder de hacer daño a la tierra y al mar, diciendo: No hagáis daño a la tierra, ni al mar, ni a los árboles, hasta que hayamos sellado en sus frentes a los siervos de nuestro Dios (Ap. 7:1-3).

Cuatro ángeles en pie sobre los cuatro extremos de la tierra detienen los vientos de destrucción. En seguida, otro ángel llama a los ángeles que se disponen a ejecutar el juicio final para decirles que hagan una pausa a fin de que los siervos de Dios puedan recibir un sello de protección en el juicio.

Cuando leemos acerca del pueblo de Dios que es sellado como suyo, que recibe una señal de protección, es inevitable recordar la noche cuando el ángel de la muerte pasó por todo Egipto. Dios indicó a Moisés lo que tenían que hacer para protegerse del juicio. Debían marcar sus casas con la sangre de un cordero inocente. Según Andrew Sach, esa es la imagen que sugiere este pasaje.[5] Estos siervos están marcados con la sangre del Cordero, por lo que no van a enfrentar la ira del Cordero.

> Y oí el número de los sellados: ciento cuarenta y cuatro mil sellados de todas las tribus de los hijos de Israel. De la tribu de Judá, doce mil sellados. De la tribu de Rubén, doce mil sellados. De la tribu de Gad, doce mil sellados. De la tribu de Aser, doce mil sellados. De la tribu de Neftalí, doce mil sellados. De la tribu de Manasés, doce mil sellados. De la tribu de Simeón, doce mil sellados. De la tribu de Leví, doce mil sellados. De la tribu de Isacar, doce mil sellados. De la tribu de Zabulón, doce mil sellados. De la tribu de José, doce mil sellados. De la tribu de Benjamín, doce mil sellados (Ap. 7:4-8).

Estamos aprendiendo que los números en Apocalipsis son simbólicos. Así que cuando encontramos el número 144.000 sabemos que el simbolismo de tal cifra precisa una interpretación. Había doce tribus de Israel y doce apóstoles. Si multiplicas 12 por 12, el resultado es 144. Diez es otro número que indica completitud. Si multiplicas: $144 \times 10 \times 10 \times 10$, el sentido de completitud queda resaltado de manera exponencial. Este es el número completo de los santos en la

---

5. Andrew Sach, "You've Heard of the Mark of the Beast", sermón, Grace Church Greenwich, Londres, 17 de enero de 2021, https://www.greenwich.church/.

era del Antiguo Testamento que anticiparon y pusieron su fe en Cristo cuando Él era una promesa, más los santos en la era neotestamentaria que rememoran la cruz y la resurrección y ponen su fe en Cristo. Este es el verdadero Israel, la iglesia a lo largo de los siglos. Todos están representados allí. Y todos están sellados para su protección.

Una evidencia de que se trata de los creyentes en Cristo tanto de la era del Antiguo como del Nuevo Testamentos, es la manera en que Juan enumera las doce tribus, la cual difiere de otras listas donde la Biblia presenta a las doce tribus. Juan empieza su lista con la tribu de Judá, a pesar de que no era el primogénito. ¿Por qué empezaría con Judá en lugar de Rubén?

Judá fue quien recibió de su padre Jacob este mensaje: "No será quitado el cetro de Judá, ni el legislador de entre sus pies, hasta que venga Siloh; y a él se congregarán los pueblos" (Gn. 49:10). Lo que Jacob anunció al fin sucedió. Jesús, el león de la tribu de Judá, ha venido, y este número incluye personas de todas las naciones de la tierra.

La lista de Juan también incluye a José, mientras que omite a Efraín y a Dan. ¿Por qué? ¿Qué mensaje comunica este detalle?

Recuerda que cuando las doce tribus se dividieron entre los reinos del norte y del sur bajo el reinado de Roboam (1 R. 12), las tribus del norte no tenían templo y no tardaron en mezclar la adoración a los baales con la adoración al único Dios verdadero. Se erigieron becerros de oro en Dan y en Efraín. Era evidente que la idolatría alejó a estas tribus de Dios y que nunca llegaron al arrepentimiento. Dan y Efraín no aparecen en el texto. Al organizar de este modo la lista de las tribus, Juan demuestra que no todos los que son parte de la iglesia visible sobre la tierra habrán recibido la marca de Dios que pertenece a todos los que abrazan de todo corazón su pacto. Sucedió en los días del Israel antiguo. Sucedió en los días de Jesús porque sabemos que Judas, uno de los doce, en realidad era un impostor. Sucedió en el primer siglo, con aquellos que en Éfeso decían ser apóstoles y no lo eran (2:2). Y lo mismo sucede hoy.

Es interesante notar que, después de presentarnos esta cifra exacta de los siervos sellados de Dios, es como si Juan diera una mirada desde otro ángulo y desde esa nueva perspectiva, nos muestra una gran multitud que nadie puede contar. La lógica nos inclina a desear que Juan dice una cosa o la otra: Él habla de algo que se puede contar o de algo que no se puede contar. Sin embargo, se trata de imágenes apocalípticas y ambas imágenes comunican algo importante acerca de estas personas selladas. Me gusta cómo lo interpreta Andrew Sach: "Mientras que la lista numerada de las tribus nos dice que el número de los sellados está completo, esta gran multitud nos dice que el número de los sellados será enorme".[6]

> Después de esto miré, y he aquí una gran multitud, la cual nadie podía contar, de todas naciones y tribus y pueblos y lenguas, que estaban delante del trono y en la presencia del Cordero, vestidos de ropas blancas, y con palmas en las manos; y clamaban a gran voz, diciendo: La salvación pertenece a nuestro Dios que está sentado en el trono, y al Cordero. Y todos los ángeles estaban en pie alrededor del trono, y de los ancianos y de los cuatro seres vivientes; y se postraron sobre sus rostros delante del trono, y adoraron a Dios, diciendo: Amén. La bendición y la gloria y la sabiduría y la acción de gracias y la honra y el poder y la fortaleza, sean a nuestro Dios por los siglos de los siglos. Amén.
>
> Entonces uno de los ancianos habló, diciéndome: Estos que están vestidos de ropas blancas, ¿quiénes son, y de dónde han venido? Yo le dije: Señor, tú lo sabes. Y él me dijo: Estos son los que han salido de la gran tribulación, y han lavado sus ropas, y las han emblanquecido en la sangre del Cordero (Ap. 7:9-14).

Cuando leemos "una gran multitud, la cual nadie podía contar", tal vez la terminología nos invita a pensar en la promesa que hizo Dios a Abraham de darle una descendencia tan numerosa como las estrellas del cielo y como la arena en la orilla del mar. Aquí está el cumplimiento de esa promesa. Dios también le dijo a Abraham que sería padre de multitud de naciones. Y aquí está una multitud compuesta

---

6. Sach, "You've Heard of the Mark of the Beast".

por gente de todas las naciones, tribus, pueblos y lenguas que son los verdaderos hijos de Abraham.

Todos claman a gran voz diciendo: "¡La salvación pertenece a nuestro Dios!". Es interesante que no dicen: "La salvación me pertenece a mí". Están al otro lado del juicio final y pueden ver cómo Dios ha preservado un pueblo para sí en medio de la persecución y el juicio. Están alabando a Dios por la magnificencia de sus planes para la historia que han sido ejecutados mediante la apertura de los sellos. Saben que su salvación es el resultado de haber sido sellados por la sangre de Cristo, no porque de algún modo lo merezcan. Casi les faltan las palabras para expresar todo el honor que merece Dios por lo que ha hecho, de modo que las condensan en una larga frase: "La bendición y la gloria y la sabiduría y la acción de gracias y la honra y el poder y la fortaleza, sean a nuestro Dios por los siglos de los siglos. Amén".

El pasaje describe al pueblo de Dios que ha sido protegido y preservado del juicio final. Leemos que "estaban" delante del trono (7:9). La pregunta "¿quién podrá sostenerse en pie?" ha quedado respondida. Ahora esperamos verlos entrar en la nueva Jerusalén. Sin embargo, "en el despliegue dramático es demasiado pronto para que Apocalipsis revele plenamente los planes de Dios para el nuevo mundo".[7] Aunque en el siguiente capítulo veremos la apertura del séptimo sello, no encontraremos una descripción de lo que revela. Nada más se nos dice que cuando se abre, "se hizo silencio en el cielo como por media hora" (Ap. 8:1). Se percibe el sobrecogimiento, el silencio atónito, como si el cielo mirara el portento de lo que este mundo llegará a ser un día cuando haya sido purificado por el fuego de Dios (8:5). Aunque el pasaje no relata todo lo que nos será revelado acerca de la vida venidera a quienes han sido protegidos del juicio final, captamos su esencia, sus bendiciones:

---

7. Vern Poythress, *The Returning King: A Guide to the Book of Revelation* (Phillipsburg, NJ: P&R, 2000), 119.

Por esto están delante del trono de Dios, y le sirven día y noche en su templo; y el que está sentado sobre el trono extenderá su tabernáculo sobre ellos. Ya no tendrán hambre ni sed, y el sol no caerá más sobre ellos, ni calor alguno; porque el Cordero que está en medio del trono los pastoreará, y los guiará a fuentes de aguas de vida; y Dios enjugará toda lágrima de los ojos de ellos (Ap. 7:15-17).

Podemos esperar disfrutar de la presencia y la provisión de Cristo para siempre en una creación purificada.

Esta es una imagen poética de lo que pueden esperar todos los que han sido sellados por la sangre del Cordero, todos los que han sido unidos a Cristo por el Espíritu Santo, todos los que han soportado con paciencia la tribulación de vivir para Él en un mundo hostil. Podemos esperar que no solo seremos protegidos en el juicio final, sino que disfrutaremos de la presencia protectora de Dios por toda la eternidad. Nada y nadie podrá hacernos daño. Todas nuestras necesidades serán suplidas. Todo el sufrimiento pasado será borrado, no por una declaración impersonal, sino por Dios mismo que con amor y de manera personal enjugará nuestras lágrimas. Estaremos seguros en el redil de nuestro pastor, el Cordero.

Lo que significa oír y guardar Apocalipsis 6–7

¿Cuáles son las implicaciones de la dosis concentrada de realidad que nos presentan Apocalipsis 6 y 7? ¿Qué significa para nosotros oír y guardar estos capítulos y, por ende, experimentar la bendición prometida en este libro?

Cuando examinamos lo que nos muestra Apocalipsis 6 y 7 acerca de lo que podemos esperar en esta vida y en la vida venidera, estos capítulos nos invitan a evaluar nuestras expectativas para comprobar si concuerdan con la realidad. ¿Esperamos experimentar dificultades como la guerra, la conmoción social, las dificultades económicas, la injusticia, la enfermedad y la muerte? ¿O en nuestro interior esperamos realmente que nuestra unión con Cristo, de algún modo, nos resguarde de estas cosas? ¿Esperamos que el esfuerzo humano sea capaz de librar al mundo de estas calamidades o anclamos nuestras expectativas en Cristo confiados en que Él les pondrá fin?

Cuando se abre el quinto sello vemos a quienes han sido inmolados por causa de su testimonio de Cristo bajo el altar, que claman a Dios diciendo: "¿Hasta cuándo, Señor?". Creo que la mayoría de nosotros ha vivido momentos en los que anhelamos con intensidad el regreso de Cristo para que restaure todas las cosas en este mundo. Sin embargo, ¿cómo se comparan nuestras oraciones con las oraciones de los santos en este pasaje?

Las Escrituras nos animan a orar por nuestras propias necesidades y por las necesidades de otros. Aun así, si fuéramos a evaluar la mayoría de las oraciones que presenta la Biblia, incluso esta, la prioridad de la oración siempre se centra en la difusión del evangelio del reino, la preservación y la fortaleza de la iglesia, el ministerio de la Palabra de Dios y la destrucción de los poderes impíos y malvados en nuestro mundo. Por consiguiente, debemos preguntarnos: ¿Alguna vez expreso en oración el anhelo de que Dios acuda en juicio o mis oraciones se enfocan principalmente en mí y en mi pequeño mundo? ¿Alguna vez oro para que Dios haga justicia a quienes han sido ejecutados por su lealtad a Cristo? ¿Oro con regularidad por quienes experimentan intensa persecución alrededor del mundo, pidiendo a Dios que les dé la gracia para soportar con paciencia? Estas son oraciones prioritarias en los propósitos de Dios, oraciones que Él atesora, oraciones cuyo efecto nos sería completamente desconocido si no fuera por lo que nos revela Apocalipsis 6.

Quizás la manera más importante en la que podemos oír y guardar las palabras de estos capítulos es examinar nuestra vida y constatar si hemos sido sellados por Dios y para Dios. Hablando a los creyentes en Éfeso, Pablo escribe: "En él también vosotros, habiendo oído la palabra de verdad, el evangelio de vuestra salvación, y habiendo creído en él, fuisteis sellados con el Espíritu Santo de la promesa, que es las arras de nuestra herencia hasta la redención de la posesión adquirida, para alabanza de su gloria" (Ef. 1:13-14). El Espíritu Santo es el sello que Dios ha puesto sobre todos los que han sido lavados en la sangre del Cordero. Eso nos compele a examinarnos, a buscar la evidencia del fruto del Espíritu en nuestra vida. ¿Hay fruto que demuestre que hemos sido lavados por la sangre de Cristo no solo como quien ha sido perdonado de pecado, sino como quien ha llegado a odiar el pecado? ¿Hay evidencia en nosotros manifestada en amor, gozo, paz, paciencia, benignidad, bondad, fe, mansedumbre y templanza (Gá. 5:22-23)?

Si es así, no tienes que vivir en incertidumbre acerca de lo que puedes esperar como cristiano en estos años de vida en este mundo. Puedes esperar dificultades. Puedes esperar ser perseguido por tu testimonio explícito de la persona y la obra de Cristo. Puedes esperar que tus oraciones serán escuchadas y respondidas en el cielo. Puedes esperar que se hará justicia. Puedes esperar que cuando sobrevenga el juicio, tú serás protegido. Aunque seas maltratado en la vida aquí y ahora, tendrás un lugar seguro en tu hogar eterno. Aunque experimentes carencias aquí y ahora, habrá provisión para todas tus necesidades por toda la eternidad. Aunque experimentes gran aflicción ahora, Dios mismo va a bendecirte con el consuelo de su presencia como un refugio y un pastor para siempre.

6

LA BENDICIÓN DE TENER UNA MISIÓN PARA JESÚS

Apocalipsis 8–11

HACE UNOS SEIS MESES el detector de humo junto a nuestra habitación empezó a informarnos con su incesante zumbido: "¡Fuego! ¡Fuego!". Como era de esperarse, no sucedió durante el día, sino en plena noche. A pesar de que David y yo recorrimos la casa a tientas y medio dormidos, no encontramos evidencia alguna de humo o fuego. Tomamos una escalera y nos acercamos lo suficiente al detector de humo para anotar el número del modelo y buscar en línea el manual de instrucciones para tratar de encontrar la manera de silenciarlo. No funcionó. Al final, decidimos desconectarlo y volvimos a acostarnos. Ese fue el inicio de "la gran batalla de los Guthrie contra los detectores de humo". En los últimos seis meses o más, varios detectores de humo instalados en nuestra casa han entrado en la batalla. Hemos reemplazado las pilas. Hemos conseguido diferentes marcas de pilas. Hemos reiniciado los aparatos. Incluso hemos reemplazado algunos. Los nuevos aparatos también empezaron a zumbar y a hablarnos. En este preciso momento, varios detectores están sobre el mostrador de la cocina, con las pilas y los cables expuestos ya que hemos decidido hacer una tregua para reorganizarnos y armar un nuevo plan de ataque. O más bien otro plan para recuperar la paz.

Cuando un detector de humo se dispara en medio de la noche sencillamente es imposible ignorarlo y volver a dormir. Está diseñado para despertarnos y obligarnos a actuar. Está diseñado para advertir. Está diseñado para evitar que sufras quemaduras y que tu casa se incendie.

En Apocalipsis 8 a 11, leeremos acerca de siete trompetas. Son siete trompetas que suenan para anunciar la llegada del Señor que viene a librar una guerra contra sus enemigos y contra los enemigos de su pueblo. Su propósito es despertar a un mundo que duerme a fin de que responda al evangelio en arrepentimiento y fe. Quienes despiertan a la grave situación que es encontrarse sin Cristo pueden hallar seguridad en Él. Quienes ignoran las advertencias de esta trompeta un día se despertarán para descubrir que la séptima trompeta ha sonado y es demasiado tarde para protegerse.

A fin de entender correctamente lo que comunican las siete trompetas, necesitamos recordar un episodio bíblico anterior cuando sonaron las siete trompetas. ¿Puedes recordar de cuál se trata?

Cuando Josué lideró a la nación de Israel para entrar a la tierra prometida, los israelitas marcharon alrededor de la ciudad de Jericó durante siete días (Jos. 6). Durante siete días los habitantes de Jericó al interior de sus murallas fueron advertidos acerca del juicio inminente que Dios iba a ejecutar cuando las trompetas sonaran y los israelitas marcharan alrededor de la ciudad en silencio. Y cuando las siete trompetas sonaron el séptimo día, los muros cayeron y los israelitas lograron entrar en la ciudad.

Así pues, la historia de las trompetas que sonaron en la caída de Jericó nos ayuda a entender el propósito de las trompetas: Anunciar la venida del Señor que librará una batalla contra sus enemigos y los enemigos de su pueblo. Ilustran para nosotros la manera en que la séptima trompeta anunciará nuestra entrada a la gran tierra prometida que Dios va a entregarnos.

En nuestro último capítulo acerca de los sellos que fueron desatados, vimos lo que pueden esperar los creyentes a lo largo de la vida en este mundo que está bajo maldición, bajo el juicio de Dios. Vimos que, si bien los creyentes experimentan juicio por el hecho de vivir en un mundo bajo juicio, tienen el sello de la protección de Dios y por consiguiente están seguros y a salvo del peligro del juicio final. En este capítulo veremos lo que pueden esperar que experimentarán los que no han sido sellados, "los que moran sobre la tierra", tanto durante su existencia sobre la tierra como en el momento del juicio final.

Sin embargo, lo primero que debemos establecer antes de analizar las siete trompetas, es la conexión que existe entre lo que sucede con el sonido de estas siete trompetas, la apertura de los siete sellos en Apocalipsis 6 y 7 y el derramamiento de las copas en Apocalipsis 16. Dado que por regla general esperamos que los acontecimientos sean presentados en orden cronológico, tal vez damos por hecho que las siete trompetas describen sucesos que tienen lugar *después* de la apertura de los siete sellos y *antes* del derramamiento de las siete copas. No obstante, en realidad los sucesos descritos en los sellos, las trompetas y las copas ocurren durante el mismo período, el tiempo entre la primera y la segunda venida de Jesús. Apocalipsis nos muestra la misma escena desde diferentes ángulos, y cada ángulo nos ayuda a ver y a entender un aspecto diferente de lo que sucede durante el mismo período de tiempo. Imagina que es semejante a ver un evento deportivo en la televisión. La mayoría de los grandes eventos deportivos se transmiten con múltiples cámaras que registran la misma acción, y cuando algo importante ocurre en el juego, con frecuencia repiten lo ocurrido desde varios ángulos de cámara. El hecho de ver un suceso desde diferentes ángulos nos permite aclarar la realidad de lo ocurrido.

> Apocalipsis nos muestra la misma escena desde diferentes ángulos, y cada ángulo nos ayuda a ver y a entender un aspecto diferente de lo que sucede durante el mismo período de tiempo.

Eso es lo que nos presenta el libro de Apocalipsis. Los siete sellos de Apocalipsis 6 y 7, las siete trompetas de Apocalipsis 8 a 11 y las siete copas de Apocalipsis 16 nos muestran el mismo período histórico de la humanidad, el tiempo entre la vida, la muerte, la resurrección y ascensión de Jesús, y el día en que Él regresará en gloria a establecer su reino sobre esta tierra y a introducir los nuevos cielos y la nueva tierra.[1]

Advertencia: ¡Peligro!

El sonido de las cuatro primeras trompetas es un poco similar a la apertura de los cuatro primeros sellos. Así como los primeros cuatro sellos estaban agrupados para revelar la vida en este mundo entre la ascensión y el regreso de Jesús, las primeras cuatro trompetas hablan acerca de las difíciles realidades en este mundo durante el mismo período. No obstante, mientras que los primeros cuatro sellos describían las dificultades que todo el mundo experimenta, las cuatro trompetas se enfocan en lo que van a experimentar los habitantes de la tierra que no han sido sellados, los que no están en Cristo, los "moradores de la tierra".

Si consideramos las primeras cuatro trompetas como un todo, cada una pareciera ilustrar los efectos del juicio continuado (no el juicio final aún) sobre este mundo, donde muchas personas encuentran su sustento y seguridad. No se trata necesariamente de cosas malas. Sin embargo, son realidades frágiles. Las trompetas hacen sonar una alarma, una advertencia del peligro que supone tener este mundo, lo que provee y promete, como la única base de la seguridad y la satisfacción.

---

1. Para una lectura adicional acerca de las diferentes secciones de juicio como descripciones paralelas de los mismos sucesos, ver G. K. Beale con David H. Campbell, *Revelation: A Shorter Commentary* (Grand Rapids, MI: Eerdmans, 2015), 22-24. Thomas Schreiner escribe: "Algunos intérpretes . . . piensan que Apocalipsis es una narrativa continua, y no creen que el libro repite y recapitula. En el libro, Juan nos lleva una y otra vez al final de la historia y luego vuelve a empezar". Thomas Schreiner, *Hebrews–Revelation*, ESV Expository Commentary (Wheaton, IL: Crossway, 2018), 45. De un modo similar, William Hendrickson escribe: "Una lectura cuidadosa del libro de Apocalipsis deja en claro que el libro está compuesto por siete secciones y que estas siete secciones son paralelas. Cada una abarca la dispensación entera desde la primera hasta la segunda venida de Cristo. El mismo período es visto desde una perspectiva, luego desde otra". William Hendrickson, *More than Conquerors: An Interpretation of the Book of Revelation* (Grand Rapids, MI: Baker, 2015), 25. Publicado en español por Libros Desafío con el título *Más que vencedores*.

El primer ángel tocó la trompeta, y hubo granizo y fuego mezclados con sangre, que fueron lanzados sobre la tierra; y la tercera parte de los árboles se quemó, y se quemó toda la hierba verde (Ap. 8:7).

Quema, quema, quema. La primera trompeta revela que un tercio de los campos y de los árboles que debían proveer alimento se queman, por lo que los moradores de la tierra padecen hambre que no puede ser satisfecha. Beale escribe acerca de este juicio por fuego: "El fuego no es literal, sino figurativo (como en el resto de Apocalipsis, más claramente en 4:5, pero también en 1:14; 2:18; 10:1; 19:12)".[2] El pasaje ilustra la manera en que quienes dependen de esta tierra para su sustento y satisfacción descubrirán sus limitaciones para proveer tales cosas.

El segundo ángel tocó la trompeta, y como una gran montaña ardiendo en fuego fue precipitada en el mar; y la tercera parte del mar se convirtió en sangre. Y murió la tercera parte de los seres vivientes que estaban en el mar, y la tercera parte de las naves fue destruida (Ap. 8:8-9).

"En Apocalipsis, las montañas aluden a reinos, tanto buenos como malos, tanto terrenales como celestiales (14:1; 17:9; 21:10)".[3] Aquí, con la segunda trompeta, tenemos una imagen de los grandes reinos del mundo que se vienen abajo destruyendo las vidas y el sustento de sus habitantes. Sabemos, además, que esto se ha repetido de forma evidente a lo largo de la historia.

El tercer ángel tocó la trompeta, y cayó del cielo una gran estrella, ardiendo como una antorcha, y cayó sobre la tercera parte de los ríos, y sobre las fuentes de las aguas. Y el nombre de la estrella es Ajenjo. Y la tercera parte de las aguas se convirtió en ajenjo;

---

2. Beale, *Revelation*, 174.
3. Beale, *Revelation*, 174.

y muchos hombres murieron a causa de esas aguas, porque se hicieron amargas (Ap. 8:10-11).

La imagen que aparece con la tercera trompeta de una estrella que cae del cielo ardiendo como una antorcha viene de Isaías 14:12-15, donde el angel guardián de Babilonia es representado como una estrella que ha caído a un pozo desde el cielo. En este pasaje de Apocalipsis la estrella es llamada "Ajenjo", lo cual se basa en Jeremías 9:15 y 23:15, un pasaje donde Dios juzga a su pueblo desobediente dándole a beber agua envenenada. Esta trompeta demuestra que, con frecuencia, las mismas cosas de este mundo que acaparan la existencia de las personas y de las cuales esperan recibir vida terminan envenenándolas. La trompeta anuncia a quienes consideran que sus pecados aportan algo a sus vidas, que el pecado echa todo a perder; de hecho, que los llevará a la perdición.

El cuarto ángel tocó la trompeta, y fue herida la tercera parte del sol, y la tercera parte de la luna, y la tercera parte de las estrellas, para que se oscureciese la tercera parte de ellos, y no hubiese luz en la tercera parte del día, y asimismo de la noche (Ap. 8:12).

Al sonido de la cuarta trompeta, las luces del cielo se oscurecen parcialmente. Esta es una imagen que ilustra el fracaso de la sabiduría y de la espiritualidad del mundo para iluminar verdaderamente; es el cuadro de una humanidad que vive a diario en oscuridad y es incapaz de ver *aquello que* es verdadero, justo y bueno, incapaz de ver *quién* es verdadero, justo y bueno.

Dios se propone demostrar su poder sobre los dioses falsos sobre los cuales las personas han edificado sus vidas y que sencillamente no pueden brindarles el sustento ni la seguridad que ellas ansían. Se lanza una advertencia a todos los habitantes de la tierra: *¡No pongan su confianza en las cosas de este mundo! Todas son frágiles. Todas, tarde o temprano, fallan. Pongan su confianza en Aquel que hizo la tierra, el sol, la luna y las estrellas. En Él pueden confiar.*

Por supuesto, los moradores de la tierra no se inclinan a someterse al reinado del verdadero Rey porque, ya sea que lo sepan o no, han entregado su lealtad a otro rey. Y, lamentablemente, no es un buen rey. En lugar de proteger a los suyos, ese rey los atormenta.

Advertencia: ¡Tormento!

El quinto ángel tocó la trompeta, y vi una estrella que cayó del cielo a la tierra; y se le dio la llave del pozo del abismo. Y abrió el pozo del abismo, y subió humo del pozo como humo de un gran horno; y se oscureció el sol y el aire por el humo del pozo (Ap. 9:1-2).

"Una estrella que cayó del cielo a la tierra". Eso nos recuerda las palabras de Jesús cuando dijo: "Yo veía a Satanás caer del cielo como un rayo" (Lc. 10:18). Por eso sabemos de cuál "estrella" se trata. Es Satanás o un arcángel demoniaco. Un pozo profundo que humea. No es tan difícil deducir lo que es, ¿o sí? Es el pozo del infierno. William Hendrickson escribe que este humo es "el humo del engaño y la falsedad, del pecado y la aflicción, de oscuridad y decadencia moral que arroja sin cesar el infierno".[4]

Y del humo salieron langostas sobre la tierra; y se les dio poder, como tienen poder los escorpiones de la tierra. Y se les mandó que no dañasen a la hierba de la tierra, ni a cosa verde alguna, ni a ningún árbol, sino solamente a los hombres que no tuviesen el sello de Dios en sus frentes. Y les fue dado, no que los matasen, sino que los atormentasen cinco meses; y su tormento era como tormento de escorpión cuando hiere al hombre. Y en aquellos días los hombres buscarán la muerte, pero no la hallarán; y ansiarán morir, pero la muerte huirá de ellos (Ap. 9:3-6).

Ya sabías que, tarde o temprano, íbamos a encontrar langostas en Apocalipsis, ¿no es así? Las vemos aquí en la quinta trompeta. Juan toma

---

4. Hendrickson, *More than Conquerors*, 135.

imágenes del Antiguo Testamento para describir realidades celestiales y terrenales. Por consiguiente, Moisés y los profetas nos ayudan a entender lo que Juan describe en la quinta trompeta. En Joel 1 y 2, el profeta usa la imagen de una plaga de langostas junto con la ilustración militar para describir la venida del ejército del Señor en su gran día. Al parecer, Juan se inspira en estas imágenes mientras que añade algunas características espantosas a las criaturas que presenta la visión de Joel.

Cuando leemos que estas langostas con el poder nocivo de los escorpiones salen del pozo del abismo, podemos interpretar apropiadamente que se trata de demonios del infierno. El que tiene las llaves de acceso a este lugar, que como vimos en Apocalipsis 1 es Jesús, ha permitido que esta puerta se abra. Estos demonios no escapan a su control. De hecho, Él fija parámetros, o límites, al daño que pueden causar estos demonios y a las víctimas que pueden atormentar. Estos demonios tientan y engañan, haciendo ver el mal como algo virtuoso y atractivo. Pero al final hieren. Al final, quienes caen bajo su poder experimentan no libertad y gozo, sino tormento, el tormento de la culpa y el remordimiento, la esclavitud al pecado y la enfermedad del alma. Sin embargo, estos demonios solo pueden causar daño a quienes no tienen el sello protector de Dios, porque los creyentes han sido librados de la culpa y de la esclavitud al pecado. Aunque estos demonios pueden atormentar a los que no están en Cristo solo por un tiempo limitado, ese tormento será insoportable. Hará que quienes no han sido sellados deseen morir.

> El aspecto de las langostas era semejante a caballos preparados para la guerra; en las cabezas tenían como coronas de oro; sus caras eran como caras humanas; tenían cabello como cabello de mujer; sus dientes eran como de leones; tenían corazas como corazas de hierro; el ruido de sus alas era como el estruendo de muchos carros de caballos corriendo a la batalla; tenían colas como de escorpiones, y también aguijones; y en sus colas tenían poder para dañar a los hombres durante cinco meses. Y tienen por rey sobre ellos al ángel del abismo, cuyo nombre en hebreo es Abadón, y en griego, Apolión (Ap. 9:7-11).

Observa el uso repetido de la palabra "como" en el texto de Juan, que resalta la fuerte impresión que causan estas criaturas demoniacas que traen tormento espiritual sobre la humanidad. Es como si a Juan le costara un poco describir lo que ve de un modo que comunique la realidad de su naturaleza demoniaca. Sabemos que son malignos porque el pasaje nos revela de dónde vienen y a quién tienen por rey. Esos demonios parecen autoritarios, invulnerables, seductores y astutos. Sin embargo, pican, hieren y atormentan. El poder para herir se encuentra en sus colas, en la destrucción que dejan a su paso cuando la diversión llega a su fin. ¿No pareciera que esto refleja la realidad de muchas cosas que en apariencia resultan sumamente motivadoras, naturales y estimulantes, pero en realidad terminan trayendo desdicha? Regodeándose en la supuesta libertad para complacer sus deseos, muchas personas terminan esclavizadas a cosas que, literalmente, las están matando. Muchas personas se entregan a cosas creyendo que aportarán a sus vidas, cuando en realidad las destruyen. Esto sucede porque provienen del fondo del infierno, del que "no viene sino para hurtar y matar y destruir" (Jn. 10:10). Aquí en Apocalipsis Juan nos da su nombre tanto en hebreo como en griego, que en ambos casos significa "destructor".

Ciertamente, hay muchas personas en el mundo que, a pesar de que han rechazado a Cristo como su rey, nunca reconocerían que tienen como rey a este Abadón o Apolión. Son incapaces de verlo. Están convencidas de que están al mando de sus propias vidas y de sus propios destinos. Sin embargo, Juan puede ver, desde la perspectiva del cielo, que todos los que no están sellados, todos los que han rechazado el ofrecimiento de gracia del verdadero Rey, todos los moradores de la tierra tienen un rey que solo quiere destruirlos. Él quiere destruir su felicidad. Quiere destruir sus familias. Quiere destruir su futuro.

Advertencia: ¡Daño!

Cuando sonó la quinta trompeta, salieron demonios del abismo profundo. Cuando sonó la sexta trompeta, se oyó una voz desde el trono que dice: "Desata a los cuatro ángeles que están atados junto al gran río Éufrates" (Ap. 9:14). Esto puede ser confuso porque dice que son cuatro ángeles, por lo que damos por hecho de inmediato que se trata de ángeles del Dios santo. Sin embargo, "los ángeles buenos no son desatados; antes bien, son encargados o enviados"[5] y de sus bocas no sale fuego, humo ni azufre. De modo que es claro que estos cuatro ángeles son ángeles caídos o demonios.

Una vez más salen demonios que resollan fuego, humo y azufre, pero esta vez salen tras haber sido atados "junto al gran río Éufrates". En el Antiguo Testamento, los ejércitos que trajeron destrucción sobre Israel provenían a menudo de la región del Éufrates (p. ej., Is. 7:20; 8:7-8; Jer. 46:2, 6, 10). G. K. Beale explica que Juan usa aquí "Éufrates" no como una referencia geográfica, sino como una alusión espiritual al "lugar donde Satanás reunirá sus fuerzas contra el pueblo de Dios".[6]

Juan usa un lenguaje apocalíptico para describir algo que no siempre vemos como aterrador o preocupante: el engaño y la falsa enseñanza.

Los demonios son representados como batallones a caballo y en dos ocasiones se revela que por la boca esos caballos expulsan fuego, humo y azufre (9:17-18). La amenaza está en lo que dicen, en la falsa enseñanza que difunden. Juan usa un lenguaje apocalíptico para describir algo que no siempre vemos como aterrador o preocupante: el engaño y la falsa enseñanza. Aquí, en cambio, logramos ver desde la perspectiva del cielo la verdadera cara de la falsa enseñanza, lo cual nos permite ver cuán letal es.

Ya sabemos, por lo que hemos leído en los capítulos 2 y 3 de Apocalipsis, que la falsa enseñanza era un problema para muchos destinatarios originales de esta carta. Por supuesto, también es un problema en nuestros días, aunque muchos cristianos tienen frente a ello una actitud muy despreocupada. Muchos cristianos consideran la enseñanza distorsionada acerca de la persona de Jesús, de lo que Él

---

5. Schreiner, *Hebrews–Revelation*, 640.

6. Beale, *Revelation*, 190.

ofrece y lo que Él requiere como una simple diferencia de opinión, interpretación o enfoque. Sin embargo, esta imagen nos muestra que el engaño de los falsos maestros y la promoción de dioses alternativos no es un simple fenómeno humano; en realidad es algo impulsado por espíritus malignos. Esta imagen apocalíptica corre el velo del cielo para que podamos ver la falsa enseñanza y el engaño como Dios los ve, a fin de que veamos el verdadero peligro que representan. El engaño lleva a la muerte espiritual y física.

Sin embargo, observa que estos caballos no solo matan, sino que hieren. Hay algo en esa palabra, *dañar*, que me impresiona. Y si has conocido a alguien que ha abrazado teorías de la conspiración, enseñanzas del evangelio de la prosperidad o la idea popular de que el cielo es para quienes hicieron buenas obras y evitaron hacer lo malo, entonces comprendes que la falsa enseñanza daña a las personas. Las perjudica. Corrompe y contamina la manera en que piensan y sienten, lo que valoran, lo que temen, lo que las indigna y sus expectativas futuras.

¡Cuánto desearía que quienes han sufrido daño por cuenta del engaño constante de falsos maestros buscaran la sanidad y la verdad en el único Dios que puede brindar ayuda! No obstante, el corazón humano puede ser duro en extremo.

> Y los otros hombres que no fueron muertos con estas plagas, ni aun así se arrepintieron de las obras de sus manos, ni dejaron de adorar a los demonios, y a las imágenes de oro, de plata, de bronce, de piedra y de madera, las cuales no pueden ver, ni oír, ni andar; y no se arrepintieron de sus homicidios, ni de sus hechicerías, ni de su fornicación, ni de sus hurtos (Ap. 9:20-21).

En dos ocasiones leemos que no se arrepintieron. A pesar de presenciar muerte y destrucción a gran escala, sus corazones son duros como una piedra. "Se niegan a apartarse de la razón misma de su destrucción".[7]

---

7. James M. Hamilton, *Revelation: The Spirit Speaks to the Churches* (Wheaton, IL: Crossway, 2012), 216.

Las trompetas han sonado como juicios preliminares y parciales, para advertirles acerca del juicio final, pero ellos aman demasiado sus vidas y sus mentiras, su odio y su maldad, su libertinaje sexual y su afán de riqueza para volverse a Cristo en arrepentimiento y fe.

Advertencia: ¡Testigos!

El propósito de estas seis trompetas ha sido advertir al mundo pagano e idólatra acerca del juicio inminente. Se han brindado todas las oportunidades posibles para que haya arrepentimiento. A pesar de todo, no funciona. Eso lleva a preguntarse: ¿Cómo puede alguien llegar al arrepentimiento en un mundo lleno de tanta decepción, destrucción y muerte? ¿Es esto posible? ¿Qué han de hacer los ciudadanos del cielo durante este tiempo de transición en un mundo que pareciera no tener esperanza? La respuesta se encuentra en los capítulos 10 y 11.

El sonido de las seis trompetas nos lleva al momento del juicio final, pero aquí en el capítulo 10 se pausa el drama mientras Juan ve "otro ángel fuerte" (v. 1) que desciende del cielo y "tenía en su mano un librito abierto" (v. 2), y cuando toca la séptima trompeta dice: "El misterio de Dios se consumará, como él lo anunció a sus siervos los profetas" (v. 7). ¿Cuál es este misterio acerca del cual escribieron los profetas del Antiguo y del Nuevo Testamentos y que está a punto de cumplirse? Es el misterio acerca del modo en que se cumplirá la promesa que Dios hizo a Abraham, que en él serán benditas todas las naciones de la tierra (Gn. 18:18; cf. Gá. 3:8). Es el misterio que Pablo describió como "el misterio de su voluntad, según su beneplácito, el cual se había propuesto en sí mismo, de reunir todas las cosas en Cristo, en la dispensación del cumplimiento de los tiempos, así las que están en los cielos, como las que están en la tierra" (Ef. 1:9-10). Es el misterio del evangelio (Ef. 6:19).

> La voz que oí del cielo habló otra vez conmigo, y dijo: Ve y toma el librito que está abierto en la mano del ángel que está en pie sobre el mar y sobre la tierra. Y fui al ángel, diciéndole que me diese el librito. Y él me dijo: Toma, y cómelo; y te amargará el vientre, pero en tu boca será dulce como la miel. Entonces tomé el librito de la mano del ángel, y lo comí; y era dulce en mi boca

como la miel, pero cuando lo hube comido, amargó mi vientre. Y él me dijo: Es necesario que profetices otra vez sobre muchos pueblos, naciones, lenguas y reyes (Ap. 10:8-11).

¿Cómo es posible que de entre todas las personas de duro corazón en el mundo Dios forme un pueblo para sí, originarias de muchos pueblos, naciones, lenguas y reyes? A todas luces, las advertencias de las trompetas no son suficientes. El temor del juicio no basta para hacer revivir a una persona espiritualmente muerta. Sin embargo, Dios en su sabiduría ha planeado usar el testimonio del evangelio de personas comunes que han encontrado la satisfacción y la seguridad en Cristo. Ellas han enfrentado los desastres, la maldad y la muerte en esta vida, pero en lugar de ser destruidas, han sido santificadas por ello. En lugar de vivir como esclavas de un rey que busca atormentarlas, viven como hijos e hijas de un rey que está comprometido a valorarlas y protegerlas. Y simplemente no pueden parar de hablar al respecto.

Las buenas nuevas del evangelio son lo que las nutre y las sostiene. Se reflejan en ellas y no pueden evitar comunicarlas a todo el que quiera oír. Es un mensaje de consuelo y de seguridad para los que creen. Sin embargo, también es un mensaje que acarrea amargas consecuencias para quienes lo rechazan. Y los que dan testimonio de él sienten esa amargura. No se deleitan en la destrucción que les espera a quienes rechazan el evangelio.

Entonces me fue dada una caña semejante a una vara de medir, y se me dijo: Levántate, y mide el templo de Dios, y el altar, y a los que adoran en él. Pero el patio que está fuera del templo déjalo aparte, y no lo midas, porque ha sido entregado a los gentiles; y ellos hollarán la ciudad santa cuarenta y dos meses. Y daré a mis dos testigos que profeticen por mil doscientos sesenta días, vestidos de cilicio (Ap. 11:1-3).

Juan describió antes la iglesia sobre la tierra como un ejército de 144.000 y la iglesia en el cielo como una gran multitud que es imposible contar. En los versículos 11:1-3 Juan describe de nuevo a la iglesia, esta vez refiriéndose al pueblo de Dios como el templo. Dios le ordena medir el templo, algo similar al conteo anterior y a los sellos de los escogidos. Es una señal de la protección de Dios sobre su pueblo.

Juan ve también a quienes están por fuera del templo, los que están por fuera de Cristo, los que no tienen una posición neutral frente a Jesús y a su pueblo. Ellos harán todo lo que esté a su alcance para callar a estos testigos. Según esta visión, lo harán durante cuarenta y dos meses o 1.260 días (11:2-3), lo cual representa el período completo entre la ascensión y el regreso de Cristo. En lugar de dar una lectura literal a la cifra en términos de meses o días, debemos reconocer que en realidad Juan comunica lo que será ese tiempo, no la duración exacta. Está diciendo que todo el período entre la ascensión de Jesús y su regreso será un tiempo de persecución.

Hemos aprendido que Juan se apoya constantemente en la historia de Israel en el Antiguo Testamento y en los profetas. Por tanto, no debe sorprendernos que la historia de Israel pueda ayudarnos aquí a interpretar su significado. Si sumamos el peregrinaje de Israel de dos años en el desierto antes de ser juzgados por su desobediencia a los cuarenta años que pasaron allí, resulta que el pueblo de Dios pasó en total cuarenta y dos años de recorrido entre Egipto y la tierra prometida, un período de prueba. Más adelante vemos que cuando Elías oró para que los cielos se cerraran sobre Israel por causa de la idolatría, no hubo lluvia durante tres años y medio (Lc. 4:25). "Al parecer, este período está asociado con un tiempo de rebelión durante el cual el pueblo que es fiel a Dios está protegido en medio de las pruebas".[8] El mismo período de tres años y medio también es significativo en el libro de Daniel, porque es el tiempo de tribulación que padecieron los judíos bajo Antíoco Epífanes, un intenso período de sufrimiento del cual salió victorioso el pueblo de Dios. De modo que siempre que leemos en Apocalipsis acerca de cuarenta y dos meses, 1.260 días o tres años y medio, debemos considerarlo un período de prueba

---

8. Richard D. Phillips, *Revelation*, Reformed Expository Commentary (Phillipsburg, NJ: P&R, 2000), 313.

o sufrimiento que Dios supervisa y limita y del que sale vencedor el pueblo de Dios.

¿Quiénes son estos dos testigos que van a profetizar durante ese período? De ellos habló Jesús en su ascensión cuando dijo a sus discípulos reunidos: "Y que se predicase en su nombre el arrepentimiento y el perdón de pecados en todas las naciones, comenzando desde Jerusalén. Y vosotros sois testigos de estas cosas" (Lc. 24:47-48). ¿Por qué hay dos testigos? Porque en la época de Juan el testimonio era confirmado por medio de dos testigos.

> Estos testigos son los dos olivos, y los dos candeleros que están en pie delante del Dios de la tierra. Si alguno quiere dañarlos, sale fuego de la boca de ellos, y devora a sus enemigos; y si alguno quiere hacerles daño, debe morir él de la misma manera. Estos tienen poder para cerrar el cielo, a fin de que no llueva en los días de su profecía; y tienen poder sobre las aguas para convertirlas en sangre, y para herir la tierra con toda plaga, cuantas veces quieran (Ap. 11:4-6).

Los dos testigos, los dos olivos y los dos candeleros se refieren todos a lo mismo: La iglesia, aquellos que han experimentado una nueva vida en Cristo y testifican fielmente acerca de ella. Estos testigos dicen la verdad que el mundo necesita oír.

Cuando Juan describe que sale fuego de la boca de ellos y que cesa la lluvia, muy probablemente alude a lo que ocurrió en 2 Reyes 1:10-14 cuando el profeta Elías mandó que cayera fuego para consumir a los soldados que fueron enviados a arrestarlo. Aquí vemos la perspectiva del cielo acerca del poder del evangelio que proclamamos. Puede parecer débil o una locura, pero en realidad la Palabra de Dios proclamada en boca de los testigos tiene un poder asombroso.

> Cuando hayan acabado su testimonio, la bestia que sube del abismo hará guerra contra ellos, y los vencerá y los matará. Y sus cadáveres estarán en la plaza de la grande ciudad que en sentido espiritual se llama Sodoma y Egipto, donde también

nuestro Señor fue crucificado. Y los de los pueblos, tribus, lenguas y naciones verán sus cadáveres por tres días y medio, y no permitirán que sean sepultados. Y los moradores de la tierra se regocijarán sobre ellos y se alegrarán, y se enviarán regalos unos a otros; porque estos dos profetas habían atormentado a los moradores de la tierra. Pero después de tres días y medio entró en ellos el espíritu de vida enviado por Dios, y se levantaron sobre sus pies, y cayó gran temor sobre los que los vieron. Y oyeron una gran voz del cielo, que les decía: Subid acá. Y subieron al cielo en una nube; y sus enemigos los vieron (Ap. 11:7-12).

Al mundo le parecerá un tormento el testimonio de la iglesia. No desearán oírlo, al punto que harán con los profetas que dan testimonio de Jesús lo mismo que hicieron con Él. Los matarán. Luego celebrarán la muerte de los testigos. Pero ese no será su final, porque vendrá el día de la resurrección. Vendrá el día en que "el espíritu de vida enviado por Dios" entrará en todos los que han muerto en Cristo y por causa de Cristo.

¿Percibes el esfuerzo que hace Juan para mostrar el paralelo entre la historia de estos testigos y la historia de Jesús? Ellos sufren como Jesús y ascienden al cielo como Jesús. El mensaje que Juan se propuso transmitir a los destinatarios del primer siglo que oyeron la lectura de Apocalipsis y el mensaje para nosotros es el mismo. Debemos esperar que sufriremos como Jesús. Al mismo tiempo, podemos esperar que seremos levantados como Él.

Sabemos que lo que Juan vio en esta visión apocalíptica es exactamente lo que las iglesias en Asia iban a experimentar. Ellos iban a recibir un gran poder para testificar y por ello iban a ser pisoteados, entregados a los leones y arder como antorchas humanas. Por otro lado, también sabemos que, en lugar de callar a los creyentes, la persecución fortaleció a la iglesia y revitalizó su testimonio. Al respecto, Tertuliano, padre de la iglesia primitiva, escribió en el siglo II: "La sangre de los mártires es la semilla de la iglesia".[9]

---

9. Quintus Septimius Florens Tertullianus, *Apologeticus*, L.13.

> En aquella hora hubo un gran terremoto, y la décima parte de la ciudad se derrumbó, y por el terremoto murieron en número de siete mil hombres; y los demás se aterrorizaron, y dieron gloria al Dios del cielo (Ap. 11:13).

Isaías, Amós y el autor de 1 Reyes escriben acerca de sucesos en los que una décima parte, o siete mil personas, se salvan mientras el juicio arrasa con la mayoría. Al parecer, Juan tiene esto en mente, aunque le da vueltas en su cabeza, señalando que solo una décima parte sufre el juicio, mientras que el resto están aterrorizados y dan gloria a Dios.

Es posible que lo que Juan presenció cuando ve a "los demás" que están aterrorizados y dan gloria al Dios del cielo es simplemente lo que Pablo escribió cuando dijo: "Para que en el nombre de Jesús se doble toda rodilla . . . y toda lengua confiese que Jesucristo es el Señor, para gloria de Dios Padre" (Fil. 2:10-11). Pablo pareciera describir un día cuando cada ser humano se postrará delante de Jesús sin importar que lo hayan invocado o no para salvación. En otras palabras, puede que esta mención de quienes dan gloria al Dios del cielo aquí en Apocalipsis 11 sea el reconocimiento del gobierno de Dios que llega demasiado tarde. En ningún otro pasaje de Apocalipsis encontramos algo similar a una conversión multitudinaria inmediatamente antes de la venida de Cristo.

En lugar de callar a los creyentes, la persecución fortaleció a la iglesia y revitalizó su testimonio.

Sin embargo, a lo largo del libro de Apocalipsis dar gloria a Dios corresponde a una respuesta apropiada de verdadera adoración. Así pues, parece más probable que esto refleje el resultado eficaz del atropello y del testimonio de la iglesia que testifica. Mientras que muchos rehúsan arrepentirse cuando experimentan los precursores del juicio final en las primeras seis trompetas, habrá quienes oirán el mensaje del evangelio que declara la iglesia como testigo. La amenaza del juicio en sí misma no será suficiente para llevar a los rebeldes al arrepentimiento, ya que los juicios por sí mismos no comunican la gracia dispuesta de

Dios para perdonar a quienes se arrepienten. El temor del juicio debe ir acompañado de la verdad del evangelio. El Espíritu usa esa palabra proclamada para activar su obra en los corazones endurecidos, reemplazándolos con corazones de carne que responden a la gracia de Dios.

Algunas personas dicen que hablar es fácil, en el sentido de que cualquiera puede hablar en vez de actuar. Sin embargo, no se trata de cualquier mensaje ni de cualquier mensajero. La proclamación del evangelio por parte de estos testigos tiene un costo muy alto. Ellos pagan sus palabras con su propia vida. Aún así, su testimonio es provechoso. La inversión que constituye su testimonio del evangelio produce dividendos de arrepentimiento y fe en algunos oyentes. Cabe citar al respecto otro comentario atribuido a Francisco de Asís: "Predica el evangelio y, de ser necesario, usa las palabras". Sin embargo, el libro de Apocalipsis nada tiene que ver con eso. El evangelio no puede ser proclamado sin palabras. El evangelio es un anuncio de lo que Jesucristo ha hecho en la historia para hacer posible que el peor de los pecadores, el idólatra más empedernido, reciba nueva vida espiritual.

La iglesia es el instrumento de Dios para llamar al mundo agonizante a un lugar seguro.

Lo asombroso es que mientras que la mayoría de los habitantes de la tierra no oirán las advertencias de los precursores del juicio final representadas en las seis primeras trompetas, habrá quienes oigan a personas comunes que están dispuestas a ser pisoteadas cuando ofrecen un claro testimonio de la persona y la obra de Cristo en su generación.

En los días de Juan, al igual que en nuestros días, la iglesia parece a menudo débil, retrógrada, avenida e incluso semejante al mundo que la rodea. Sin embargo, la iglesia es el instrumento de Dios para llamar al mundo agonizante a un lugar seguro. Y aunque a veces parezca que la iglesia ha sido silenciada y vencida, esas derrotas aparentes solo son provisorias en virtud del poder divino de resurrección, algo que veremos a continuación cuando suena la séptima trompeta.

Advertencia: ¡Destrucción!

El séptimo ángel tocó la trompeta, y hubo grandes voces en el cielo, que decían: Los reinos del mundo han venido a ser de nuestro Señor y de su Cristo; y él reinará por los siglos de los siglos. Y los veinticuatro ancianos que estaban sentados delante de Dios en sus tronos, se postraron sobre sus rostros, y adoraron a Dios, diciendo: Te damos gracias, Señor Dios Todopoderoso, el que eres y que eras y que has de venir, porque has tomado tu gran poder, y has reinado. Y se airaron las naciones, y tu ira ha venido, y el tiempo de juzgar a los muertos, y de dar el galardón a tus siervos los profetas, a los santos, y a los que temen tu nombre, a los pequeños y a los grandes, y de destruir a los que destruyen la tierra.

Y el templo de Dios fue abierto en el cielo, y el arca de su pacto se veía en el templo. Y hubo relámpagos, voces, truenos, un terremoto y grande granizo (Ap. 11:15-19).

Así como las trompetas del séptimo día derribaron los muros de Jericó para que el pueblo de Dios tomara posesión de la tierra que Dios les había entregado (Jos. 6:20), al sonar de la séptima trompeta del cielo el peregrinaje de los creyentes perseguidos se habrá completado. Tomaremos posesión de la tierra que Dios nos ha prometido. Él habrá limpiado su tierra y destruido a sus destruidores. Sus enemigos habrán experimentado su ira y sus siervos recibirán su recompensa. El arca de su pacto, que a todo lo largo del Antiguo Testamento ha representado siempre su presencia, estará en su templo. En otras palabras, Él vendrá a morar en medio de su pueblo.

Todos los que desatendieron las advertencias, los que se enfurecieron con el Dios del cielo, los que endurecieron sus corazones contra el Dios de gracia, los que rechazaron y buscaron silenciar el evangelio de la gracia que proclamó el pueblo de Dios, al final recibirán plenamente lo que merecen. Y todos los que se han sometido al Rey Jesús entrarán en la bendición que Jesús merece y que nos ha sido concedida por la gracia.

Lo que significa oír y guardar Apocalipsis 8–11

A la luz de todo lo anterior, ¿qué implica para ti y para mí el sonar de estas siete trompetas? ¿Qué significa para nosotros en la práctica oír y guardar estos capítulos y, por ende, experimentar la bendición prometida en este libro?

Si no estás en Cristo, la respuesta más urgente frente a estas trompetas de advertencia es correr a Él. No seas como los que se pasan la vida entera desoyendo las advertencias del juicio de Dios y el testimonio del pueblo de Dios acerca de la gracia y la misericordia que hay en Cristo.

Si estás en Cristo, reconoce que todos los precursores parciales del juicio final representados en las seis primeras trompetas no te atañen. No tienes que temer lo que ellas presentan. Y la razón por la cual no debes temer es que cuentas con una fuente de seguridad y de satisfacción que "los moradores de la tierra" simplemente no tienen. Si estás en Cristo, por definición ya no perteneces al mundo. Ya no esperas que el mundo te satisfaga y te sustente. Cuentas con un recurso para resistir al diablo y una fuente de verdad en tu vida que te protegerán de su engaño. Has sido sellado para Cristo por el Espíritu Santo y, conforme resistas al diablo, Él huirá de ti (Stg. 4:7).

Si estás en Cristo, tienes un llamado, un propósito y una razón para levantarte cada mañana en un mundo en tinieblas.

Si estás en Cristo, tienes un llamado, un propósito y una razón para levantarte cada mañana en un mundo en tinieblas. Tenemos buenas noticias para anunciar a las personas que, aparte del poder del evangelio, no tienen esperanza alguna de escapar de las garras del engaño del diablo y de las falsas promesas del mundo.

Tenemos las buenas noticias de un Rey que vino a este mundo donde hay legiones de demonios y los sometió bajo su poder. Jesús encontró en un hombre una legión de demonios que lo atormentaba con una crueldad tal que el hombre vivía entre los sepulcros y se cortaba para aliviar su tormento. Poco tiempo después, el mismo hombre estaba vestido y no desnudo, tranquilo y no enloquecido, en paz y no en agonía. Esto es lo que Jesús ofrece a todos los que están atormentados por el poder del pecado. Jesús restaura. Jesús sana.

He aquí las buenas noticias que tenemos para declarar a un mundo duro de corazón: *Cuando el mundo parece derrumbarse a tu alrededor, puedes gozar de completa seguridad. Puedes escapar del control del maligno que solo te atormenta y te despoja. Puedes acogerte a un rey que va a amarte y bendecirte, en lugar de engañarte y herirte. Él quitará tu duro corazón y te dará un nuevo corazón que es tierno y sensible a su regalo de gracia y misericordia.*

Puede que el mundo oiga o puede que no. Puede que pisotee todas nuestras buenas intenciones y nuestras palabras cuidadosamente escogidas y expresadas. Pero, aunque algunos busquen silenciarnos, otros nos oirán. Algunos se arrepentirán. Algunos llegarán a temer al Dios del cielo y le darán gloria. Y cuando suene la última trompeta, ellos harán parte de los siervos, los profetas y los santos que temen su nombre y que gozarán de su presencia para siempre.

Cada vez que nos sintamos tentados a ceder al temor cuando el mundo a nuestro alrededor amenaza con aplastarnos, tenemos un refugio. Encontramos nuestro refugio en Aquel que permitió que este mundo lo pisoteara, que se entregó a sí mismo para morir. Después de tres días el aliento de vida entró en Él. Se levantó de los muertos y ascendió al cielo donde está sentado a la diestra de Dios Padre. Él ya recorrió ese camino. Él recorrerá el camino a nuestro lado. Él soplará también en nosotros su vida resucitada. Él vendrá a reinar juntamente con nosotros y a darnos nuestra recompensa. Cuando suene la séptima trompeta ya no lamentaremos lo que pudo costarnos el dar testimonio acerca de Él. Estaremos para siempre bendecidos con la recompensa que Él nos da y con su presencia en medio nuestro.

7

LA BENDICIÓN DE VIVIR
Y DE MORIR EN JESÚS

Apocalipsis 12–14

ME PARECIÓ DOLOROSA y, en cierto sentido, desconcertante, la publicación en las redes sociales de alguien que había pastoreado una iglesia numerosa y publicado varios éxitos de venta:

> He experimentado un giro considerable en lo concerniente a mi fe en Jesús. El término generalizado para esta experiencia es "deconstrucción"; la expresión bíblica es "apartarse". De acuerdo con todos los criterios para definir a un cristiano, yo no lo soy. Muchas personas me dicen que hay otra manera de practicar la fe y aunque quiero seguir abierto a esa posibilidad, aún no he llegado ahí.[1]

Es mi oración que este no sea el final de la historia. Sin embargo, es la historia de muchas personas hoy. Por supuesto, ha sido la historia de muchas personas a lo largo de los siglos, pero nuestra era en la que se publica en la Internet todo cuanto ocurre, la experiencia parece más

---

1. Josh Harris (@harrisjosh), "I have undergone a massive shift in regard to my faith in Jesus". *Instagram*, 26 de julio de 2019, https://www.instagram.com.

visible y, en cierto modo, más aceptable, incluso admirable, digna de ser afirmada por su "autenticidad" y "valor".

¿Qué motiva a una persona que se ha llamado cristiana a apartarse? Con frecuencia la razón es que su confianza en la Biblia como la Palabra de Dios se pone en tela de juicio. A veces ocurre por dudas acerca de las enseñanzas bíblicas sobre el infierno, por considerar ofensiva la expiación como pena vicaria, por respuestas insatisfactorias a inquietudes acerca del sufrimiento en el mundo, por indignación o desacuerdo con la iglesia institucional. No obstante, según un estudio Pew, la gran mayoría, cerca del 71 por ciento de las personas que abandonan hoy la fe de su infancia lo hacen por "un distanciamiento paulatino".[2] No fue por grandes barreras que les impidieran creer. No estaban enojadas con Dios. No tenían grandes objeciones intelectuales acerca de las creencias y las prácticas cristianas. Simplemente se alejaron.

Esta es la realidad que encara el libro de Apocalipsis. Por medio de la visión de Juan en Apocalipsis, podemos ver lo que subyace y lo que realmente se esconde detrás de la inclinación a dudar de nuestra cultura, su cuestionamiento de las enseñanzas de la Biblia y la Biblia misma, así como lo que parece ser una tendencia natural a desviarse. En realidad, hay algo o alguien sobrenatural que opera en todo ello. Detrás de todo eso hay un enemigo. Y no solo es *un* enemigo, sino que es *tu* enemigo.

En Apocalipsis 12 a 14 se corre la cortina delante de nuestros ojos para que podamos ver la realidad invisible de una guerra que se libra ahora mismo en este mundo y en tu vida, seas o no consciente de ello. Como ves, tienes un enemigo que batalla por tu alma. Su objetivo es enemistarte contra Cristo y declarar que le perteneces a él. No que él se interese por ti, porque no tiene intenciones buenas para contigo; él simplemente quiere usarte en su esfuerzo vano de derrotar a Dios.

Tu enemigo quiere convencerte de que Jesús realmente no merece tu lealtad y obediencia. Él quiere convencerte de que las cosas,

---

2. "Faith in Flux", Pew Research Center, 27 de abril de 2009 (rev. febrero, 2011), https://www.pewforum.org.

las experiencias y las ideologías de este mundo son lo que te harán feliz. Por supuesto, sus promesas de placer y comodidad tienen fecha de vencimiento. Están limitadas a esta existencia. En cuanto a lo que sucede más allá de ese tiempo, él prefiere no hablar. Eso hace parte de su artimaña: Convencer a las personas de que esta vida es lo único que existe, por lo que deben sacar el máximo provecho de ella.

Estos capítulos en Apocalipsis repiten un estribillo que se dirige a quienes vivimos bajo el asedio constante de este enemigo, un llamado persistente que busca mantenernos alerta, animarnos a perseverar en la batalla contra las artimañas de nuestro enemigo. Es un llamado a la paciencia y a la fe.

Tan pronto lo oímos, nos damos cuenta de que ya lo habíamos oído antes en esta carta. Fue en el capítulo 1 cuando Juan se presenta a sus destinatarios como "hermano y copartícipe en la tribulación, en el reino y en la paciencia de Jesucristo". En las cartas a las siete iglesias ya lo comunicó a los creyentes que perseveraban con paciencia. Y, si lo recuerdas, en el primer capítulo sugerí que si alguien te pregunta de qué se trata el libro de Apocalipsis, puedes decirle que es un llamado a la perseverancia paciente en la tribulación mientras esperamos la venida del reino de Cristo en toda su plenitud. En este interludio entre las siete trompetas y las siete copas, Juan regresa al objetivo primordial de su carta: Hacer un llamado a los creyentes a la perseverancia paciente. También podríamos decir que aquí, en la mitad del libro, Juan conecta su llamado a la perseverancia paciente con lo que hace este llamado necesario: La gran presión que ejerce sobre nosotros el enemigo de nuestras almas para impedirnos lograrla. Él quiere que entendamos contra qué nos enfrentamos y lo que está en juego si nos volvemos complacientes, indiferentes o despreocupados respecto a nuestra lealtad a Jesús. Él quiere que veamos las tácticas que usa nuestro enemigo para desconectarnos de Cristo y, de paso, atraernos a él.

Por supuesto, ninguno de nosotros considera que es susceptible de llegar a transferir nuestra lealtad a Satanás. Sin embargo, como verás, la mayoría de quienes le han ofrecido su lealtad son completamente inconscientes de haberlo hecho. Nunca se describirían a sí mismos en esos términos. Se consideran arreligiosos, buenos vecinos, patriotas, profesionales comprometidos, agentes de cambio en sus iglesias y promotores de la verdad en la sociedad. No reconocen que la adhesión a otro que no es Cristo, definirse por y consagrarse a cualquier causa, organización o ideología aparte de Cristo, significa recibir la marca de esa bestia en lugar de estar sellado para Cristo por el Espíritu Santo.

Apocalipsis . . . es un llamado a la perseverancia paciente en la tribulación mientras esperamos la venida del reino de Cristo en toda su plenitud.

Puede que no seamos capaces de ver esto. Por eso necesitamos Apocalipsis. A Juan se le permitió ver lo que sucede en el mundo desde la perspectiva del cielo y recibe el encargo de escribirlo para nosotros. Se le permitió ver lo que no podemos ver con nuestros ojos humanos a fin de que conozcamos y enfrentemos el mal astutamente camuflado en el mundo y sus verdaderas intenciones hacia nosotros.

Tu enemigo

A estas alturas no debería sorprendernos que Juan use un simbolismo metafórico para revelar la verdadera naturaleza de nuestro enemigo. Tampoco debería sorprendernos que el Antiguo Testamento nos sirva de guía para interpretar correctamente su simbolismo.

> Apareció en el cielo una gran señal: una mujer vestida del sol, con la luna debajo de sus pies, y sobre su cabeza una corona de doce estrellas. Y estando encinta, clamaba con dolores de parto, en la angustia del alumbramiento (Ap. 12:1-2).

El sol, la luna y las estrellas. ¿Hemos oído ya en algún pasaje de la Biblia un sueño o una visión que incluya el sol, la luna y las estrellas y que pueda ayudarnos a determinar quién es esta mujer? ¿Qué opinas del sueño que tuvo José donde el sol, la luna y once estrellas que representaban a su padre, su madre y sus hermanos, se inclinaban ante él?

Esta fue la familia de la cual salieron los doce patriarcas. Entonces, ¿quién es esta mujer? Esta mujer representa la comunidad del pacto, las doce tribus de las cuales salió el Salvador mesiánico.

> También apareció otra señal en el cielo: he aquí un gran dragón escarlata, que tenía siete cabezas y diez cuernos, y en sus cabezas siete diademas; y su cola arrastraba la tercera parte de las estrellas del cielo, y las arrojó sobre la tierra. Y el dragón se paró frente a la mujer que estaba para dar a luz, a fin de devorar a su hijo tan pronto como naciese (Ap. 12:3-4).

Observa que este dragón tiene siete cabezas, diez cuernos y siete diademas sobre sus cabezas. Esto nos revela que es poderoso y que su alcance es universal. Richard Phillips dice: "Estas diademas no son como la corona de victoria que lleva puesta la mujer, sino coronas de un dominio terrenal que ha sido usurpado. Sus coronas son las coronas de hierro de su tiranía".[3] La identidad del dragón queda revelada en 12:9, donde leemos que es "la serpiente antigua, que se llama diablo y Satanás".

Este dragón aparece acechando a la mujer, que está a punto de dar a luz, con la intención de devorar al hijo tan pronto él nazca. Esto nos hace pensar de inmediato en María. Y sin duda en cierto sentido María está representada en esta escena. Sin embargo, hay mucho más. Tal vez deberíamos pensar primero en Eva. ¿Recuerdas lo que Dios dijo a la serpiente antigua en el huerto de Edén después de haber engañado a Eva y de haber seducido a Adán para que pecaran? Dijo que pondría enemistad, o conflicto, entre la descendencia de la mujer y la serpiente, aunque el desenlace del conflicto nunca quedaría en duda (ver Gn. 3:15). Un día, un descendiente de esta mujer aplastaría la cabeza de esa serpiente antigua. Cuando Caín mató a Abel fue obra de Satanás (Gn. 4:8). Cuando faraón dio la orden de ahogar a todos los hijos hebreos en el río Nilo (Éx. 1:16), fue simplemente un instrumento de Satanás que estaba al acecho y buscaba a quién devorar.

---

3. Phillips, *Revelation*, 346.

Cuando Saúl perseguía a David, Satanás estaba alimentando sus celos asesinos (1 S. 18–24). Cuando Amán envió el edicto para que en una fecha precisa los habitantes del reino se alzaran y mataran a los judíos a todo lo largo del Imperio persa (Est. 3:6), simplemente fue un instrumento del dragón que buscaba destruir la simiente de la mujer. Y cuando Herodes sopesó el informe de los sabios que buscaban al "rey de los judíos, que ha nacido" (Mt. 2:2), y ordenó matar a todos los niños varones nacidos en Belén, fue un exterminio maquinado por Satanás. Desde Edén, Satanás ha buscado destruir al hijo prometido antes de que ese hijo ponga fin a su imperio del mal.

> Y ella dio a luz un hijo varón, que regirá con vara de hierro a todas las naciones; y su hijo fue arrebatado para Dios y para su trono. Y la mujer huyó al desierto, donde tiene lugar preparado por Dios, para que allí la sustenten por mil doscientos sesenta días (Ap. 12:5-6).

Juan escribe que este hijo es quien "regirá con vara de hierro a todas las naciones". Y esa frase debe sonar familiar. Viene del Salmo 2 que habla del rey de Dios, el Hijo de Dios, a quien Dios entregará las naciones y los confines de la tierra. De modo que esta sola frase de Apocalipsis 12:5-6 traza los sucesos desde el nacimiento de Jesús hasta su resurrección y ascensión, hasta el trono en el cielo y su reinado celestial, hasta su regreso a la tierra, que Juan representa mediante los 1.260 días (que equivalen a los tres años y medio y los cuarenta y dos meses que en otros pasajes señalan al mismo período). Durante este tiempo Dios cuidará o sustentará a su pueblo mientras espera su regreso.

En seguida, Juan rememora lo que Jesús logró en su muerte y su resurrección. Y nos damos cuenta de que durante esos acontecimientos algo sucedió, no solo en una colina en las afueras de Jerusalén, sino en el cielo mismo:

> Después hubo una gran batalla en el cielo: Miguel y sus ángeles luchaban contra el dragón; y luchaban el dragón y sus ángeles;

pero no prevalecieron, ni se halló ya lugar para ellos en el cielo. Y fue lanzado fuera el gran dragón, la serpiente antigua, que se llama diablo y Satanás, el cual engaña al mundo entero; fue arrojado a la tierra, y sus ángeles fueron arrojados con él. Entonces oí una gran voz en el cielo, que decía: Ahora ha venido la salvación, el poder, y el reino de nuestro Dios, y la autoridad de su Cristo; porque ha sido lanzado fuera el acusador de nuestros hermanos, el que los acusaba delante de nuestro Dios día y noche (Ap. 12:7-10).

Refiriéndose a su muerte inminente en la cruz, Jesús había dicho: "Ahora es el juicio de este mundo; ahora el príncipe de este mundo será echado fuera" (Jn. 12:31). Y eso es exactamente lo que sucedió cuando Jesús hizo su declaración desde la cruz: "Consumado es" (Jn. 19:30). En Colosenses, Pablo describe la conexión que existe entre lo que sucedió en el Calvario y lo que tuvo lugar en el cielo en estos términos: "Anulando el acta de los decretos que había contra nosotros, que nos era contraria, quitándola de en medio y clavándola en la cruz, y despojando a los principados y a las potestades, los exhibió públicamente, triunfando sobre ellos en la cruz" (Col. 2:14-15). La muerte expiatoria de Jesús puso fin al derecho que tenía Satanás de presentarse en el salón del trono del cielo y de enumerar todas las razones por las cuales tú y yo merecemos el castigo por nuestros pecados. Ese día el acusador fue echado fuera, expulsado del cielo.

Ahora bien, quizás la idea de que Satanás haya estado alguna vez en el lugar del trono celestial te suene extraño. No obstante, recuerda el libro de Job. ¿Qué sucedió allí al principio de la historia? Esto leemos: "Un día vinieron a presentarse delante de Jehová los hijos de Dios, entre los cuales vino también Satanás" (Job 1:6). ¿Qué hacía ahí Satanás? Estaba ahí para acusar. Su acusación aquel día fue, en esencia: "Tu siervo Job realmente no te ama por lo que tú eres. Simplemente te está usando para conseguir todas las comodidades que tú le provees. Si se las quitas, te maldecirá en tu propia cara".

En cierto modo, si somos francos, entendemos que tiene sentido que alguien se presente ante el trono de Dios para señalar las maldades de la humanidad. Sabemos lo que la humanidad ha hecho a lo largo de los siglos. Más aún, sabemos lo que cada uno de nosotros ha hecho a lo largo de su propia vida. El diablo tenía un buen argumento y una causa legítima hasta que Jesús remedió en la cruz la culpa, muy real por cierto, de los elegidos. A partir de entonces el acusador no ha tenido argumentación posible. Tiene prohibido volver a aparecerse allí y ha sido expulsado del tribunal celestial.

Ha sido despojado de su arma de condenación. Su poder ha quedado limitado. O, como leeremos más adelante en Apocalipsis, ha sido atado (20:2). Con todo, tiene una correa muy larga. Todavía tiene una medida de poder que Dios le ha concedido en la esfera a la cual ha sido relegado. Aunque ya no tiene influencia en el cielo, tiene mucha influencia en esta tierra. Todavía es un león rugiente que anda buscando a quién devorar (1 P. 5:8). Ya no está interesado en devorar a Jesús, sino en devorar al pueblo que le pertenece a Jesús. Ha declarado la guerra contra todos los que han sido unidos a Cristo por la fe. Si tú eres uno de ellos, estás en su lista negra. Él está listo para destruirte. Él quiere llenarte de dudas acerca de la confiabilidad de la Biblia y acerca de la obra de Cristo. Él quiere tergiversar la realidad para que lo malo parezca bueno y correcto moralmente, y lo que es santo y justo parezca anticuado, irrelevante, ridículo e incluso inmoral. Y si eso no le funciona, intenta mitigar las cosas de Dios para simplemente alejarte de Él.

Sin embargo, no tiene que ser así. Él enemigo puede ser derrotado:

> Y ellos le han vencido por medio de la sangre del Cordero y de la palabra del testimonio de ellos, y menospreciaron sus vidas hasta la muerte. Por lo cual alegraos, cielos, y los que moráis en ellos. ¡Ay de los moradores de la tierra y del mar! porque el diablo ha descendido a vosotros con gran ira, sabiendo que tiene poco tiempo (Ap. 12:11-12).

"Y ellos le han vencido". Me pregunto cómo reaccionaron a estas palabras los amigos de Antipas en la iglesia en Pérgamo cuando las oyeron. En Apocalipsis 2, Juan recibió el encargo de escribir a la iglesia en Pérgamo: "Yo conozco tus obras, y dónde moras, donde está el trono de Satanás; pero retienes mi nombre, y no has negado mi fe, ni aun en los días en que Antipas mi testigo fiel fue muerto entre vosotros, donde mora Satanás" (Ap. 2:13). Tal vez pensarían para sí: *¿Eso significa vencer? Porque cuando lo ejecutaron pareció una derrota.*

El mensaje de Apocalipsis para ellos y para nosotros es: Sí, batallar contra el diablo puede significar una gran pérdida en esta vida. Puedes perder tu reputación, tus amigos, tu trabajo. Puedes incluso perder tu vida. Pero vivir y morir en el Señor se traducirán en bendición para ti. Vivir tus días en esta tierra solo para Cristo, sin importar los ataques que te lance el enemigo, es verdadera victoria, no derrota. No lo lamentarás. Tu vida no se acabará. Te despertarás en compañía de muchos otros que han entregado su vida por causa del evangelio antes que tú. Jesús mismo te consolará y te recompensará.

> Y cuando vio el dragón que había sido arrojado a la tierra, persiguió a la mujer que había dado a luz al hijo varón. Y se le dieron a la mujer las dos alas de la gran águila, para que volase de delante de la serpiente al desierto, a su lugar, donde es sustentada por un tiempo, y tiempos, y la mitad de un tiempo. Y la serpiente arrojó de su boca, tras la mujer, agua como un río, para que fuese arrastrada por el río. Pero la tierra ayudó a la mujer, pues la tierra abrió su boca y tragó el río que el dragón había echado de su boca. Entonces el dragón se llenó de ira contra la mujer; y se fue a hacer guerra contra el resto de la descendencia de ella, los que guardan los mandamientos de Dios y tienen el testimonio de Jesucristo (Ap. 12:13-17).

Esta es la escena: La mujer es llevada en las alas de un águila al desierto para ser sustentada. El pasaje hace referencia al pueblo de Dios que vive como extranjero y peregrino en este mundo durante el período entre la ascensión y el regreso de Cristo. Los creyentes no han sido abandonados. Jesús prometió cuando partió que estaría con ellos (Mt. 28:20). Y Él está cumpliendo su promesa. Él está con ellos, sustentándolos "por un tiempo, y tiempos, y la mitad de un tiempo" (lo cual equivale a tres años y medio, cuarenta y dos meses o 1.260 días). Esto simboliza el tiempo completo entre la ascensión y el regreso de Jesús, cuando Jesús provee protección espiritual para su pueblo que padece tribulación y persecución. Durante ese tiempo, el Espíritu estará obrando en ellos y por medio de ellos.

La escena también incluye al dragón junto a la orilla del mar. A lo largo de la Biblia, el mar simboliza un lugar de caos y maldad. Y ahí está el dragón, parado sobre la arena del mar, listo para sacar del mar el mal en forma de una bestia:

Me paré sobre la arena del mar, y vi subir del mar una bestia que tenía siete cabezas y diez cuernos; y en sus cuernos diez diademas; y sobre sus cabezas, un nombre blasfemo. Y la bestia que vi era semejante a un leopardo, y sus pies como de oso, y su boca como boca de león. Y el dragón le dio su poder y su trono, y grande autoridad (Ap. 13:1-2).

Esta imagen de una bestia nos resulta extraña, pero si conocemos nuestra Biblia no es desconocida. Definitivamente no debió sonar extraña a los primeros lectores de Juan. El profeta Daniel escribió acerca de cuatro bestias que representaban los poderes mundiales consecutivos a lo largo de la historia: Los imperios de Babilonia, Persia, Grecia y luego Roma (Dn. 7:1-8). Al igual que la cuarta bestia de Daniel, que representaba a la Roma imperial, la bestia aquí en Apocalipsis tiene diez cuernos (Dn. 7:7). Juan describe el Imperio romano como un monstruo grotesco cuya autoridad proviene de Satanás.

Aunque los primeros lectores de Juan estuvieran familiarizados con la imagen de las bestias, es probable que en aquel entonces no vieran de ese modo al Imperio romano. Algunas iglesias habían visto de cerca la naturaleza bestial de Roma, mientras que otras, en ciudades como Laodicea y Tiatira, probablemente disfrutaban su pertenencia al imperio. Se sentían como en casa en el imperio y disfrutaban de sus beneficios. No podían ver el mal que ocultaba. Necesitaban que se corriera la cortina para poder ver su verdadera naturaleza y sus intenciones. Necesitaban ver que Roma exigía el tipo de lealtad que solo le pertenece a Dios y que sentirse demasiado cómodo con todo lo que Roma ofrecía para atraerlos iba a poner en peligro su vida espiritual. Usando la imagen de una bestia para referirse a Roma y a su dominio en el mundo, Juan mostró que "desde la perspectiva de Dios, [Roma] era un animal destructor e idólatra, y su poder viene de Satanás".[4]

Por supuesto, cuando leemos acerca de esta bestia debemos ver que también representa sistemas y gobiernos del mundo en nuestros días que son hostiles con el pueblo de Dios. Las tácticas del diablo son similares en todas las épocas. Piensa nada más en lo que significa hoy identificarse con Cristo bajo los gobiernos de Corea del norte, China o Irán. Hay muchos lugares en el mundo donde el sistema de gobierno corresponde claramente al perfil de una bestia. O quizás no solo se encuentra allá afuera en algún lugar. La bestia está al asecho para desviar nuestra lealtad a Jesús como nuestra única esperanza y para que la entreguemos a un estado, a sus políticas y programas como nuestra mejor y única esperanza. Quizás deberíamos disponernos a reconocer ese poder operando aquí mismo donde vivimos. Esta primera bestia representa la tiranía gubernamental a lo largo de la historia que opera contra Cristo y contra su iglesia. Son los poderes políticos y estatales que exigen la lealtad que solo le pertenece a Cristo. Dado que esta bestia es sumamente tramposa, no siempre reconocemos su obra como la tiranía que es. A veces la perversidad de las entidades políticas, sociales y económicas es sutil. En lugar de parecer bestiales, dan apariencia de belleza. En lugar de una persecución abierta, sus ideas son mucho más sutiles, pero no menos malvadas. Son bestiales en el modo en que exigen lealtad a sus filosofías, su lenguaje, su ética sexual, sus prioridades y sus métodos.

Vi una de sus cabezas como herida de muerte, pero su herida mortal fue sanada; y se maravilló toda la tierra en pos de la bestia,

---

4. Thomas Schreiner, *The Joy of Hearing* (Wheaton, IL: Crossway, 2021), 29.

y adoraron al dragón que había dado autoridad a la bestia
(Ap. 13:3-4a).

Esta bestia tiene una herida que sana. El dragón le ha dado autoridad.
Tiene cierta semejanza a la experiencia de Jesús y a la dinámica entre
Dios Padre y Dios Hijo, ¿no te parece? El diablo no es original. Satanás, o el dragón, es ante todo un falsificador de Dios Padre, mientras
que la bestia del mar se presenta al mundo como una imitación de
Cristo. Es un guerrero profano que se opone a Cristo, el guerrero
santo. Vern Poythress escribe:

> Exhibe una resurrección falsificada en forma de una herida
> mortal que sana (Ap. 13:3). El dragón le da a la bestia "su poder,
> su trono y gran autoridad" al igual que el Padre da al Hijo su
> autoridad (Jn. 5:22-27). La adoración del dragón y de la bestia
> van de la mano (13:4), así como la adoración del Padre y del
> Hijo van de la mano (Jn. 5:23). La bestia exige la lealtad universal de todas las naciones (13:7), así como Cristo es Señor de
> todas las naciones (7:9-10).[5]

Al presentar en estos términos la persona y la obra de Satanás,
Juan plantea a sus primeros lectores la pregunta: ¿A quién servirán?
¿De quién recibirán su vida, su identidad, su satisfacción, su seguridad? Él nos lanza igualmente la pregunta a nosotros. Nos gustaría
creer que es posible añadir un poco de fe cristiana a nuestra vida
común de clase media. Pero eso no es posible. Nos gusta pensar
que podemos abrigar una lealtad avasalladora a nuestro país, nuestro
partido o nuestro clan al tiempo que conservamos nuestra lealtad
suprema a Cristo. Pero eso no es posible. O seguimos al Cordero
dondequiera que va o terminaremos siguiendo a la bestia. Eso es lo
que sucede en esta visión con los habitantes de la tierra.

---

5. Vern Poythress, "Counterfeiting in the Book of Revelation as a Perspective on
Non-Christian Culture", *Journal of the Evangelical Theological Society* 40/3 (1997):
411-18.

y adoraron a la bestia, diciendo: ¿Quién como la bestia, y quién podrá luchar contra ella? (Ap. 13:4b).

Esta es una respuesta interesante a la bestia en varios aspectos. Primero, porque nos parece un poco sorprendente que se adore a la bestia. Parece grotesco. Aún así, sabemos que "los tiranos más despreciables a menudo han sido extremadamente populares y han inspirado en sus súbditos un verdadero culto".[6] A todas luces, la bestia tiene un poder enceguecedor al punto que las personas no logran ver su maldad y, al mismo tiempo, son ciegos a la belleza de Cristo.

El segundo aspecto interesante de la respuesta de las personas frente a la bestia es su sentido de lo inevitable. Preguntan: "¿Quién podrá luchar contra ella?" (13:4). De nada sirve oponerse. Por supuesto, eso es precisamente lo que la bestia quiere que pensemos. Siempre que batallas

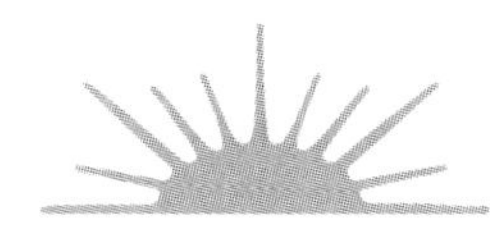

Las tácticas del diablo son similares en todas las épocas.

contra el pecado, el enemigo nos susurra al oído: "Es inútil resistirse. Esto es lo que eres. Estás hecho así. No puedes evitarlo. Además, no es tan grave". En ese momento simplemente debemos escuchar otra voz, la voz de las Escrituras que nos dicen: "Someteos, pues, a Dios; resistid al diablo, y huirá de vosotros. Acercaos a Dios, y él se acercará a vosotros. Pecadores, limpiad las manos; y vosotros los de doble ánimo, purificad vuestros corazones" (Stg. 4:7-8).

También se le dio boca que hablaba grandes cosas y blasfemias; y se le dio autoridad para actuar cuarenta y dos meses. Y abrió su boca en blasfemias contra Dios, para blasfemar de su nombre, de su tabernáculo, y de los que moran en el cielo. Y se le permitió hacer guerra contra los santos, y vencerlos. También se le dio autoridad sobre toda tribu, pueblo, lengua y nación. Y la adoraron todos los moradores de la tierra cuyos nombres no

---

6. Phillips, *Revelation*, 368.

estaban escritos en el libro de la vida del Cordero que fue inmolado desde el principio del mundo. Si alguno tiene oído, oiga. Si alguno lleva en cautividad, va en cautividad; si alguno mata a espada, a espada debe ser muerto. Aquí está la paciencia y la fe de los santos (Ap. 13:5-10).

En realidad, nos gustaría que esto dijera otra cosa. En especial, no nos gusta cuando leemos que a la bestia "se le permitió hacer guerra contra los santos, y vencerlos". Queremos vencer, no ser vencidos. Y Apocalipsis nos ha revelado algunas promesas formidables a quienes vencemos. Entonces, ¿cómo debemos entender estas palabras?

Lo que debemos entender es que la forma de vencer como creyentes es entregando nuestras vidas. Todo en este mundo e incluso la voz interior que todos tenemos dentro nos mandan preservar nuestra vida a toda costa. Por eso necesitamos esta revelación, esta palabra de Jesús para nosotros. El Cordero nos llama a amarlo más a Él que a nuestra propia vida. Nos llama a perseverar hasta el final, ya sea que ese final sea una muerte tranquila en nuestra cama en casa rodeados de nuestros seres queridos o una muerte violenta a manos de algún perseguidor instigado por Satanás.

El Cordero nos llama a perseverar hasta el final.

Ya hemos visto a los dos miembros de una especie de trinidad impía: El dragón y la bestia del mar. Ahora veamos al tercero, la bestia de la tierra, que es un impostor del Espíritu Santo:

Después vi otra bestia que subía de la tierra; y tenía dos cuernos semejantes a los de un cordero, pero hablaba como dragón. Y ejerce toda la autoridad de la primera bestia en presencia de ella, y hace que la tierra y los moradores de ella adoren a la primera bestia, cuya herida mortal fue sanada. También hace grandes señales, de tal manera que aun hace descender fuego del cielo a la tierra delante de los hombres. Y engaña a los moradores de la tierra con las señales que se le ha permitido hacer en presencia de la bestia, mandando a los moradores de la tierra que le hagan imagen a la bestia que tiene la herida de espada, y vivió. Y se le permitió infundir aliento a la imagen de la bestia, para que la imagen hablase e hiciese matar a todo el que no la adorase (Ap. 13:11-15).

Podríamos considerar a esta bestia de la tierra como la maquinaria de propaganda engañosa que está al servicio de la bestia del mar. "Mientras que la primera bestia se basaba principalmente en poder, la segunda bestia la apoya con mentiras".[7] Sus mentiras producen una religión falsa. Y no solo religión como podría definirse, sino también ideologías sociales que básicamente se han convertido en una religión para muchos. Estamos asediados por la voz de esta bestia en el gobierno, en los medios de comunicación masiva y en el entretenimiento que pregonan progreso fuera de los confines de pensamiento bíblico, del Dios de la Biblia, de su mensaje de salvación y juicio, y de su llamado a una vida santa.

Observa que esta bestia de la tierra habla como el gran dragón rojo que encontramos en el capítulo 12. En otras palabras, habla con autoridad, pero lo que dice no es verdad. Engaña. Incita a las personas a rendir lealtad a la bestia del mar. Usa sus palabras y sus aparentes señales milagrosas para hacer parecer a la primera bestia como creíble y verosímil. Ofrece respaldo religioso a las entidades políticas que en realidad operan para minar y destruir las cosas de Dios y el pueblo de Dios. Siempre que se usa un púlpito para señalar al estado como nuestra esperanza y salvación en lugar de solo Cristo como nuestra esperanza y salvación, lo que se oye es la voz de la bestia. Siempre que se usa un púlpito para alentar transigencias con la cultura con el propósito de que nuestro cristianismo sea aceptado o incluso aplaudido, lo que se oye es la voz de esta bestia.

Recuerda que es una falsificación del Espíritu Santo. Sabemos que el Espíritu usa su poder para sellarnos como propiedad de Cristo. De igual modo, esta bestia de la tierra busca sellar o marcar a las personas,

---

7. Phillips, *Revelation*, 376.

a fin de atarlas a él e identificarlas con la primera bestia. Dicho esto, llegamos por fin a esta imagen en Apocalipsis que ha suscitado tanta confusión, especulación y ansiedad en muchas personas: La marca de la bestia. Sin embargo, cuando leemos acerca de ella en el contexto amplio de todo el libro de Apocalipsis, ¿acaso no queda muy claro el mensaje que nos comunica? En varias ocasiones se nos ha revelado que quienes están en Cristo son sellados o marcados. En el capítulo 7 leemos acerca de los siervos de Dios que son sellados en sus frentes (7:3), y en el capítulo 9 leemos que quienes no podían sufrir daño por parte de los poderes demoniacos en la tierra eran los que tenían el sello de Dios sobre sus frentes (9:4). Además, ya que comprendemos que Juan escribe en lenguaje simbólico, no hemos interpretado esto como una marca física literal, sino como una marca o sello espiritual.

De hecho, no solo en Apocalipsis leemos que quienes han sido apartados para Dios tienen el nombre de Dios en sus frentes. Si regresamos al libro de Éxodo, leemos que el atuendo de los sacerdotes que entraban en la presencia de Dios incluía una mitra donde se ponía una lámina de oro fino que tenía grabadas las palabras: "Santidad a Jehová" (Éx. 28:36). Esta marca o señal que llevaban los sacerdotes en la frente los diferenciaba como quienes pertenecían, se identificaban, eran apartados y estaban al servicio del Señor. En el Nuevo Testamento, los que se aferran a Cristo y llegan a ser parte del "sacerdocio santo"

El Espíritu usa su poder para sellarnos como propiedad de Cristo.

(1 P. 2:5) están marcados no física, sino espiritualmente. Ofrecen sacrificios espirituales, no físicos. Lo que era físico para los sacerdotes en tiempos del Antiguo Testamento nos ayuda a entender lo que es espiritual para todos los que nos convertimos en sacerdotes en el nuevo templo de la nueva creación (que son todos los que están en Cristo). Estamos sellados o marcados como escogidos por Dios por el Espíritu Santo. La marca de la bestia es un lenguaje figurado que denota lo que señala a una persona que tiene una lealtad, una identidad, una pertenencia y un propósito muy diferentes. Su vida refleja,

o podríamos decir que está marcada, por su entrega a esa trinidad impostora.

> Y hacía que a todos, pequeños y grandes, ricos y pobres, libres y esclavos, se les pusiese una marca en la mano derecha, o en la frente; y que ninguno pudiese comprar ni vender, sino el que tuviese la marca o el nombre de la bestia, o el número de su nombre (Ap. 13:16-17).

En los días de Juan, los esclavos, los soldados y los devotos a diversas religiones eran tatuados como una señal de que eran propiedad de alguien o estaban consagrados exclusivamente a otro. La marca de la bestia es un símbolo apocalíptico de pertenencia, así como "el 'sello de aprobación' político y económico de un estado, el cual solo se otorga a quienes se adhieren a sus exigencias religiosas".[8] Observa que la marca está en la mano o en la frente. Esto nos revela que se trata del modo de pensar de estas personas, de lo que valoran y hacen con sus vidas, que las diferencia como quienes pertenecen a la bestia y no al Cordero. Esta marca no es un chip que se implanta en el cuerpo de las personas; se trata más bien de su carácter interno y de sus compromisos vividos de un modo que las define. Y lo que se hace evidente es que no hay en ellas amor por Cristo ni búsqueda de la santidad; solo hay amor por el yo y la búsqueda de todo lo que este mundo ofrece.

Observa que el versículo 16 dice que la bestia de la tierra "hacía que a *todos*, pequeños y grandes, ricos y pobres, libres y esclavos, se les pusiese una marca". Cada persona que ha vivido tiene, de un modo u otro, una marca. O estamos marcados por nuestra pertenencia y lealtad a Cristo o estamos marcados por nuestra pertenencia y lealtad a este imitador, este impostor, la bestia. Nos gustaría pensar que existe algún tipo de punto medio, algún tipo de neutralidad para las personas que son agradables pero indecisas. Eso sencillamente no existe.

---

8. G. K. Beale, *The Book of Revelation: A Commentary on the Greek Text*, New International Greek Testament Commentary (Grand Rapids, MI: Eerdmans, 1999), 715.

Esta bestia ejerce su poder no solo a través del gobierno y la religión, sino también en los negocios. En los días de Juan era un hecho que uno de los requisitos para la inclusión en los gremios comerciales era la participación en las festividades idólatras. En nuestro caso, puede funcionar más como la obligación de ponerse una camisa o un botón de orgullo institucional en el lugar de trabajo o sufrir difamación por rehusarse a dar dinero a ciertas causas que a la bestia le parecen buenas e incluso aceptables moralmente. En el corto plazo, ser identificado, estar vinculado con la bestia o ser leal a ella puede resultar útil. Nos ayudará a ampliar nuestra red social. Nos ayudará a integrarnos y a encajar en la sociedad. Nos ayudará a conservar nuestro empleo, nuestra casa, nuestros niños en la escuela y comprar las últimas zapatillas. Pondrá comida sobre la mesa. Entonces, ¿qué debemos hacer frente a la presión? Juan nos dice:

> Aquí hay sabiduría. El que tiene entendimiento, cuente el número de la bestia, pues es número de hombre. Y su número es seiscientos sesenta y seis (Ap. 13:18).

Para moverse en un mundo donde la verdadera naturaleza de los gobiernos, los políticos, los negocios, las tecnologías, las organizaciones y las ideologías está velada, un mundo donde un poder maligno está operando para engañar y donde un salvador falso exige lealtad, necesitamos sabiduría. De hecho, eso es una subestimación. Necesitamos sabiduría con absoluta urgencia. Por eso nos alegra tener, leer y estudiar ahora mismo el libro de Apocalipsis. En este libro, Jesús corre la cortina delante de nuestros ojos para que podamos ver la verdadera naturaleza de las cosas detrás de la fachada de perspicacia mundana y de su atractivo, de modo que veamos la necedad y la fealdad de los sistemas de este mundo. Tenemos que contar "el número de la bestia". En otras palabras, tenemos que examinar cuidadosamente la realidad y las ideas. Si algo es verdaderamente de Dios, debe estar representado por el número 777, perfección a la *enésima* potencia. Tenemos que examinar y escuchar todo cuidadosamente para reconocer lo que está errado, lo que se aparta de la gloria de Dios, lo que es mera o absolutamente humano, lo cual de manera simbólica está representado por el número 666.

Asimismo, debemos sopesar a qué nos lleva el hecho de tener la marca de la bestia o de Cristo, algo que la visión de Juan pasa a mostrarnos en seguida.

Tu refugio

> Después miré, y he aquí el Cordero estaba en pie sobre el monte de Sion, y con él ciento cuarenta y cuatro mil, que tenían el nombre de él y el de su Padre escrito en la frente. Y oí una voz del cielo como estruendo de muchas aguas, y como sonido de un gran trueno; y la voz que oí era como de arpistas que tocaban sus arpas. Y cantaban un cántico nuevo delante del trono, y delante de los cuatro seres vivientes, y de los ancianos; y nadie podía aprender el cántico sino aquellos ciento cuarenta y cuatro mil que fueron redimidos de entre los de la tierra. Estos son los que no se contaminaron con mujeres, pues son vírgenes. Estos son los que siguen al Cordero por dondequiera que va. Estos fueron redimidos de entre los hombres como primicias para Dios y para el Cordero; y en sus bocas no fue hallada mentira, pues son sin mancha delante del trono de Dios (Ap. 14:1-5).

Necesitamos sabiduría con absoluta urgencia . . . para que podamos ver la verdadera naturaleza de las cosas detrás de la fachada de perspicacia mundana.

El monte de Sion, una fortaleza de seguridad y protección. Un lugar de belleza y gozo. Un refugio de los ataques inevitables que ocurren por doquier fuera de él. Y, ¿quién va a vivir allí? No quienes guían su vida por el amor y la lealtad a este mundo, sino quienes encauzan su vida por su amor a Cristo. Será la novia que ha amado exclusiva y fielmente a Cristo, el Novio, lo cual significa "que no se contaminaron con mujeres". Quienes han seguido al Cordero por dondequiera que

Él los ha llevado, lo cual significará para muchos seguir el mismo camino que Él recorrió, el camino que lleva a la cruz. Quienes se congregan en el monte de Sion serán las "primicias" para Dios. En otras palabras, aquellos que viven y mueren en el Señor son reunidos con Cristo para esperar la gran cosecha postrera. Y conforme se recogen esas primicias, Dios continúa advirtiendo y llamando a quienes son tentados a oír el falso evangelio de la bestia.

> Vi volar por en medio del cielo a otro ángel, que tenía el evangelio eterno para predicarlo a los moradores de la tierra, a toda nación, tribu, lengua y pueblo, diciendo a gran voz: Temed a Dios, y dadle gloria, porque la hora de su juicio ha llegado; y adorad a aquel que hizo el cielo y la tierra, el mar y las fuentes de las aguas (Ap. 14:6-7).

La hora del juicio venidero puede no sonar a buenas noticias. Sin embargo, cualquiera que ha sufrido una gran injusticia, que ha padecido bajo un gobierno corrupto, que ha sufrido maltrato doméstico, que ha perdido su modo de sustento o le ha sido arrebatada su inocencia debe reconocer que es una gran noticia saber que verdaderamente viene la hora del juicio. Y hay otra buena noticia:

> Otro ángel le siguió, diciendo: Ha caído, ha caído Babilonia, la gran ciudad, porque ha hecho beber a todas las naciones del vino del furor de su fornicación (Ap. 14:8).

La fuente de toda fealdad, perversión y consumismo insatisfactorio que arruina tantas vidas perderá en aquel día todo su encanto. Ya no podrá engañar ni destruir más.

> Y el tercer ángel los siguió, diciendo a gran voz: Si alguno adora a la bestia y a su imagen, y recibe la marca en su frente o en su mano, él también beberá del vino de la ira de Dios, que ha sido vaciado puro en el cáliz de su ira; y será atormentado con fuego y azufre delante de los santos ángeles y del Cordero; y el humo de

su tormento sube por los siglos de los siglos. Y no tienen reposo de día ni de noche los que adoran a la bestia y a su imagen, ni nadie que reciba la marca de su nombre (Ap. 14:9-11).

Qué contraste nos presentan los versículos 1 a 5 cuando vemos a quienes han sido marcados por Cristo y gozan de perfecta seguridad en el monte de Sion, cantando y celebrando. Y luego, en los versículos 9 a 11, vemos a todos los que han sido marcados por el impostor, los que creyeron sus falsas promesas y cayeron en su trampa, atragantados y escupiendo cuando beben el vino de la ira de Dios. En vez de ser consolados por el Cordero, serán atormentados en la presencia del Cordero. Y el tormento no tendrá fin.

Juan, inspirado por el Espíritu Santo, nos exhorta a vivir y a morir de tal modo que podamos estar seguros de que experimentaremos el consuelo del Cordero, diciendo:

Aquí está la paciencia de los santos, los que guardan los mandamientos de Dios y la fe de Jesús (Ap. 14:12).

Gracias a las advertencias que hemos oído de estos mensajeros angelicales y a la promesa que nos da el Espíritu desde el cielo, estamos preparados, una vez más, para oír y atender este llamado a la perseverancia, a seguir confiando en las promesas de Dios, a seguir buscando obedecer a Dios con gozo, a seguir declarando y viviendo en la práctica nuestra lealtad a Cristo.

Oí una voz que desde el cielo me decía: Escribe: Bienaventurados de aquí en adelante los muertos que mueren en el Señor. Sí, dice el Espíritu, descansarán de sus trabajos, porque sus obras con ellos siguen (Ap. 14:13).

Esta bendición está prometida a quienes "mueren en el Señor". Para que una persona "muera en el Señor" es necesario que haya vivido en el Señor. Esta bendición es para aquellos que se levantan cada día y viven cada día, sin importar lo que enfrenten, con la determinación de seguir confiando en las promesas de Dios en la persona de Jesucristo. La bendición no consiste en una vida cómoda o fácil aquí y ahora. Esta bendición va mucho más allá y perdurará mucho más que esta vida. La bendición prometida consiste en que serán reunidos por Jesús, unidos a Jesús. Quedará comprobado que todas las luchas de esta vida, todo lo que les costó perseverar en la batalla para permanecer fieles a su lealtad a Jesucristo ha valido la pena. Es probable que a lo largo de su existencia no haya tregua en la batalla contra el enemigo, pero llegará a su fin. Vendrá el día en que ellos descansen y se regocijen en su recompensa en la presencia de su Rey.

La bendición no consiste en una vida cómoda o fácil aquí y ahora. Esta bendición va mucho más allá y perdurará mucho más que esta vida.

Tu Redentor

Cada ciclo que hemos presenciado hasta ahora nos ha llevado al período de la historia redentora que culmina en el juicio final y la salvación del pueblo de Dios, y este no es diferente. Aquí en Apocalipsis 14 se nos presenta mediante la imagen de dos cosechas. Primero, la cosecha de grano:

> Miré, y he aquí una nube blanca; y sobre la nube uno sentado semejante al Hijo del Hombre, que tenía en la cabeza una corona de oro, y en la mano una hoz aguda. Y del templo salió otro ángel, clamando a gran voz al que estaba sentado sobre la nube: Mete tu hoz, y siega; porque la hora de segar ha llegado, pues la mies de la tierra está madura. Y el que estaba sentado sobre la nube metió su hoz en la tierra, y la tierra fue segada (Ap. 14:14-16).

De inmediato sabemos quién es esta persona sentada sobre una nube, "uno semejante al Hijo del Hombre, que tenía en la cabeza una corona de oro". Recordamos que estas son las palabras que usó Daniel para describir al Cristo, las palabras que usó Jesús para referirse a sí mismo y las palabras que usó Juan al principio de Apocalipsis para describir al Jesús resucitado y glorificado que se le apareció en Patmos. Y recordamos que Jesús habló muchas veces acerca de la cosecha. Dijo a sus discípulos que "la mies es mucha, mas los obreros pocos" (Mt. 9:37-38). En particular, usó la cosecha como una imagen de lo que sucederá en el fin del siglo. Reconociendo que habría malezas entre el trigo (o falsos creyentes en el interior de la iglesia verdadera), Jesús dijo: "Dejad crecer juntamente lo uno y lo otro hasta la siega; y al tiempo de la siega yo diré a los segadores: Recoged primero la cizaña, y atadla en manojos para quemarla; pero recoged el trigo en mi granero" (Mt. 13:30). Aquí en Apocalipsis 14 vemos que eso es exactamente lo que está sucediendo. El tiempo de la cosecha ha llegado y el Señor de la cosecha está recogiendo a los suyos para reunirlos con Él.

Sin embargo, hay otra cosecha que tiene lugar. No es una cosecha de grano, sino de uvas:

> Salió otro ángel del templo que está en el cielo, teniendo también una hoz aguda. Y salió del altar otro ángel, que tenía poder sobre el fuego, y llamó a gran voz al que tenía la hoz aguda, diciendo: Mete tu hoz aguda, y vendimia los racimos de la tierra, porque sus uvas están maduras. Y el ángel arrojó su hoz en la tierra, y vendimió la viña de la tierra, y echó las uvas en el gran lagar de la ira de Dios. Y fue pisado el lagar fuera de la ciudad, y del lagar salió sangre hasta los frenos de los caballos, por mil seiscientos estadios (Ap. 14:17-20).

No se cosechan las uvas para reunirlas con Cristo; se cosechan para llevarlas al lagar de la ira de Dios. Este lagar no está dentro de la protegida ciudad del monte de Sion, sino por fuera de la ciudad. El vino que produce no es un fino Cabernet, sino que se trata de la ejecución de un castigo. Es una imagen sangrienta, incluso perturbadora. Sin embargo, recuerda que está ahí como una advertencia para todos, como un llamado a todos a que corran a Cristo.

En el capítulo 15 apartamos nuestra mirada de la sangre de quienes han cosechado el resultado de su rebelión contra Dios en la vendimia de uvas para fijarnos en quienes han sido unidos a Cristo. Están de pie junto al mar de vidrio que rodea el trono de Dios. Y cantan. Y el cántico que entonan suena un poco familiar, pero a la vez nuevo:

> Vi también como un mar de vidrio mezclado con fuego; y a los que habían alcanzado la victoria sobre la bestia y su imagen, y su marca y el número de su nombre, en pie sobre el mar de vidrio, con las arpas de Dios. Y cantan el cántico de Moisés siervo de Dios, y el cántico del Cordero, diciendo: Grandes y maravillosas son tus obras, Señor Dios Todopoderoso; justos y verdaderos son tus caminos, Rey de los santos. ¿Quién no te temerá, oh Señor, y glorificará tu nombre? pues solo tú eres santo; por lo cual todas las naciones vendrán y te adorarán, porque tus juicios se han manifestado (Ap. 15:2-4).

En Éxodo 15 leemos la historia de cómo Dios reunió a su pueblo de Egipto y lo trajo en seguridad a cruzar el mar Rojo al tiempo que traía juicio sobre los ejércitos de faraón. Cuando los israelitas estuvieron a salvo en la otra orilla, cantaron. Aquí, una vez más, el pueblo redimido de Dios, quienes han aceptado la sabiduría de Dios para contar acertadamente el número de la bestia y por ende resistir su seducción, está cantando. Sin embargo, su cántico habla de una liberación mucho más grande que la que experimentó Israel de Egipto. Es la liberación no de una sola nación, sino de un pueblo de cada nación sobre la tierra, una liberación que no logró Moisés, sino la obra del Cordero. El faraón de los últimos días, el dragón y su ejército, han sido derrotados. El Rey de las naciones ha ejecutado justicia y rectitud perfectas y es debidamente temido, glorificado y adorado.

Contemplar esta visión e imaginar la entonación del cántico en esta congregación debe haber inspirado a los creyentes del primer siglo a soportar con paciencia, a vencer a la bestia y a unirse un día a ese canto de victoria. ¿Te inspira a ti igualmente?

Lo que significa oír y guardar Apocalipsis 12–14

Se ha corrido la cortina delante de nuestros ojos para que veamos la verdadera naturaleza de gran parte de lo que influye en el mundo donde vivimos, las voces que escuchamos, las tentaciones que enfrentamos. Necesitábamos verlo. Ahora bien, ¿qué significa para nosotros oírlo, acatarlo y vivir a la luz de ello?

Ante todo, debemos atender el llamado reiterativo a perseverar a pesar de la poderosa seducción del enemigo y de sus mentiras engañosas. Perseverar no significa dejar de examinar nuestra fe. De hecho, sondeamos nuestra fe. Sin embargo, no la sondeamos aparte de las Escrituras, usando el razonamiento y los valores humanos. Antes bien, escudriñamos las Escrituras y sometemos a ellas nuestras preguntas, opiniones y dudas para encontrar respuestas, corrección y entendimiento. En lugar de alejarnos, nos aferramos a Cristo, a su Palabra, a su pueblo. Abandonamos la expectativa de comprometernos con Él de un modo superficial que nos permita disfrutar todo lo que ofrece la vida

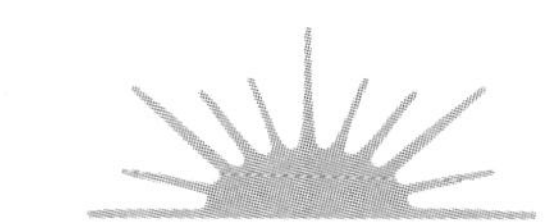

La lealtad a Cristo puede costarnos mucho en esta vida.

en este mundo y solo añadir un toque de Cristo a la receta. Antes bien, aceptamos la realidad de que vencer o conquistar puede suponer ser vencido. La lealtad a Cristo puede costarnos mucho en esta vida. Con todo, cuando entremos por las puertas del monte de Sion, no lamentaremos nada que hayamos dejado aquí y ahora con tal de aferrarnos a Cristo.

Cuando creemos realmente que vencemos por medio de la sangre del Cordero y de la palabra de nuestro testimonio al punto que amamos a Cristo más de lo que amamos cualquier cosa en esta vida, incluso la vida misma, nuestra prioridad ya no es protegernos a nosotros mismos, sino que estamos dispuestos a arriesgarnos, a arriesgarlo todo, por causa del evangelio. Cuando nuestro trabajo o nuestra posición en el grupo o en la familia se ven amenazados, podemos decir: "¿Qué es lo peor que puede suceder si con valentía sostengo que Cristo es la única esperanza para los pecadores? ¿Perder mi empleo? Tengo una herencia eterna que me espera. ¿Perder algunos amigos y familiares? Tengo una familia compuesta por hermanos y hermanas en Cristo. ¿Perder mi vida cómoda? Sé que de cualquier modo no puedo aferrarme a nada. De hecho, realmente creo lo que Jesús dijo: 'Todo el que procure salvar su vida, la perderá; y todo el que la pierda, la salvará'" (Lc. 17:33).

Oír y guardar estas palabras significa desear tener la marca que distingue a los redimidos en este pasaje. ¿Te diste cuenta de lo que los distingue? La verdadera espiritualidad. Una búsqueda vehemente de la santidad personal. Una espiritualidad íntegra, inflexible, pura. Son quienes "no tienen tratos con el sistema pagano del mundo".[9] Son obedientes en seguir al Cordero, que es también su pastor; son corregidos por su vara y protegidos por su cayado. Están dispuestos a someterse aun cuando les puede costar todo. Y hay algo particular en su forma de hablar. "En sus bocas no fue hallada mentira" (Ap. 14:5). Ellos no escuchan ni repiten medias verdades, mucho menos falsedades completas. Sus palabras tienen peso porque son veraces en todo. Y no solo veraces en general, sino veraces acerca del costo y los beneficios de seguir al Cordero aun cuando la bestia resopla en su cuello y les susurra un mensaje mucho más atractivo.

¡Vaya! ¿Acaso no deseamos que eso nos distinga del mundo, que como individuos y como iglesia seamos conocidos no por la transigencia sino por la pureza, no por trazar nuestra propia ruta sino por seguir al Cordero, no por abrazar teorías conspiratorias o repetir los mantras de nuestra cultura sino por nuestro compromiso con la verdad aun cuando esa verdad resulta costosa e incómoda?

Tal vez te preguntas si este mensaje te ofrece algo a ti que no experimentas la clase de persecución por tu fe que describe este libro. Por fortuna, hay por lo menos un tipo de sufrimiento que estás experimentando por amor a Cristo, a saber, el sufrimiento que produce la batalla diaria contra el pecado. Hay un sufrimiento inherente en el

---

9. Leon Morris, *The Revelation of St. John: An Introduction and Commentary*, Tyndale New Testament Commentaries 20 (Grand Rapids, MI: Eerdmans, 1969), 177.

morir al yo, en renunciar a los deseos de la carne, no solo una vez sino una y otra vez a lo largo de toda la vida. Esta es una realidad central de la perseverancia y de la fe. No la subestimes. Búscala. Y al hacerlo, recibe la certeza que ofrece Apocalipsis y espera sus promesas para todo aquel que vence. A medida que sometes tus apetitos por lo que te aleja de Cristo y tu propensión a siempre ponerte en el primer lugar, y que vences tu temor a lo que piensen los demás si te identificas con Cristo, puedes estar seguro de que todo lo que está prometido en este libro a los que vencen, es decir, vida, recompensa y bendición, será tuyo cuando veas a Cristo cara a cara.

Apocalipsis 12:11 (NVI) describe a quienes han vencido al dragón "por medio de la sangre del Cordero y por el mensaje del cual dieron testimonio", diciendo que "no valoraron tanto su vida como para evitar la muerte". ¿Cuánto ansiamos que lo mismo se diga de nosotros? ¿Acaso no queremos oír y responder a este llamado a la perseverancia? Tal vez quieras orar conmigo estas palabras, con tu propio nombre en lugar del mío: *Señor, que de mí se diga: "Nancy venció por medio de la sangre del Cordero y por el mensaje del cual dio testimonio, pues no valoró tanto su vida como para evitar la muerte".*

8

LA BENDICIÓN DE ESTAR LISTOS PARA EL REGRESO DE JESÚS

Apocalipsis 15–16

A VECES, CUANDO me encuentro cambiando canales en busca de algo que valga la pena ver en televisión, recuerdo mi infancia cuando solo existían tres o cuatro canales. ¿Cómo es posible tener acceso a tantos canales y aun así encontrar tan pocas opciones interesantes?

Hace poco me enteré de que existía el Puppy Channel (el canal de los cachorros), un canal de televisión que tuvo una corta vida. Durante las veinticuatro horas del día podías ver vídeos con cachorros. Cachorros jugando. Cachorros masticando. Nada de palabras, solo música instrumental. ¿Quién no desearía ver cachorros? A todas luces, no tantas personas como se esperaba, ya que salió del aire al cabo de tres o cuatro años.

Cuando busco opciones de entretenimiento, paso de largo una gran cantidad de material porque no deseo en absoluto ver lo que presentan. En ocasiones termino viendo un programa televisivo o película que incluye escenas demasiado violentas o sangrientas. Cuando eso sucede, me cubro los ojos con la mano y entreabro mis dedos ligeramente para no tener que ver lo que no quiero y al mismo tiempo ver lo suficiente para asegurarme de que ha terminado la escena y poder seguir viendo.

Me pregunto si algunos tenemos una tendencia similar cuando se trata de la Biblia. Hay ciertos pasajes, ciertos aspectos o acciones del Dios de la Biblia que nos incomodan y que preferiríamos pasar de largo. Tal vez una parte de nosotros quiere cubrir con la mano ciertas porciones de la Biblia para no tener que verlas y así ver únicamente por una abertura lo que nos agrada. La Biblia revela un Dios que a lo largo de la historia ha derramado su ira sobre sus enemigos. Algunos consideran esto primitivo e incluso contradictorio con un Dios que es amor. Tal vez pensamos que las descripciones de su ira son demasiado severas, demasiado extremas o demasiado vengativas, o que alguien que experimenta su ira en realidad no lo merecía. Preferiríamos ignorar, suavizar, incluso anular esa realidad.

Sin embargo, henos aquí en Apocalipsis, que simplemente no nos permite ignorarla. De hecho, Apocalipsis, particularmente en los capítulos 15 y 16, nos desafía a pensar de un modo muy diferente acerca de la ira de Dios. Nos invita a dejar de eludir ese aspecto del carácter de Dios y, en lugar de ello, planear y empezar a examinarlo con gran atención. Al examinar la ira de Dios que nos presenta este pasaje, veremos que la ira de Dios se desprende de su excelencia y de su perfección.

Veremos también que los habitantes del cielo no se avergüenzan en absoluto de la ira de Dios. Todo lo contrario, la celebran. Parece que acentúa mucho más la dignidad de Dios de recibir honra y adoración, no algo que le reste mérito. Entonces, ¿qué saben ellos que no sabemos nosotros? ¿Qué ha definido la perspectiva que tienen acerca de este mundo y del mal que hay en él, que debería cambiar la nuestra?

En realidad, ya hemos visto la ira de Dios en los capítulos anteriores, ¿no es así? Cuando se desataron los sellos vimos una medida de ira derramada sobre el período completo entre la primera y la segunda venida de Cristo, la cual culmina con el séptimo sello correspondiente al regreso de Cristo y el juicio final. Si recuerdas, los juicios de los sellos afectaron la cuarta parte de la tierra. De un modo similar, vimos la ira revelada en las trompetas, las cuales servían de advertencia a las naciones acerca del juicio final, descrito por la trompeta final que anuncia el reino de Cristo dando fin a los reinos de este mundo. Los juicios anunciados con trompeta afectaron un tercio de la tierra. Las siete copas presentadas en Apocalipsis 15 y 16 son más extensas y definitivas. Sirven para responder a la pregunta: ¿Qué sucede cuando los juicios que anuncian la trompeta, cuyo objetivo es llevar a los pecadores rebeldes al arrepentimiento, no logran cumplir su cometido?

Cuando en el capítulo anterior llegamos a los primeros versículos de Apocalipsis 15, oímos el canto de "los que habían alcanzado la victoria sobre la bestia y su imagen, y su marca y el número de su nombre" (v. 2). Dice que ellos cantaban "el cántico de Moisés siervo de Dios, y el cántico del Cordero" (v. 3). En otras palabras, están entonando el cántico que el pueblo de Dios cantó después de cruzar el mar Rojo y vio los muros de agua desplomarse y arrasar con el ejército egipcio (Éx. 15). No obstante, es también "el cántico del Cordero". Claramente Juan quiere que veamos lo que va a presentarnos a la luz de lo que sucedió en Egipto. Así pues, conviene quizás que repasemos esa historia.

En Éxodo leemos que el pueblo de Dios gemía por causa de su esclavitud y porque los egipcios asesinaban sistemáticamente a sus hijos al nacer arrojándolos al río Nilo para que se ahogaran. Éxodo 2:23 dice que su clamor de rescate llegó a Dios. ¿Ves la similitud entre la situación de muchas iglesias a las que escribía Juan? En las páginas de Apocalipsis hemos leído también acerca del clamor del pueblo de Dios que era asesinado, no a manos de los egipcios, sino de sus opresores romanos.

Como respuesta al clamor de los israelitas en Egipto, Dios recordó su pacto y envió a un liberador, Moisés. Cuando Moisés levantó su vara, Dios envió una serie de plagas contra Egipto cuyo propósito fue dar a conocer su gloria, avergonzar a los falsos dioses de Egipto y llamar a faraón al arrepentimiento. Sin embargo, una y otra vez el corazón de faraón se endureció. En Apocalipsis 15 y 16, veremos que Dios oye el clamor de los que son perseguidos y envía una serie de plagas contra sus perseguidores con el propósito de dar a conocer su gloria, avergonzar a sus dioses falsos y llamarlos al arrepentimiento. Y veremos que los corazones de los perseguidores también se endurecen.

En el mar Rojo, Dios hizo retroceder las aguas para que el pueblo de Israel atravesara por tierra seca. Sin embargo, cuando los egipcios los persiguieron por el mismo camino, el agua volvió, los cubrió y los destruyó. Moisés escribe: "Así salvó Jehová aquel día a Israel de mano de los egipcios; e Israel vio a los egipcios muertos a la orilla del mar" (Éx. 14:30). Los israelitas reconocieron que fue el juicio de Dios contra sus enemigos lo que les dio libertad y se inspiraron a cantar un cántico que celebraba la victoria del Señor. Eso es lo que encontramos en Apocalipsis 15: El pueblo del Señor, de pie al otro extremo de la persecución de la bestia del mar, entonando un cántico que celebra la victoria del Señor sobre sus enemigos porque ellos reconocen que fue Él quien trajo su liberación. Ellos no se avergüenzan de la ira de Dios derramada sobre sus angustiadores; antes bien, la festejan. En ella ven la sabiduría, la bondad y el amor de pacto de su Dios. Desde su perspectiva, ellos pueden ver que el derramamiento de la ira sobre sus perseguidores es una demostración gloriosa de cuán grande, maravilloso, justo, verdadero y absolutamente ecuánime es Dios. Por eso cantan:

> Y cantan el cántico de Moisés siervo de Dios, y el cántico del Cordero, diciendo: Grandes y maravillosas son tus obras, Señor Dios Todopoderoso; justos y verdaderos son tus caminos, Rey de los santos. ¿Quién no te temerá, oh Señor, y glorificará tu nombre? pues solo tú eres santo; por lo cual todas las naciones vendrán y te adorarán, porque tus juicios se han manifestado (Ap. 15:3-4).

No temen mirar directa y profundamente la ira de Dios porque pueden ver con toda claridad que es justa y verdadera. Su santidad lo exige. Es parte de lo que lo hace digno de la adoración del mundo entero. Es el epítome de sus "juicios [que] se han manifestado". Y si es así, es preciso que también lo veamos de ese modo. Examinemos, pues, cuatro maneras en las que se revela la ira de Dios. (Y cuánto desearía haber encontrado siete porque eso habría sido perfecto, ¿no te parece?).

Cuatro maneras en las que se revela la ira de Dios

1. Dios derrama su ira como una manera gloriosa de preparar un lugar para su pueblo.

Recuerda que el tabernáculo o templo era el lugar donde habitaba la presencia de Dios, ante todo su santidad. Por ello es significativo el hecho de que Juan vea que estas siete plagas o copas de la ira de Dios salen cuando es "abierto en el cielo el templo del tabernáculo del testimonio":

Después de estas cosas miré, y he aquí fue abierto en el cielo el templo del tabernáculo del testimonio; y del templo salieron los siete ángeles que tenían las siete plagas, vestidos de lino limpio y resplandeciente, y ceñidos alrededor del pecho con cintos de oro. Y uno de los cuatro seres vivientes dio a los siete ángeles siete copas de oro, llenas de la ira de Dios, que vive por los siglos de los siglos. Y el templo se llenó de humo por la gloria de Dios, y por su poder; y nadie podía entrar en el templo hasta que se hubiesen cumplido las siete plagas de los siete ángeles. Oí una gran voz que decía desde el templo a los siete ángeles: Id y derramad sobre la tierra las siete copas de la ira de Dios (Ap. 15:5–16:1).

La ira de Dios es la expresión justa, pura y perfectamente apropiada de su justicia frente al mal.

Los siete ángeles vestidos de lino limpio y resplandeciente que refleja la santidad de su misión salen del lugar donde mora la santidad de Dios. Esto revela que lo que hacen estos ángeles es una expresión de la santidad de Dios, no la rabia irracional de una deidadególatra y caprichosa. La ira de Dios es la expresión justa, pura y perfectamente apropiada de su justicia frente al mal.

Estos siete ángeles llevan siete copas de oro. Antes en Apocalipsis 5 leemos acerca de copas de oro en el santuario. Eran "copas de oro llenas de incienso, que son las oraciones de los santos" (Ap. 5:8). ¿Por qué oraban esos santos? Clamaban por justicia, porque sus verdugos experimentaran la justicia de Dios. Por otro lado, estas mismas copas de oro salen del santuario y están llenas de la ira de Dios, lo cual nos muestra que lo que va a suceder es en respuesta a las oraciones de los santos.

Juan escribe: "nadie podía entrar en el templo hasta que se hubiesen cumplido las siete plagas de los siete ángeles". La ira de Dios consigue algo que finalmente da vía libre al pueblo de Dios para poder entrar en su santuario. Cuando los ángeles salen del santuario con copas de ira para derramar sobre la tierra, el mar, los ríos, el sol, el trono de la bestia, el río Éufrates y el aire, toda la creación se limpia, convirtiéndola en un santuario en el cual Dios se propone morar con su pueblo para siempre. ¡Y esas son noticias fabulosas! Tú y yo no queremos vivir para siempre en un mundo manchado por la maldad, la rebelión, la idolatría y la inmoralidad. Y no tenemos que hacerlo. Dios está resuelto a eliminar toda la fealdad y la maldad antes que entremos en nuestro hogar eterno. El derramamiento de su ira es la manera gloriosa de Dios de purificar y preparar un hogar para nosotros.

2. Dios derrama su ira como una manera justa de dar a quienes han rechazado su misericordia y perseguido a su pueblo lo que merecen debidamente.

En el capítulo 16 los siete ángeles empiezan a derramar sus siete copas o plagas. Las cuatro primeras son derramadas en diferentes esferas de la naturaleza: La tierra (16:1), el mar (16:3), los ríos, las fuentes de aguas (16:4) y el sol (16:8). Sin embargo, son los seres humanos quienes sienten sus efectos. A veces afirmamos que Dios odia el pecado, pero ama al pecador. Y es cierto que Dios ama a los pecadores. Sin embargo, "Dios no separa el pecado de los pecadores. El pecado no es una actividad impersonal; es el acto de una criatura contra el Creador".[1] De igual modo, el juicio por el pecado no será una actividad

---

1. Andrew Jones, "The Whore, the Beast, the Lamb and His People", sermón, St. Helen's Bishopsgate, Londres, 30 de septiembre de 2001, https://www.st-helens.org.uk/.

impersonal. Afectará a las personas que persisten en la rebelión y en rechazar la gracia y la misericordia de Dios.

En gran medida, Apocalipsis nos ha exigido hacer uso de nuestra imaginación visual. Sin embargo, en estas copas de ira parece que Juan requiere que usemos nuestra imaginación sensorial para captar la realidad de la ira de Dios. En esta primera copa podemos cerrar nuestros ojos y casi sentir el dolor físico del juicio:

> Fue el primero, y derramó su copa sobre la tierra, y vino una úlcera maligna y pestilente sobre los hombres que tenían la marca de la bestia, y que adoraban su imagen (Ap. 16:2).

La primera copa de ira que causa dolorosas úlceras nos recuerda la sexta plaga del Éxodo que provocó úlceras en todos los habitantes y animales de Egipto (Éx. 9:9). Debemos recordar que cada una de las plagas de Egipto sirvió para poner en evidencia la debilidad de varias deidades egipcias. La plaga de úlceras exhibió la debilidad de la diosa a quien los egipcios atribuían el poder sobre la enfermedad y la diosa de la sanidad. Del mismo modo, cada copa de ira representa el juicio de Dios contra los ídolos que la humanidad ha adorado en lugar de Dios. Con esta primera copa, Dios desenmascara el ídolo de la salud física y de los logros de la medicina. Es un recordatorio para quienes adoran la inmortalidad que ellos no son más que seres mortales. Y "así como los magos de Egipto no pudieron proteger a faraón ni a su pueblo, ahora la marca de la bestia no solo fracasa en proteger a quienes sirven al dragón, sino que de hecho los identifica como objetos de la ira de Dios".[2]

> El segundo ángel derramó su copa sobre el mar, y este se convirtió en sangre como de muerto; y murió todo ser vivo que había en el mar (Ap. 16:3).

---

2. Kim Riddlebarger, "The Place Called Armageddon", sermón, The Riddleblog, consultado el 18 de agosto de 2021, http://kimriddlebarger.squarespace.com.

A continuación, Dios azota el mar y el agua se convierte en un líquido espeso y coagulado parecido a la sangre que mata todo lo que vive en él. Nada sobrevive. Una vez más, usemos nuestra imaginación sensorial. Gran parte de mi vida he tenido la costumbre de comer pescado fuera de casa porque detesto el olor que produce prepararlo y botar lo que sobra cuando se prepara. (¿No te parece terrible cuando preparas pescado una noche, olvidas usar la máquina lavaplatos y cuando entras en la cocina al día siguiente todo apesta?). Ahora imagina el olor a pescado podrido y muerto por dondequiera que vas. No puedes evitarlo. Lo impregna todo. De igual manera, el hedor de la adoración a ídolos y el juicio de Dios por causa de él impregna todo lo que está en contacto con quienes la practican.

Por otro lado, ten presente que en los días de Juan el mar era el centro y la fuente del comercio. Si muere todo ser vivo que está en el mar se desencadenaría una verdadera catástrofe económica. Este es un juicio contra todo aquello en lo que ponemos nuestra confianza para sostenernos aparte de Dios y solo Él. Es una derrota del ídolo de la autosuficiencia por nuestro éxito financiero o nuestras cuentas bancarias.

En seguida, Dios convierte la fuente de vida en una fuente de muerte:

> El tercer ángel derramó su copa sobre los ríos, y sobre las fuentes de las aguas, y se convirtieron en sangre (Ap. 16:4).

No se encuentra por ningún lado agua fresca para beber, sino solo sangre. ¿Puedes sentir la sed insoportable de aquellos contra quienes se derrama este juicio? Pensar en esto nos resulta repulsivo y angustiante. Sin embargo, en el cielo es un motivo de celebración:

> Y oí al ángel de las aguas, que decía: Justo eres tú, oh Señor, el que eres y que eras, el Santo, porque has juzgado estas cosas. Por cuanto derramaron la sangre de los santos y de los profetas,

también tú les has dado a beber sangre; pues lo merecen (Ap. 16:5-6).

En Apocalipsis 6:10 ya habíamos oído el clamor del pueblo de Dios que preguntaba: "¿Hasta cuándo, Señor, santo y verdadero, no juzgas y vengas nuestra sangre en los que moran en la tierra?". Aquí está la respuesta. Cuando las personas del primer siglo leyeron Apocalipsis por primera vez, el hecho de oír esas palabras debió infundirles un gran consuelo al saber que quienes han derramado la sangre de los santos tendrán que beber sangre. El castigo corresponde al crimen. Al pueblo de Dios que sufría persecución esto debió darles la fortaleza para seguir confiando que "[suya] es la venganza" (Dt. 32:35; Ro. 12:19).

> También oí a otro, que desde el altar decía: Ciertamente, Señor Dios Todopoderoso, tus juicios son verdaderos y justos (Ap. 16:7).

Tal vez Juan preveía que los primeros oidores de esta carta pudieran tener las mismas preguntas que en la modernidad nos planteamos acerca de si la ira de Dios es o no verdaderamente justa, de modo que él aborda de antemano dichas objeciones afirmando, tanto para ellos como para nosotros, la justicia de sus juicios.

Mientras trabajaba en este capítulo, leí otro reporte noticioso acerca de alguien que fue absuelto, gracias a una reciente prueba de ADN, de un crimen por el que había sido condenado años antes. Por desdicha, esta persona había sido ejecutada antes de que apareciera la prueba de ADN. El sistema judicial falló. Esto nos recuerda que gran parte de la justicia que se aplica en este mundo es imperfecta. Dios, en cambio, nunca se ha equivocado y nunca se equivocará cuando hace justicia. Sus juicios son siempre verdaderos y justos. Podemos confiar en Él. Él hará lo debido. Nadie que no merezca justamente su ira va a experimentarla.

En el juicio anterior de la cuarta trompeta ya la luz del sol, la luna y las estrellas disminuyó en una tercera parte. Con esta cuarta copa en lugar de menguar la luz todavía más, el calor del sol se intensifica en extremo:

> El cuarto ángel derramó su copa sobre el sol, al cual fue dado quemar a los hombres con fuego. Y los hombres se quemaron con el gran calor, y blasfemaron el nombre de Dios, que tiene poder sobre estas plagas, y no se arrepintieron para darle gloria (Ap. 16:8-9).

Una vez más, la descripción de estos juicios despierta nuestros sentidos a lo que les espera a quienes rechazan a Cristo. En este caso, el dolor abrasador de las quemaduras de sol para las cuales es imposible encontrar alivio, y el hambre y la sed a raíz de la quema de las fuentes de alimento y la sequedad en las fuentes de agua.

El juicio cae sobre las personas que, con gran obstinación, rechazan a Dios hasta el final.

Llama la atención que la agonía de esta situación no produce en estas personas un clamor a Dios por alivio o en arrepentimiento, sino que se obstinan aún más. Maldicen a Dios y persisten en negarse a arrepentirse. En esta cuarta copa vemos claramente que la ira de Dios no cae sobre las personas inocentes que son esencialmente buenas y que simplemente no han tenido aún la oportunidad de arrepentirse. El juicio cae sobre las personas que, con gran obstinación, rechazan a Dios hasta el final.

Las cuatro primeras copas han sido derramadas sobre varias partes de la creación. El contenido de la quinta copa tiene un objetivo bien definido:

> El quinto ángel derramó su copa sobre el trono de la bestia; y su reino se cubrió de tinieblas, y mordían de dolor sus lenguas, y blasfemaron contra el Dios del cielo por sus dolores y por sus úlceras, y no se arrepintieron de sus obras (Ap. 16:10-11).

Tinieblas. ¿Alguna vez has estado en oscuridad absoluta? ¿Puedes recordar cómo se sentía? Algo inherente a las tinieblas es la absoluta incertidumbre, además del temor, la desesperación y la soledad que infunden. Ya sea físico, psicológico o las dos cosas, este juicio claramente trae tormento y angustia a quienes usan su poder e influencia para oponerse a Dios y a su pueblo. Aun así, quienes lo experimentan no sufren en silencio. Están demasiado ocupados maldiciendo a Dios.

Me pregunto si a estas alturas de su visión Juan pensaría en lo que está escrito en su Evangelio: "La luz vino al mundo, y los hombres amaron más las tinieblas que la luz, porque sus obras eran malas" (Jn. 3:19). Aquí, el juicio de tinieblas cae sobre las personas que aman las tinieblas, lo cual parece la versión extrema del dicho: "Ten cuidado con lo que deseas".

3. Dios derrama su ira como una manera segura de juntar a sus enemigos para su destrucción.

Ahora la escena pasa de los diversos juicios sobre la tierra y sus habitantes a la batalla final, descrita aquí y en otros pasajes de Apocalipsis (11:7-11; 19:19-21; 20:8-10). Esta será la última batalla en la que Dios saldrá victorioso sobre Satanás, y de la cual guardará a todos lo que han puesto su fe en Él. En esta batalla Dios no será tomado por sorpresa. Aunque todos sus enemigos piensan que están reunidos para destruir a los santos, en realidad Dios los reúne para su propia destrucción.

> El sexto ángel derramó su copa sobre el gran río Éufrates; y el agua de este se secó, para que estuviese preparado el camino a los reyes del oriente (Ap. 16:12).

El agua se seca. Esto nos recuerda lo que sucedió con el mar Rojo. El pueblo de Dios logró cruzar y el fondo seco se convirtió en el lugar donde el ejército egipcio encontró su perdición. Cuando oyeron que el cauce del río se había secado, seguramente los primeros oyentes de este libro habrían pensado en los ejércitos de Egipto cuando fueron destruidos en el mar Rojo. Tal vez pensaron también en la antigua

Babilonia. Isaías y Jeremías profetizaron que cuando Dios trajera juicio sobre Babilonia, haría secar el río Éufrates junto con su frontera hacia el oriente (Is. 11:15; 44:27-28; Jer. 50:38; 51:36). La profecía se cumplió cuando Ciro vino de oriente y desvió el cauce del Éufrates, lo cual le permitió a su ejército cruzar las aguas poco profundas y derrotar a los babilonios. La victoria de Ciro contra Babilonia fue lo que precipitó la liberación de Israel de su cautiverio (Is. 44:26-28; 45:13). Al hacer referencia a las aguas secas del río Éufrates, Juan presenta este suceso histórico como una imagen o anticipo de lo que va a suceder en la Babilonia postrera. Así lo explica Greg Beale:

> El pasaje sugiere que Dios, como en los días de Ciro, secará las aguas del río que protege y nutre a Babilonia para permitir que los reyes de la tierra, bajo la influencia demoniaca directa pero bajo el control soberano de Dios, se reúnan para derrotar a Babilonia y establecer su reino eterno y el reinado de sus santos.[3]

Dios prepara el escenario para la batalla. Y luego sus enemigos se congregan en el lugar que Dios ha dispuesto:

> Y vi salir de la boca del dragón, y de la boca de la bestia, y de la boca del falso profeta, tres espíritus inmundos a manera de ranas; pues son espíritus de demonios, que hacen señales, y van a los reyes de la tierra en todo el mundo, para reunirlos a la batalla de aquel gran día del Dios Todopoderoso (Ap. 16:13-14).

Juan ve la trinidad impía: El dragón, la bestia del mar y la bestia de la tierra, que por primera vez se le llama "el falso profeta". Observa que cada uno tiene algo que sale de su boca. Obviamente lo que tienen para decir es tan inmundo y repulsivo que es semejante al ruido de unas ranas. Quizás la idea es que pensemos en la gran cantidad de ranas muertas y pestilentes apiladas que quedaron tras la segunda

---

3. G. K. Beale con David H. Campbell, *Revelation: A Shorter Commentary* (Grand Rapids, MI: Eerdmans, 2015), 341.

plaga en Egipto. Lo que sale de sus bocas es igualmente repugnante, contaminado y destructivo. Ellos engañan a los reyes del mundo para reunirse en lo que creen que será una victoria sobre el reino de Dios.

Cuando leemos que los reyes de todo el mundo se reúnen no se refiere necesariamente a entidades geopolíticas modernas. Es más probable que Juan aluda a un suceso del Antiguo Testamento, una escena de 1 Reyes 22 en la que el rey Acab fue seducido por el engaño de estas voces demoniacas para congregarse en una guerra contra el Dios Todopoderoso y el Cordero, sin saber que eso traería su destrucción. Bajo el engaño de reunirse para exterminar a los santos, en realidad se reúnen para ser exterminados por el Rey Jesús, quien aparecerá de manera inesperada en la batalla.

En esta parte del relato de la visión de Juan sucede algo interesante. Jesús interrumpe la narrativa de Juan para hablar directamente a su pueblo. Y dice:

> He aquí, yo vengo como ladrón. Bienaventurado el que vela, y guarda sus ropas, para que no ande desnudo, y vean su vergüenza (Ap. 16:15).

Ya hemos leído antes acerca de la venida de Jesús "como ladrón" (Mt. 24:42-43; cf. 1 Ts. 5:2; 2 P. 3:10). ¿Qué significa que su venida será "como ladrón"? Los ladrones no anuncian con anticipación su llegada. Llegan cuando nadie los espera. Jesús recuerda a los suyos que su venida será inesperada. Él quiere que sepamos que no podemos dejarnos llevar por la idea falsa de que las cosas seguirán para siempre como están. Él quiere que vivamos cada día con la expectativa de que puede ser el día de su regreso. Ya en Apocalipsis Jesús dijo a los creyentes de Laodicea que ellos no se daban cuenta de que estaban desnudos y les aconsejó comprarse vestiduras blancas para vestirse (3:17-18). Aquí hace un nuevo llamado a quienes a pesar de estar en la iglesia, es probable que no estén unidos a Él realmente, para que se vistan de su justicia. En lugar de ser sorprendidos en la desnudez de nuestra autosuficiencia, nuestro afán por las riquezas, el sexo y el poder, debemos vestirnos de la justicia de Cristo, vestirnos de humildad, de amor y de toda la armadura de Dios. De ese modo estaremos preparados para su venida el día que sea.

Ahora volvamos a la batalla:

Y los reunió en el lugar que en hebreo se llama Armagedón (Ap. 16:16).

Armagedón significa literalmente en hebreo "monte de Meguido". Meguido es el lugar donde los israelitas justos fueron atacados por naciones impías (Jue. 5:19; 2 R. 23:29; 2 Cr. 35:20-22) y donde los reyes que oprimieron al pueblo de Dios fueron derrotados (Jue. 5:19-21). Es el lugar donde los falsos profetas fueron destruidos (1 R. 18:40). Es donde se profetizó que tendrá lugar la destrucción de "todas las naciones que vinieren contra Jerusalén" (Zac. 12:9-12). Beale comenta que "Meguido se volvió proverbial en el judaísmo como el lugar donde las naciones malvadas atacaron a los israelitas justos".[4] Dado que los lectores originales de Juan habrían estado familiarizados con la imagen de Meguido como el campo de batalla por excelencia de Israel donde derrotaron a sus enemigos, tiene todo el sentido que Juan haya elegido a Meguido como símbolo de la ubicación de la última batalla del Señor contra las fuerzas de las tinieblas. La lectura de las palabras de Juan habría sido interpretada como diciendo: "Todos los que se levantan contra Cristo y contra su pueblo van a sufrir una absoluta derrota, del mismo modo que muchos enemigos de Dios fueron derrotados en el pasado".

Todo lo que se logró en la cruz tendrá su cumplimiento cabal el día del regreso de Cristo.

Según Kim Riddlebarger, "la referencia a Armagedón no es una descripción de una batalla militar literal en la que hombres en tanques y aviones pelean contra Dios. Antes bien, nos ofrece una imagen apocalíptica de los reyes de la tierra reunidos por el dragón para

---

4. Beale, *Revelation*, 346.

declarar la guerra contra el monte de Sion, que simboliza la iglesia de Jesucristo".[5] Se trata de una batalla espiritual, no militar. Juan nos presenta una visión apocalíptica del ataque final de Satanás contra la iglesia, un ataque que Jesucristo aplastará cuando regrese a la tierra.

4. Dios derrama su ira como una manera magistral de poner fin a la maldad.

Por último, llegamos a la séptima copa, la cual es derramada por el aire. Recuerda que Pablo llamó a Satanás "el príncipe de la potestad del aire" (Ef. 2:2). Eso significa que cuando la séptima copa es derramada por el aire, reconocemos que esta copa final se derrama sobre todo el sistema corrupto del mundo que está al servicio de Satanás y se opone a Cristo. La séptima copa derramada marca el fin de la maldad y de su influencia en este mundo. No es un día que debamos temer; es un día que debemos anhelar. Será el fin del pecado, el fin del sufrimiento, el fin de la contienda:

> El séptimo ángel derramó su copa por el aire; y salió una gran voz
> del templo del cielo, del trono, diciendo: Hecho está (Ap. 16:17).

Hay algo familiar acerca de esta voz que dice "¡Hecho está!", ¿no te parece? Juan es quien registró las últimas palabras de Jesús en la cruz: "Consumado es" (Jn. 19:30). Es difícil imaginar que él no se propusiera que como lectores establezcamos esa conexión. Él quiere que veamos que todo lo que se logró en la cruz tendrá su cumplimiento cabal el día del regreso de Cristo. Con la séptima copa Juan nos dice que la ira de Dios es consumada. La justicia de Dios ha sido satisfecha plenamente. Se ha cumplido ya en su Hijo y en los pecadores que rehúsan arrepentirse.

> Entonces hubo relámpagos y voces y truenos, y un gran temblor
> de tierra, un terremoto tan grande, cual no lo hubo jamás desde
> que los hombres han estado sobre la tierra (Ap. 16:18).

---

5. Riddlebarger, "The Place Called Armageddon".

A todo lo largo del libro de Apocalipsis los truenos, los relámpagos y los terremotos simbolizan la llegada del fin (6:12; 8:5; 11:13, 19; 19:6). Y eso es, en efecto, lo que describe este pasaje:

> Y la gran ciudad fue dividida en tres partes, y las ciudades de las naciones cayeron; y la gran Babilonia vino en memoria delante de Dios, para darle el cáliz del vino del ardor de su ira. Y toda isla huyó, y los montes no fueron hallados (Ap. 16:19-20).

Juan usa un poco de ironía cuando hace referencia a "la gran ciudad". Esta es la ciudad del hombre cuyo objetivo ha sido siempre hacerse un gran nombre desde que fue fundada y fue llamada Babel. Juan usa a Babilonia como símbolo de un mundo que está obsesionado con su propia grandeza y se niega a reconocer la grandeza de Dios. Y cuando esta última copa es derramada, esa ciudad, esa moral, esa rebelión y resistencia contra Dios colapsan definitivamente.

Juan afirma que Babilonia está hecha para "darle el cáliz del vino del ardor de su ira". Esa copa contiene la ardiente y terrible ira santa de Dios en toda su intensidad que se derrama sobre todo pecado. Es "fuego, azufre y viento abrasador" concentrado en una copa (Sal. 11:6). Ya hemos leído antes acerca de esto en el Antiguo Testamento. Isaías 51:17 pone esta copa en la mano extendida de Dios y la llama "el cáliz de su ira", y para quienes la beben es "el cáliz de aturdimiento". El salmista escribe que cuando Dios derrama esa copa, "hasta el fondo lo apurarán, y lo beberán todos los impíos de la tierra" (Sal. 75:8).

Sin embargo, no solo en el Antiguo Testamento hemos encontrado esta copa. También leemos acerca de ella en los Evangelios. Esta es la copa que llevó a Jesús a orar que, de ser posible, no tuviera que beber. En la víspera de su crucifixión, Jesús oró: "Padre mío, si es posible, pase de mí esta copa; pero no sea como yo quiero, sino como tú" (Mt. 26:39). Pero, por supuesto, Él la bebió. Jesús bebió la copa de la ira de Dios en toda su abrasadora intensidad.

Lo que significa oír y guardar Apocalipsis 15–16

¿Cuáles son, pues, las implicaciones de estas copas de ira para ti y para mí? ¿Qué significa para nosotros oír y guardar estos capítulos y por ende experimentar la bendición prometida?

Si toda esta ira y desgracia han infundido en ti cierto temor, la verdad es que tienes toda la razón en temer la ira de Dios. Ninguna persona en su sano juicio no temería esa ira. Sin embargo, tú no tienes que vivir en ese temor. Hay un lugar seguro, un lugar protegido que está a tu disposición. Es el lugar donde la copa ya ha sido derramada, donde la ira ya ha sido consumida y por tanto extinguida. Es la persona de Jesús.

La ira de Dios fue derramada sobre Cristo para que algo muy diferente fuera derramado sobre todos aquellos que están unidos a Él por la fe: Su amor y su misericordia, su gracia y su perdón. Las buenas nuevas del evangelio a la luz de la realidad de las copas de ira se explica en detalle en 1 Tesalonicenses 5:9 donde dice: "Porque no nos ha puesto Dios para ira, sino para alcanzar salvación por medio de nuestro Señor Jesucristo".

Así pues, oír y guardar Apocalipsis 15 y 16 significa ante todo que debemos correr al lugar seguro en la persona de Cristo. Bebe la copa de la salvación que Él te ofrece y que está disponible gracias a que Él bebió en tu lugar "el cáliz del vino del ardor de su ira".

Y si ya te has refugiado en Él, debes permanecer alerta buscándolo. Allí está la bendición prometida, en negarte a caer en la complacencia pensando que la vida se trata de las cosas que este mundo ofrece y que lo que el mundo dice importa realmente, en lugar de vivir expectantes y preparados para el regreso de Jesús, que viene a juzgar y a purificar este mundo. El mensaje de Jesús en Apocalipsis 16:15 es simplemente: *Permanezcan despiertos y confíen en mí. Vivan en mí y para mí mientras esperan mi regreso.*

Oír y guardar estos capítulos también significa que rehusamos avergonzarnos de su ira, no nos permitimos menoscabarla o menospreciarla. También significa que advertimos a quienes están en riesgo de ser consumidos por ella y los invitamos a refugiarse en el lugar seguro que hemos encontrado. En lugar de taparnos los ojos intentando no verla, podemos abrir nuestras manos para recibirla.

Jesús nos enseñó a orar: "Líbranos del mal" (Mt. 6:13). Él nos libra cada día. Y un día va a hacerlo en una forma definitiva y absoluta. El derramamiento de su ira será la respuesta a nuestras oraciones. Oramos "venga tu reino", y en aquel día podemos estar seguros de que su reino vendrá también en una forma definitiva y absoluta. La venida de su reino significa la completa destrucción de cada reino que se opone a él. Cuando venga su reino no estaremos avergonzados por el juicio verdadero y justo que se derrama sobre todos los que lo resistieron. Levantaremos nuestras manos para celebrar y alabar a Dios por ello.

Un día quedará perfectamente claro que la ira de Dios no era el problema sino la solución que este mundo anhela, la respuesta a todos aquellos que preguntan: "¿Por qué Dios no hace algo frente al mal y el sufrimiento en el mundo?". Ahora mismo, en su misericordia, Dios retarda su justicia para dar a los pecadores una oportunidad para arrepentirse. No es lentitud de su parte. Es el derramamiento de su gracia y de su misericordia sobre todos los que se arrepienten y creen.

9

LA BENDICIÓN DE ESTAR PREPARADOS COMO UNA NOVIA PARA JESÚS

Apocalipsis 17:1–19:10

MI PRIMERA CITA romántica con David fue en vísperas de año nuevo. Cuando él salió a las 3 de la mañana el primer día del año 1986, yo felizmente me quedé dormida. Yo sabía que lo había encontrado, al hombre de mi vida. Cuando llegó el fin de semana de San Valentín alrededor de un mes más tarde, me disgustó que él mencionara la renovación del contrato de arrendamiento de su departamento porque yo no quería que se viera obligado a permanecer ahí, en lugar de buscar un nuevo lugar dónde vivir conmigo. Cuando viajé con él a Oregon en abril para conocer a su familia, llevé algunas tarjetas postales para escribir a mis amigos en el vuelo de regreso en caso de que David decidiera lanzarme la pregunta en Cannon Beach o en Black Butte y oficializara así nuestro compromiso. Sin embargo, al final no pasó nada, por lo que no utilicé las postales. De hecho, creo que todavía las tengo.

Más adelante, en junio, David me llevó a cenar. Se inventó alguna excusa para hacer una parada en su departamento. En la puerta había un aviso manuscrito que decía "Chez Dave" (en francés, "casa de Dave") donde dijo que íbamos a comer. Me dio una rosa (que todavía conservo entre las páginas de un libro) y una tarjeta que tenía las palabras del Salmo 34:3: "Alabemos juntos y a una voz la grandeza del nombre del Señor" (DHH). La palabra "juntos" estaba subrayada. Yo dije: "Sí".

Al día siguiente fuimos a una joyería en Waco y compramos un anillo. Y el domingo lo llevé puesto a la iglesia. Recuerdo que me senté entre el coro admirando su brillo bajo las luces. Y al día siguiente empezamos a ocuparnos en los preparativos de la boda. Había mucho por hacer: Escoger una fecha, enviar invitaciones, conseguir un vestido, planear la recepción. Todo era un motivo de dicha para mí porque lo amaba. Estaba emocionada no solo por la boda sino por nuestro matrimonio.

Si conoces a una pareja que está comprometida para casarse y está alistándose para la boda, sabes lo ocupados que están, lo concentrados que están en los preparativos, lo felices que están de anticipar ese día y la vida juntos que disfrutarán después de ese día.

En realidad, todos los que están en Cristo están comprometidos para casarse. Estás preparándote para una boda. Quizás nunca pensaste de ese modo acerca de ti y de tu relación con Cristo. Sin embargo, la Biblia se propone claramente que lo veamos de ese modo. Desde el principio mismo de la Biblia, Dios habla de su relación con su pueblo en términos de un matrimonio. Desde el principio en Edén, cuando Dios presentó una novia, Eva, a su hijo Adán, y todo salió tan mal con estos novios, Dios ha trabajado para presentar una novia a su Hijo Jesús. Ha sido un período muy largo de compromiso. Pero el día de la boda viene. A la luz del día de bodas que viene, estas son las preguntas que debemos tener en cuenta: ¿Estamos preparándonos para ese día? ¿Estamos siendo fieles a nuestro Novio mientras esperamos que venga por nosotros?

Al examinar Apocalipsis 17:1–19:10, puede que a primera vista no parezca que nuestra lectura tenga algo que ver con este matrimonio. Sin embargo, tiene todo que ver. Apocalipsis es, de principio a fin, un llamado a la perseverancia paciente mientras esperamos la llegada de nuestro Rey, el Cordero, nuestro Novio. Y algo esencial de esa perseverancia paciente es la fidelidad. La espera exige que rechacemos los avances de cualquier amante que intente seducirnos. Apocalipsis 17 nos presenta una seductora que tiene todo el deseo de conquistarnos para sí. Ella no quiere que seamos fieles a nuestro Novio santo. Ella se muestra cautivadora y fascinante. Parece adinerada y promete placeres desinhibidos. No obstante, eso es nada más su apariencia desde una perspectiva terrenal y humana. Apocalipsis nos muestra la realidad desde la perspectiva del cielo, desde el punto de vista que revela todas las cosas tal y como son de verdad. Porque ella no es lo que parece.

Apocalipsis 17 a 19 nos muestra cuatro medidas que debemos tomar a fin de estar preparados como una novia para nuestro Novio. Y esta es la primera: *No podemos permitirnos ser seducidos por un amor que no perdura.*

La seductora

> Vino entonces uno de los siete ángeles que tenían las siete copas, y habló conmigo diciéndome: Ven acá, y te mostraré la sentencia contra la gran ramera, la que está sentada sobre muchas aguas; con la cual han fornicado los reyes de la tierra, y los moradores de la tierra se han embriagado con el vino de su fornicación. Y me llevó en el Espíritu al desierto; y vi a una mujer sentada sobre una bestia escarlata llena de nombres de blasfemia, que tenía siete cabezas y diez cuernos. Y la mujer estaba vestida de púrpura y escarlata, y adornada de oro, de piedras preciosas y de perlas, y tenía en la mano un cáliz de oro lleno de abominaciones y de la inmundicia de su fornicación; y en su frente un nombre escrito, un misterio: BABILONIA LA GRANDE, LA MADRE DE LAS RAMERAS Y DE LAS ABOMINACIONES DE LA TIERRA. Vi a la mujer ebria de la sangre de los santos, y de la sangre de los mártires de Jesús (Ap. 17:1-6a).

Aquí está Babilonia, un símbolo de la ciudad del hombre, el intento de la humanidad por vivir aparte de Dios, en forma de mujer, pero no cualquier mujer, sino una prostituta. De hecho, no es solo una prostituta; es "la madre de las rameras". La imagen que pinta Juan es tan gráfica que casi se puede ver su imagen de perfil y su biografía en la aplicación que ella usa para encontrar sus parejas sexuales. Se viste con prendas de diseñador. Sus joyas no son de fantasía, sino joyas de oro real y perlas. En su foto sostiene una copa de oro. Con toda seguridad es adinerada. Aunque podríamos suponer que hay vino fino en su copa, sería un error. Dentro de la copa está la sangre de quienes se han negado a ella, quienes la han visto por lo que es y la han denunciado. En la copa está la sangre de los que ella ha ejecutado y que con paciencia soportaron su persecución mientras esperaban al verdadero Novio. Dentro de la copa también está la evidencia de sus actos con los cuales consigue todas sus ropas finas, joyas costosas y conquistas sexuales. Ha bebido demasiado de esa copa y está ebria.

Sobre su imagen está impreso en letras grandes el nombre que ella misma se ha dado: "Babilonia la grande". Y cuando leemos esto, comprendemos que ya hemos oído acerca de esa familia. Viene de un extenso linaje de babilonios. Es la hija de Babel, el pueblo antiguo que buscó edificar una torre hasta el cielo para usurpar la gloria de Dios. Intentó construir una ciudad para hacerse un nombre. No obstante, ese proyecto tuvo un final destructivo. Ella es hija de aquella ciudad antigua que arrastró al pueblo de Dios al exilio, la ciudad bajo el mando de Nabucodonosor, que dijo: "¿No es esta la gran Babilonia que yo edifiqué para casa real con la fuerza de mi poder, y para gloria de mi majestad?" (Dn. 4:30). Podemos ver el aire de familia.

Esta mujer representa al mundo que se opone a Dios y a su pueblo. Su apariencia es atractiva. La mayoría de las personas que la miran pensarían que es hermosa. De hecho, Juan mismo parecía encantado con ella:

> y cuando la vi, quedé asombrado con gran asombro. Y el ángel me dijo: ¿Por qué te asombras? (Ap. 17:6b-7a).

Pareciera que Juan hubiera caído bajo su hechizo. Es evidente que es atractiva. Parece divertida. Se ve poderosa. Parece ser la clase de persona con quien desearías posar para una *selfie* y mostrar lo bien relacionado que estás. Sin embargo, el ángel está a punto a revelar a Juan, a las siete iglesias en Asia y a nosotros, lo que de su forma de presentarse puede no ser tan obvio:

Yo te diré el misterio de la mujer, y de la bestia que la trae, la cual tiene las siete cabezas y los diez cuernos. La bestia que has visto, era, y no es; y está para subir del abismo e ir a perdición; y los moradores de la tierra, aquellos cuyos nombres no están escritos desde la fundación del mundo en el libro de la vida, se asombrarán viendo la bestia que era y no es, y será (Ap. 17:7b-8).

El ángel le dice a Juan: Te diré la verdad acerca de ella. Ella obtiene todo su poder y su presencia, todo su atractivo y todo su atavío, de la bestia. Y recordamos a la bestia del capítulo 13 de Apocalipsis. Es la bestia que sale del mar, el Cristo impostor, el salvador falso, la fuerza gubernamental, ideológica y política que se opone a Cristo y a su pueblo. Esta bestia es la que mantiene a la mujer, le susurra al oído, le proporciona financiamiento, le confiere poder para hacer el mal. Juan escribe que su identidad y sus intenciones no son claras de inmediato. Entender quién es ella y lo que ella está determinada a hacer exige de nuestra parte un examen minucioso y mucha reflexión.

Esto, para la mente que tenga sabiduría: Las siete cabezas son siete montes, sobre los cuales se sienta la mujer, y son siete reyes. Cinco de ellos han caído; uno es, y el otro aún no ha venido; y cuando venga, es necesario que dure breve tiempo. La bestia que era, y no es, es también el octavo; y es de entre los siete, y va a la perdición. Y los diez cuernos que has visto, son diez reyes, que aún no han recibido reino; pero por una hora recibirán autoridad como reyes juntamente con la bestia. Estos tienen un mismo propósito, y entregarán su poder y su autoridad a la bestia. Pelearán contra el Cordero, y el Cordero los vencerá, porque él es Señor de señores y Rey de reyes; y los que están con él son llamados y elegidos y fieles (Ap. 17:9-14).

Esta mujer está sentada sobre siete montes. Los primeros lectores de Juan debieron discernir de inmediato que Juan se refería a Roma, ya que la ciudad fue fundada sobre siete montes. Roma resplandecía con su abundante riqueza. Desplegaba su poderío por doquier. Era atractiva y seductora, y todo el que aspirara a ser alguien tenía tratos con ella. Según lo que leemos en las cartas a las siete iglesias en Apocalipsis 2, sabemos que muchos cristianos en el primer siglo eran atraídos por los lujos, la notoriedad, el poder y las posibilidades que ella ofrecía. Por supuesto, Roma era también el lugar donde en poco tiempo los cristianos iban a arder como antorchas humanas o a ser arrojados a los leones. Toda Babilonia se vuelve violenta para con los que resisten y desnudan su verdadera fealdad.

No obstante, es indudable que Juan usa el símbolo de la gran ramera para referirse a algo más aparte de la ciudad de Roma del siglo I. El hecho de que no dice explícitamente que se trata de Roma hace que la visión sea atemporal. A lo largo de la historia hemos visto una sucesión de Babilonias o Romas, regímenes que han atraído a las masas, han declarado su propia grandeza, han rechazado cualquier necesidad de Dios y han oprimido a quienes son "llamados y elegidos y fieles".

Lo trágico acerca de esta mujer es que ella no se da cuenta de que la fuente satánica de sus ideas y sus valores, la bestia en la que ella monta, en realidad no la ama. En realidad, la odia. Y llega el día en que todos sus amantes también van a odiarla:

> Me dijo también: Las aguas que has visto donde la ramera se sienta, son pueblos, muchedumbres, naciones y lenguas. Y los diez cuernos que viste en la bestia, estos aborrecerán a la ramera, y la dejarán desolada y desnuda; y devorarán sus carnes, y la quemarán con fuego; porque Dios ha puesto en sus corazones el ejecutar lo que él quiso: ponerse de acuerdo, y dar su reino a la bestia, hasta que se cumplan las palabras de Dios. Y la mujer que has visto es la gran ciudad que reina sobre los reyes de la tierra (Ap. 17:15-18).

Por un tiempo su apariencia es atractiva. Pero llega el día en que su proxeneta, la bestia, se volverá contra ella y ella quedará desolada. Sus finas vestiduras le serán quitadas y quedará desnuda y expuesta. En lugar de darse banquetes exquisitos ella misma se convertirá en el banquete de la bestia. La bestia va a devorarla. Va a quemarse. Es más, va a arder. Y todos los que se han unido a ella cometiendo adulterio espiritual con ella están en peligro de arder igualmente.

> Y oí otra voz del cielo, que decía: Salid de ella, pueblo mío, para que no seáis partícipes de sus pecados, ni recibáis parte de sus plagas; porque sus pecados han llegado hasta el cielo, y Dios se ha acordado de sus maldades (Ap. 18:4-5).

He aquí una voz del cielo que nos habla a nosotros, el pueblo de Dios, que nos llama a salir de esta ciudad de Babilonia, a alejarnos de esta mujer malvada para no caer en la seducción de vivir como ella y exponernos a arder como ella. Hay un tono urgente en su voz. Nos advierte que huyamos de la ciudad malvada antes que sea demasiado tarde. Ya hemos visto a qué conduce la alianza con ella. Es hora de salir de ella. ¿Cómo vamos a hacerlo?

Vivimos en Babilonia. Ella domina y está en todas partes. ¿Se espera que sigamos los pasos de los esenios que en el siglo II se fueron a vivir al desierto, de los monjes medievales que se apartaron a vivir en monasterios o de los amish de nuestros días que viven en el campo aislados de la tecnología moderna? No creo.

Atender a este llamado no es tan simple como cambiar de ubicación y nada más. Obedecerlo va a exigir mucho más que un cambio de dirección. Exigirá un cambio radical de corazón, un cambio en nuestros afectos, intereses y deseos. Significa que debemos encontrar la manera de vivir en Babilonia como ciudadanos de la nueva Jerusalén, como peregrinos y extranjeros. Debemos comprender lo que significa negarse a sentirnos en casa aquí. El llamado no es al separatismo, sino a diferenciarnos. Lo que oímos en esta voz celestial es una exhortación a no enredarnos con el mundo, a negarnos a adoptar el mundo como nuestro hogar en términos de lealtad y fidelidad.

Al señalar a lo largo de este capítulo el materialismo y el consumismo de Babilonia, nos damos cuenta de que salir de ella va a suponer resistir la naturaleza seductora de su propaganda, hacer morir la codicia de siempre querer más y de siempre querer algo mejor.

Nuestra reflexión nos lleva a comprender que, para estar preparados como una novia para nuestro Novio, es preciso que hagamos algo más: *Tenemos que romper con todos nuestros antiguos amantes.*

El rompimiento

Vamos a tener que borrar de nuestra lista el número telefónico del mundo. No más conversaciones hasta tarde en la noche. No podemos seguir coqueteando. No podemos pensar que podemos seguir cultivando nuestra cercanía con el mundo, disfrutar de lo que ofrece, entregarle nuestro corazón y nuestros afectos, y a la vez ser fieles a nuestro Novio. Eso sencillamente no va a funcionar.

Debemos encontrar la manera de vivir en Babilonia como ciudadanos de la nueva Jerusalén, como peregrinos y extranjeros.

En cierto modo, en Apocalipsis 18 Juan intenta hacernos comprender lo que a nuestros ojos puede parecer un coqueteo inofensivo. Él quiere que sepamos que, si nos negamos a salir de Babilonia, si rehusamos abandonar nuestras alianzas con el mundo, vamos a ser destruidos juntamente con ella. Ella parece tener todo bajo control, vive confiada. Nuestras interacciones con ella parecen naturales, inocuas. Y no nos cabe en la cabeza que ella pueda ser otra cosa sino una mujer hermosa y poderosa. No obstante, Juan nos muestra que un día, en un solo día, todo va a cambiar:

> Porque dice en su corazón: Yo estoy sentada como reina, y no soy viuda, y no veré llanto; por lo cual en un solo día vendrán sus plagas; muerte, llanto y hambre, y será quemada con fuego; porque poderoso es Dios el Señor, que la juzga (Ap. 18:7-8).

La gran ramera se ufana diciendo, en pocas palabras: "Nunca perderé mi poder. Nunca perderé el afecto y la adulación. Nunca perderé". Sin embargo, desde su perspectiva privilegiada, Juan puede ver que va a perderlo todo. Y todo el que se ha unido a ella también lo perderá todo. El día en que Babilonia reciba lo que merece, todos los que han establecido en ella su hogar, su fortuna, todo aquello que les provee seguridad y da sentido a sus vidas, perderán todo lo que creían que los hacía felices, les brindaba seguridad y le daba sentido a su existencia. Juan quiere que oigamos su lamento. Quiere que oigamos la agonía de su gemir.

> Y los reyes de la tierra que han fornicado con ella, y con ella han vivido en deleites, llorarán y harán lamentación sobre ella, cuando vean el humo de su incendio, parándose lejos por el temor de su tormento, diciendo: ¡Ay, ay, de la gran ciudad de Babilonia, la ciudad fuerte; porque en una hora vino tu juicio! (Ap. 18:9-10).

Todos los que ejercieron algún poder como extensión del poder de la bestia, todos los que fueron seducidos por ella para cometer adulterio espiritual con ella, todos los que asistieron a sus convenciones y conferencias, van a observar con terror cómo ella arde porque saben que el tormento de ella se convertirá en el suyo propio:

> Y los mercaderes de la tierra lloran y hacen lamentación sobre ella, porque ninguno compra más sus mercaderías; mercadería de oro, de plata, de piedras preciosas, de perlas, de lino fino, de púrpura, de seda, de escarlata, de toda madera olorosa, de todo objeto de marfil, de todo objeto de madera preciosa, de cobre, de hierro y de mármol; y canela, especias aromáticas, incienso, mirra, olíbano, vino, aceite, flor de harina, trigo, bestias, ovejas, caballos y carros, y esclavos, almas de hombres (Ap. 18:11-13).

Todo el que se ha beneficiado de la corrupción de ella, que ha gozado de cierto nivel de vida que solo es posible a expensas de la explotación de hombres, mujeres y niños, lo perderá todo:

> Los frutos codiciados por tu alma se apartaron de ti, y todas las cosas exquisitas y espléndidas te han faltado, y nunca más las hallarás.

> Los mercaderes de estas cosas, que se han enriquecido a costa
> de ella, se pararán lejos por el temor de su tormento, llorando
> y lamentado, y diciendo: ¡Ay, ay, de la gran ciudad, que estaba
> vestida de lino fino, de púrpura y de escarlata, y estaba adornada
> de oro, de piedras preciosas y de perlas! Porque en una hora han
> sido consumidas tantas riquezas (Ap. 18:14-17a)

Todos los manjares exquisitos y espléndidos con los que se alimentaron van a volverse agrios en su estómago. Todas sus colecciones van a terminar en la basura. Todas sus vestiduras finas van a convertirse en harapos. Todas sus cuentas bancarias, sus portafolios de acciones, sus pólizas de seguros y sus inversiones de finca raíz de nada servirán para asegurarles el futuro que habían proyectado. Desaparecerán en un solo día y quedarán reducidos a llantos y gemidos:

> Y todo piloto, y todos los que viajan en naves, y marineros, y
> todos los que trabajan en el mar, se pararon lejos; y viendo el
> humo de su incendio, dieron voces, diciendo: ¿Qué ciudad era
> semejante a esta gran ciudad? Y echaron polvo sobre sus cabezas,
> y dieron voces, llorando y lamentando, diciendo: ¡Ay, ay de la
> gran ciudad, en la cual todos los que tenían naves en el mar se
> habían enriquecido de sus riquezas; pues en una hora ha sido
> desolada! (Ap. 18:17b-19).

Los tratos en y con la gran ciudad era lo que llenaba no solo de riqueza sino de importancia las vidas de estos pilotos y marineros. Ellos la amaban. En un minuto brilla y deslumbra y al siguiente ya no está. Desaparece para siempre.

Luego parece que esos pilotos y marineros dejan de mirar con nostalgia a la ciudad en llamas. Dejan de echar polvo sobre sus cabezas y hablan en medio de sus lágrimas a la novia de Cristo que con paciencia ha soportado todo el sufrimiento que Babilonia le infligió; hablan a los que no fueron seducidos por ella y rompieron definitivamente con Babilonia, diciendo:

Alégrate sobre ella, cielo, y vosotros, santos, apóstoles y profetas;
porque Dios os ha hecho justicia en ella (Ap. 18:20).

Reconocen que el motivo de su gran pena constituye un motivo
de gran gozo para la novia. El Novio ha puesto fin a la crueldad de
Babilona contra su amada novia. Le ha dado a Babilonia lo que
merece. Nunca más va a seducir. Nunca más va a embriagarse con la
sangre del pueblo de Dios. De hecho, un ángel poderoso empieza a
enumerar todo aquello que nunca más va a acontecer en Babilonia:

Y un ángel poderoso tomó una piedra, como una gran piedra de
molino, y la arrojó en el mar, diciendo: Con el mismo ímpetu será
derribada Babilonia, la gran ciudad, y nunca más será hallada. Y
voz de arpistas, de músicos, de flautistas y de trompeteros no se
oirá más en ti; y ningún artífice de oficio alguno se hallará más
en ti, ni ruido de molino se oirá más en ti. Luz de lámpara no
alumbrará más en ti, ni voz de esposo y de esposa se oirá más en
ti; porque tus mercaderes eran los grandes de la tierra; pues por
tus hechicerías fueron engañadas todas las naciones. Y en ella se
halló la sangre de los profetas y de los santos, y de todos los que
han sido muertos en la tierra (Ap. 18:21-24).

No más cultura ni creatividad. No más industria. No más propósito ni significado. No más luz. No más amor. Todo lo que trajo
riqueza y belleza a la vida se acabará para siempre. Qué contraste
con los nunca "más" que leemos acerca de la nueva Jerusalén: No
más lágrimas, no más muerte, no más lamento, llanto ni dolor (21:4).

Por último, oímos hablar a la novia. En lugar de lamentar "¡Ay,
ay!", ella exclama "¡Aleluya!". ¡Esto es lo que había esperado! Ha quedado demostrado que toda su resistencia a la seducción del mundo y
todos sus años de esperar a su Novio valían la pena:

Después de esto oí una gran voz de gran multitud en el cielo,
que decía: ¡Aleluya! Salvación y honra y gloria y poder son del
Señor Dios nuestro; porque sus juicios son verdaderos y justos;

pues ha juzgado a la gran ramera que ha corrompido a la tierra con su fornicación, y ha vengado la sangre de sus siervos de la mano de ella. Otra vez dijeron: ¡Aleluya! Y el humo de ella sube por los siglos de los siglos. Y los veinticuatro ancianos y los cuatro seres vivientes se postraron en tierra y adoraron a Dios, que estaba sentado en el trono, y decían: ¡Amén! ¡Aleluya! Y salió del trono una voz que decía: Alabad a nuestro Dios todos sus siervos, y los que le teméis, así pequeños como grandes. Y oí como la voz de una gran multitud, como el estruendo de muchas aguas, y como la voz de grandes truenos, que decía: ¡Aleluya, porque el Señor nuestro Dios Todopoderoso reina! Gocémonos y alegrémonos y démosle gloria; porque han llegado las bodas del Cordero, y su esposa se ha preparado. Y a ella se le ha concedido que se vista de lino fino, limpio y resplandeciente; porque el lino fino es las acciones justas de los santos (Ap. 19:1-8).

Ella se ha preparado para ese día y por fin ha llegado. Después de toda la espera ha llegado por fin la hora de la boda. Y ella está lista. Con ello, nos muestra la tercera forma en la que debemos prepararnos para el día de nuestra boda: *Tenemos que aceptar el vestido*.

El vestido

Los términos que emplea Juan aquí revisten un gran significado. El pasaje dice: "Y a ella *se le ha concedido* que *se vista* de lino fino, limpio y resplandeciente". Hay una parte de nosotros que quiere preguntar: "¿A qué se refiere? ¿A un vestido que ella recibió o que ella misma preparó?". Y la respuesta es lo primero.

No podemos prepararnos para esta boda por nuestra cuenta. *Jesús mismo* nos está preparando como una novia *para* Él. Para estar bien vestidos para esta boda necesitamos recibir la justicia perfecta de otro, recibir la justicia de Cristo que nos es dada como un regalo. Esta gracia que nos es dada también obrará en nosotros a fin de que podamos cumplir el mandato: "Vestíos, pues, como escogidos de Dios, santos y amados, de entrañable misericordia, de benignidad, de humildad, de mansedumbre, de paciencia; soportándoos unos a otros . . . Y sobre todas estas cosas vestíos de amor, que es el vínculo perfecto" (Col. 3:12-14). Su gracia nos facultará para vivir de tal modo que glorifiquemos a nuestro Novio. Y cuando fallamos, podemos estar seguros de que, si nos volvemos de nuestro pecado y nos acercamos a Él en arrepentimiento, Él "es fiel y justo para perdonar nuestros pecados y limpiarnos de toda maldad" (1 Jn. 1:9). Él proveerá todo lo necesario para que nos ocupemos en nuestra salvación con temor y temblor (Fil. 2:12). La justicia de nuestro Novio va a obrar en nuestras vidas de tal modo que su justicia será evidente. Su justicia va a purificarnos, embellecernos y llenarnos de satisfacción.

> Y el ángel me dijo: Escribe: Bienaventurados los que son llamados a la cena de las bodas del Cordero. Y me dijo: Estas son palabras verdaderas de Dios (Ap. 19:9).

El gozo de nuestra vida, la bendición de nuestro presente y de nuestro futuro radican en que hemos sido invitados a la cena de las bodas del Cordero, no como simples invitados, sino como la novia. El Espíritu Santo prometido ya nos ha sellado para nuestro Novio (Ef. 1:13). Él llegará en el momento justo. Podemos contar con eso. Así que debemos prepararnos. De hecho, hay algo más que debemos hacer para estar listos. Sin embargo, no se trata de alguna obligación para cumplir con una lista de tareas. Es la clase de preparativo que no puede evitar una novia que está enamorada de su novio, aunque todo el mundo a su alrededor deseara lo contrario. La novia que está enamorada no puede dejar de hablar acerca del novio. Esta es la verdadera evidencia de que estamos preparados para la boda: *Nos damos cuenta de que no podemos dejar de hablar de nuestro Novio.*

Nuestro Novio

> Yo me postré a sus pies para adorarle. Y él me dijo: Mira, no lo hagas; yo soy consiervo tuyo, y de tus hermanos que retienen el testimonio de Jesús. Adora a Dios; porque el testimonio de Jesús es el espíritu de la profecía (Ap. 19:10).

Juan está tan sobrecogido frente a la gloria y la belleza que el ángel le ha mostrado sobre nuestro futuro matrimonio que, en un momento de deslumbramiento, se postra a adorar al mensajero angelical y de inmediato recibe corrección. El ángel no es más que el mensajero de las buenas nuevas, tal y como Juan y nosotros estamos llamados a ser. El amor por nuestro novio Jesús significa que "[retenemos] el testimonio de Jesús". Sencillamente no puedes dejar de hablar de Él a todo el que esté dispuesto a oír.

No me gusta ponerte en apuros, pero tengo que preguntar: ¿Cuál fue la última persona a la que hablaste acerca de tu Novio? ¿Percibió en ti un anhelo por el día de la boda, un anhelo por este matrimonio eterno?

En realidad, el día de la boda como tal no está en este pasaje de Apocalipsis. Tenemos que adelantarnos un poco para echarle un vistazo. Lo encontramos en Apocalipsis 21:2-3, donde leemos:

> Y yo Juan vi la santa ciudad, la nueva Jerusalén, descender del cielo, de Dios, dispuesta como una esposa ataviada para su marido. Y oí una gran voz del cielo que decía: He aquí el tabernáculo de Dios con los hombres, y él morará con ellos; y ellos serán su pueblo, y Dios mismo estará con ellos como su Dios.

Por fin experimentaremos el alivio y la dicha de estar juntos, disfrutando el matrimonio para el cual fuimos creados, el matrimonio más feliz de todos los tiempos, el matrimonio que nunca tendrá fin.

Lo que significa oír y guardar Apocalipsis 17–19

Apocalipsis 17 a 19 nos ha mostrado una imagen impresionante de lo que es este mundo y de lo que todos aquellos que aman este mundo pueden esperar si se niegan a abandonarlo. Ahora bien, ¿qué significa para nosotros oír y guardar estos capítulos y, por ende, experimentar la bendición que prometen?

Vivimos en Babilonia. Hacemos compras en sus supermercados, vestimos sus prendas y nos beneficiamos de sus privilegios. Quizás lo primero que debemos hacer es dar un paso atrás y ampliar nuestra perspectiva para hacernos algunas preguntas:

- ¿Me he dejado seducir por ella?
- ¿Qué me ofrece ella para seducirme y tentarme a alejarme de Cristo?
- ¿Hay áreas en las que he transigido o me he conformado a este mundo?
- ¿Me aterra perder mi trabajo, mis clientes o mis amigos por negarme a ceder a aquello que el mundo aplaude?
- ¿Me he aferrado tanto a ciertos lujos que me molesta que Dios me los quite?
- ¿Hay algunos placeres de la vida en este mundo, el disfrute de cosas como los deportes, el entretenimiento y la comida, que se han convertido en ídolos que acaparan mi vida y me dejan poco tiempo para las cosas de Dios?
- ¿Qué ideas, imágenes y sueños del mundo se han vuelto parte de mi forma de pensar, de sentir y de aspirar al punto que ya no los reconozco como mundanos?

Tal vez un examen para determinar si hemos entregado o no nuestro corazón a Babilonia consiste en observar nuestra reacción cuando somos privados de sus lujos y beneficios. En Apocalipsis 18 vemos la respuesta de aquellos que tienen un vínculo íntimo con ella y dependen de ella. Ellos lamentan y gimen. Por otro lado, vemos también la respuesta de aquellos que han sido llamados, elegidos y fieles. Ellos celebran. Han adoptado una perspectiva a largo plazo. Están tan convencidos de que el mundo y sus deseos pasarán que cuando ven lo efímero del mundo y sus baratijas, en lugar de decir "¡Ay, ay!", dicen "¡Aleluya!". Reconocen que Dios está respondiendo sus oraciones. Su reino viene. Su voluntad se hace en la tierra como en el cielo. Se gozan, sin regodearse. Se regocijan porque el mal no tendrá la última palabra en este mundo. Antes bien, el sistema de opresión, explotación, codicia y violencia de este mundo colapsará bajo el juicio de Dios.

Juan quiere que veamos el mundo por lo que es. Lo que él comunica por medio de esta visión en Apocalipsis lo afirma con toda claridad en su carta anterior: "No améis al mundo, ni las cosas que están en el mundo. Si alguno ama al mundo, el amor del Padre no está en él. Porque todo lo que hay en el mundo, los deseos de la carne, los deseos de los ojos, y la vanagloria de la vida, no proviene del Padre, sino del mundo. Y el mundo pasa, y sus deseos; pero el que hace la voluntad de Dios permanece para siempre" (1 Jn. 2:15-17).

Amigo, ¿vives día a día como si creyeras realmente que "el mundo pasa"? Es probable que a los primeros destinatarios de la carta de Juan en las iglesias les haya costado imaginar el día de la caída de Roma. Sin embargo, ese día llegó, del mismo modo que han caído tantos poderíos desde entonces. Asimismo, hoy nos cuesta creer que gobiernos que persiguen al pueblo de Dios como Burma, China, India, Irán, Nigeria, Corea del norte, Paquistán, Rusia, Arabia Saudita, Siria y Vietnam queden algún día reducidos a nada. De hecho, no solo los gobiernos que consideramos adversos a Cristo llegarán un día a su fin. Todo gobierno humano tiene una existencia limitada. Los muchos *ismos* que tanto controlan las diversas culturas del mundo no prevalecerán en aquel día: Clasismo, racismo, materialismo, consumismo, egoísmo, hedonismo, humanismo. Todo reino dará paso un día al reino verdadero.

El sistema de opresión, explotación, codicia y violencia de este mundo colapsará bajo el juicio de Dios.

Oír y guardar este pasaje significa que nos aseguramos día tras día y año tras año que el amor por nuestro verdadero Novio eclipse cualquier amor que nos quede por el mundo. Significa que crecemos en sabiduría y en nuestra capacidad para ver las cosas como son. Significa que estamos mejor capacitados para ver aquello que perdura, el lugar donde se encuentra la verdadera seguridad.

Cada vez que nos congregamos con otros creyentes en torno a la cena del Señor salimos, en un sentido muy real, de Babilonia.

Demostramos nuestro anhelo por nuestro Novio, nuestro anhelo por el gran banquete que anuncia esta cena que compartimos. Declara que no esperamos que este mundo nos satisfaga como nos satisface Cristo. Creemos lo que Él dijo cuando nos prometió que pronto volverá. Y por eso hablamos acerca de Él, nos preparamos para Él, lo esperamos a Él.

Cuando pienso en mi preparación como novia, recuerdo lo que fue mi compromiso para casarme con David. En ese tiempo nos trazamos planes y empezamos a acoplar nuestras vidas y, a medida que se acercaba el día de la boda, se hacía más y más difícil volver por la noche a mi pequeña vivienda de soltera. Queríamos estar juntos. Cuando regresamos de nuestra luna de miel y conducimos por primera vez a nuestro apartamento, David comentó que muchas veces durante nuestro período de compromiso él había dicho: "Se hace tarde, mejor te llevo a tu casa". Esa vez nos miramos y celebramos el hecho de que ya nunca más teníamos que volver a separarnos.

Un día, después de todos los preparativos para la boda, nuestro Novio vendrá por nosotros. La espera llegará a su fin. La boda dará inicio al matrimonio, una eternidad de cercanía con Aquel que nos ama. Hasta entonces, guardémonos puros para Él, hablemos acerca de Él, amémoslo con toda nuestra alma, con todas nuestras fuerzas y con toda nuestra mente.

10

LA BENDICIÓN DE SER PARTÍCIPES DE LA RESURRECCIÓN DE JESÚS

Apocalipsis 19:11–20:15

"EL LADO CORRECTO DE LA HISTORIA" o "el lado equivocado de la historia". Oímos estas frases asociadas con toda clase de asuntos y posiciones políticas y sociales. ¿A qué se refieren cuando hablan de estar en el lado equivocado de la historia? Creo que se refieren a que la opinión predominante en un tiempo futuro va a demostrar que una acción o actitud particular fue la equivocada. Sin embargo, tal afirmación implica un presupuesto, ¿no es así? Da por hecho que la historia es una fuerza moral en sí misma y que este mundo está en un progreso continuo hacia lo que es bueno, hermoso y verdadero. Da por sentado que la opinión de la mayoría en un momento dado es lo que define la realidad de las cosas. Pero nosotros sabemos que no necesariamente es así.

A pesar de eso, tiene cierto valor meditar en lo que significa estar en el lado correcto de la historia, no solo el año siguiente o la década o siglo que siguen, sino al final de la historia humana tal y como la conocemos. Vale la pena hacer esa clase de reflexión. Es una idea encomiable porque estar en el lado equivocado de la historia tiene consecuencias de largo alcance. Tiene consecuencias eternas.

De hecho, no es difícil saber lo que va a significar estar en el lado correcto o equivocado de la historia cuando llegue a su fin la historia humana como la conocemos. Cualquiera que haya leído el tercer capítulo de Génesis sabe exactamente de dónde provienen los problemas que padecemos en este mundo y sabe con exactitud cómo van a resolverse. Génesis 3:15 es como una señal fluorescente que declara con exactitud, a todo el que preste atención a su sabiduría, cómo estar en el lado correcto de la historia. Génesis 3:15 dice que un día un descendiente de la mujer aplastará la cabeza de la descendencia de la serpiente. Va a poner fin al mal. Hasta ese día, habrá enemistad entre la simiente de la serpiente y la simiente de la mujer. Sin embargo, no cabe la menor duda acerca de quién será el vencedor.

Estar en el lado correcto de la historia es estar en el lado del vencedor, la simiente de la mujer, el Cordero, el Rey, Aquel que, conforme al pasaje aquí citado, es llamado "Fiel y Verdadero". "La Palabra de Dios", el "Rey de reyes" y "Señor de señores". Y estar en el lado equivocado de la historia es asociarse con la descendencia de la serpiente, el dragón, la bestia y el falso profeta, el acusador, el engañador, el diablo.

Apocalipsis 19:11 a 20:15 describe con detalles gráficos de qué manera el conflicto que empezó en el huerto y que ha arrasado a lo largo de la historia de la humanidad llegará a su punto culminante y desenlace final. De hecho, conforme a los capítulos anteriores ya sabemos que la descendencia de la serpiente es aplastada. En el capítulo 17 vimos la destrucción de la gran ramera. En el capítulo 18 vimos la caída de Babilonia. En los capítulos 19 y 20 vamos a ser testigos de la destrucción final de la trinidad impía que encontramos en los capítulos 12 y 13 (el dragón, la bestia y el falso profeta, y todos los que le rinden lealtad). Quizás nos sintamos tentados a pensar que estos acontecimientos ocurren en una secuencia porque se siguen unos a otros en el relato

> Estar en el lado correcto de la historia es estar en el lado del vencedor, la simiente de la mujer, el Cordero, el Rey, Aquel que . . . es llamado "Fiel y Verdadero".

de Juan. No obstante, es más probable que Juan simplemente haya dirigido su cámara para grabar la misma escena desde varios ángulos a fin de mostrarnos los diversos aspectos de la derrota final del mal. Cuando esto suceda, quedará demostrado sin sombra de dudas que todos los que han vencido al mundo, la carne y el diablo en virtud de su unión con Cristo han estado en el lado correcto de la historia, por lo que gozarán de una eternidad con el Rey, viviendo para siempre en su reino.

En su sermón sobre Apocalipsis 20, Andrew Latimer aplica este concepto de estar en el lado correcto o equivocado de la historia a lo que Juan presenta aquí, lo cual utilizaré para analizar Apocalipsis 19 y 20.[1] ¿Qué va a significar estar en el lado correcto de la historia según lo que dicen Apocalipsis 19 y 20? Examinemos el pasaje para descubrirlo.

Seremos partícipes de la victoria

Estar en el lado correcto de la historia significa que seremos partícipes de la victoria del Rey Jesús, en lugar de ser parte de la derrota de la bestia y de los reyes de la tierra.

> Entonces vi el cielo abierto; y he aquí un caballo blanco, y el que lo montaba se llamaba Fiel y Verdadero, y con justicia juzga y pelea. Sus ojos eran como llama de fuego, y había en su cabeza muchas diademas; y tenía un nombre escrito que ninguno conocía sino él mismo. Estaba vestido de una ropa teñida en sangre; y su nombre es: EL VERBO DE DIOS. Y los ejércitos celestiales, vestidos de lino finísimo, blanco y limpio, le seguían en caballos blancos. De su boca sale una espada aguda, para herir con ella a las naciones, y él las regirá con vara de hierro; y él pisa el lagar del vino del furor y de la ira del Dios Todopoderoso. Y en su vestidura y en su muslo tiene escrito este nombre: REY DE REYES Y SEÑOR DE SEÑORES (Ap. 19:11-16).

---

1. Andrew Latimer, "Don't Find Yourself on the Wrong Side of History", sermón, Grace Church Greenwich, 9 de mayo de 2021, https://www.greenwich.church/.

Concluimos el capítulo anterior con la novia que espera la llegada de su Novio y en este pasaje vemos que ha venido. Sin embargo, Él no parece vestido para la boda. Lo cierto es que hay algo que Él tiene que hacer primero, debe encargarse de algo antes de que empiece su matrimonio con su novia. Tiene que resolver la cuestión del mal. Y está vestido para la ocasión. Llega a la escena vestido como un guerrero. Es el guerrero Mesías acerca del cual escribieron los profetas del Antiguo Testamento, Aquel cuya primera venida fue el anhelo de muchos. Él vino la primera vez como rey pastor a entregar su vida por sus ovejas. Pero esta es una imagen de su segunda venida. Él está "montando un caballo blanco, blandiendo una espada para acabar con los enemigos de su iglesia".[2]

Él viene a hacer la guerra. Será una guerra perfectamente justa, una guerra que se pelea con el propósito de establecer el *shalom* en la tierra. Será también una batalla sangrienta. Esto queda en evidencia por el atuendo del guerrero, una imagen que nos remite de inmediato a Isaías 63, donde el profeta ve a un guerrero divino que llega del territorio enemigo con sus vestidos rojos declarando que la sangre de sus enemigos salpicó todas sus ropas.

La historia abunda en tiranos malvados que han pervertido la justicia y han empuñado la espada para lucrarse y alcanzar el poder. No es el caso de este rey guerrero. Jesús viene declarando el poder que emana de su propio ser como el que es Fiel y Verdadero. Cuando Él viene a hacer guerra contra sus enemigos será una guerra perfectamente santa. Será la ejecución de la justicia perfecta.

Jesús pisará "el lagar del vino del furor y de la ira del Dios Todopoderoso". Cuando pensamos en un lagar quizás nos vienen a la mente imágenes idílicas de hombres y mujeres descalzos y alegres pisando uvas. Aquí habla de personas que son pisadas, y si bien es un lenguaje figurado, es una descripción de una realidad que debería aterrorizar a quienes han tomado partido contra el buen Rey. Al final, el mal debe ser pisoteado y destruido. Y así será.

---

2. Richard D. Phillips, *Revelation*, Reformed Expository Commentary (Phillipsburg, NJ: P&R, 2000), 543.

Cuando Jesús vuelva, vendrá acompañado de las huestes celestiales que incluyen sus ángeles poderosos (2 Ts. 1:7) y también los que han inclinado su rodilla ante Él reconociéndolo como su Rey. Sin embargo, no será un rey más que aparece en la escena compitiendo por poder o territorio. Él será el Rey sobre todos los demás reyes.

En el último capítulo leemos acerca de la cena de las bodas del Cordero. Aquí leemos acerca de otra cena, pero no podría ser más diferente.

Festejaremos en la cena de las bodas del Cordero

Ya en Apocalipsis 19:9 Juan escribe que quienes están invitados a la cena de las bodas del Cordero son bendecidos. Sin embargo, unos versículos más adelante, describe una cena muy diferente, una cena espantosa. Estar en el lado correcto de la historia va a significar que nos daremos un banquete en las bodas del Cordero en lugar de ser devorados por las aves en la gran cena de Dios:

> Y vi a un ángel que estaba en pie en el sol, y clamó a gran voz, diciendo a todas las aves que vuelan en medio del cielo: Venid, y congregaos a la gran cena de Dios, para que comáis carnes de reyes y de capitanes, y carnes de fuertes, carnes de caballos y de sus jinetes, y carnes de todos, libres y esclavos, pequeños y grandes. Y vi a la bestia, a los reyes de la tierra y a sus ejércitos, reunidos para guerrear contra el que montaba el caballo, y contra su ejército. Y la bestia fue apresada, y con ella el falso profeta que había hecho delante de ella las señales con las cuales había engañado a los que recibieron la marca de la bestia, y habían adorado su imagen. Estos dos fueron lanzados vivos dentro de un lago de fuego que arde con azufre. Y los demás fueron muertos con la espada que salía de la boca del que montaba el caballo, y todas las aves se saciaron de las carnes de ellos (Ap. 19:17-21).

Detente a pensar en el alcance de este horror: "todos, libres y esclavos, pequeños y grandes". Tener o no un estatus de nada servirá en aquel día. Lo único que va a importar es si la culpa de esa persona ha sido quitada. Y solo existen dos maneras de enfrentar la culpa. Si tu culpa no ha sido llevada a la cruz de Cristo, será tratada en el campo de batalla de Armagedón.

La bestia y el falso profeta son capturados y arrojados vivos en el lago de fuego. Todos los que se han aliado con la bestia son muertos con la espada en un instante. Luego aparecen los buitres para darse un festín, un final poco glorioso para tantos que ciertamente parecían tan impresionantes. ¡Qué gran contraste con el glorioso final de los muchos a quienes el mundo despreció, pero a quienes Cristo conoció, amó y salvó, que se encuentran en el lado correcto de la historia y serán recibidos para festejar en la cena de las bodas del Cordero!

Reinaremos con Cristo

Estar en el lado correcto de la historia va a significar que reinaremos con Cristo en el cielo en lugar de ser atormentados con Satanás en el lago de fuego y azufre.

Veamos cuáles son los objetos de la ira de Dios que hemos estudiado hasta ahora: Babilonia cayó, la bestia y el falso profeta han sido lanzados al lago de fuego, la humanidad que ha rechazado la gracia y la misericordia de Cristo para hacer alianza con la bestia fue traspasada por la espada. Solo falta por caer un miembro de la trinidad impía:

> Vi a un ángel que descendía del cielo, con la llave del abismo, y una gran cadena en la mano. Y prendió al dragón, la serpiente antigua, que es el diablo y Satanás, y lo ató por mil años; y lo arrojó al abismo, y lo encerró, y puso su sello sobre él, para que no engañase más a las naciones, hasta que fuesen cumplidos mil años; y después de esto debe ser desatado por un poco de tiempo (Ap. 20:1-3).

Cuando leemos "Vi..." al principio del capítulo 20, ya sabemos que Juan presenta un nuevo "ángulo de cámara" de unos acontecimientos que no son necesariamente secuenciales en el sentido cronológico a los presentados en el capítulo 19.[3] Juan tiene otra visión. Ve a un ángel que viene del cielo con dos objetos en sus manos: La llave del abismo y una gran cadena (y, por supuesto, recordamos que se trata de dos símbolos). El ángel cumple la misión divina de atar a Satanás y de encerrarlo en el abismo. Una pregunta clave que debemos plantearnos y responder es: "¿Cuándo sucedió o cuándo sucede esto?". Y nos damos cuenta de que en realidad en los Evangelios ya hemos leído acerca de atar a Satanás.

En Mateo 12 y Marcos 3 los fariseos desafían a Jesús después de haber expulsado demonios de un hombre que era ciego y mudo. Los fariseos afirman que solo Beelzebú, príncipe de los demonios, puede echar fuera demonios. Y Jesús les dice: "Porque ¿cómo puede alguno entrar en la casa del hombre fuerte, y saquear sus bienes, si primero no le ata? Y entonces podrá saquear su casa" (Mt. 12:29). Claramente Jesús afirma que al echar a esos demonios ha atado "al hombre fuerte" y que por consiguiente puede "saquear su casa".

En Lucas 10 los setenta y dos discípulos que Jesús envío de dos en dos por las ciudades delante de Él regresaron diciendo: "'Señor, aun los demonios se nos sujetan en tu nombre'. Y [Jesús] les dice: 'Yo veía a Satanás caer del cielo como un rayo'" (Lc. 10:17-18). Muchas veces he oído enseñar que en este pasaje Jesús se refiere a lo que sucedió cuando Satanás se rebeló por primera vez contra Dios. Sin embargo, Jesús responde aquí a lo que acaba de suceder en el ministerio de sus emisarios. "Jesús vio en las obras de sus discípulos la evidencia de que el reino de Satanás había sufrido un duro golpe; que, de hecho, su poder acababa de experimentar cierta restricción en la que Satanás quedó atado".[4] Satanás había caído porque los demonios perdieron el control que tienen por medio del uso de artimañas de engaño y destrucción, cuando la palabra de Cristo es proclamada y el reino de Cristo conquista nuevo territorio en los corazones y las vidas de quienes se arrepienten y creen.

---

3. Anthony Hoekema presenta un caso detallado de los sucesos de Apocalipsis 20 que no siguen cronológicamente los de Apocalipsis 19 en *The Bible and the Future* (Grand Rapids, MI: Eerdmans, 1994), 227-38.

4. Hoekema, *The Bible and the Future*, 229.

En los días previos a la crucifixión Jesús dijo: "Ahora es el juicio de este mundo; ahora el príncipe de este mundo será echado fuera. Y yo, si fuere levantado de la tierra, a todos atraeré a mí mismo" (Jn. 12:31-32). En la crucifixión y resurrección de Jesús, Satanás será arrojado y atado para que no pueda volver a engañar a las naciones. Esto liberará "a todas las naciones", en otras palabras, a gente de todo pueblo, lengua y nación, del engaño de Satanás para que abracen la fe de Cristo.

Veamos un pasaje más, en este caso de Pablo. En Colosenses, Pablo escribe que al clavar en la cruz y anular el acta de los decretos que había contra nosotros, el Señor "[despojó] a los principados y a las potestades, los exhibió públicamente, triunfando sobre ellos en la cruz" (Col. 2:15). Estos pasajes señalan el desarme o la obra que llevó a cabo Cristo de atar a Satanás mediante su vida, muerte, resurrección y ascensión.

Así pues, en lugar de considerar a Satanás atado como un acontecimiento que tendrá lugar en el fin o hacia finales del siglo presente, tiene más sentido entenderlo como que Satanás es atado y limitado mediante la vida, la muerte y la resurrección de Jesús, y que está atado y limitado incluso en este momento.

Juan escribe que Satanás será atado por mil años. Y tan pronto oímos esa cifra recordamos que a lo largo de Apocalipsis los números se usan sistemáticamente para simbolizar realidades. Si el número diez representa la completitud en la experiencia o en la dimensión humana, mil representa $10 \times 10 \times 10$, la completitud suprema. Así interpretamos el simbolismo de este número que aparece en otros lugares de las Escrituras.[5] Por ejemplo, cuando oímos a Dios hablar en Salmo 50:10 diciendo: "Porque Mío es todo animal del bosque, *y* el ganado sobre mil colinas" (NBLA), no insistimos en que son mil colinas literales los

---

5. El uso bíblico del número diez incluye diez declaraciones de "Dios dijo" en la creación, los diez mandamientos, las diez plagas, las diez vírgenes y diez leprosos. Su uso de mil incluye Nm. 10:36: "Vuelve, oh Jehová, a los millares de millares de Israel"; Dt. 7:9: "Dios fiel, que guarda el pacto y la misericordia a los que le aman y guardan sus mandamientos, hasta mil generaciones"; Sal. 84:10: "Porque mejor es un día en tus atrios que mil fuera de ellos"; Ez. 47:3-5, refiriéndose a las medidas del nuevo templo en la visión de Ezequiel, "el varón . . . midió mil codos"; y 2 P. 3:8, "para con el Señor un día es como mil años, y mil años como un día".

que contienen el ganado que es propiedad de Dios. De igual modo, los mil años aquí mencionados equivalen a un período completo de tiempo cuya duración exacta solo Dios conoce. No sabemos cuánto haga falta para que Satanás sea soltado por un breve tiempo antes del regreso de Jesús. Aun así, sabemos que será el momento justo.

Con todo, no podemos evitar preguntarnos cómo puede ser atado Satanás mientras vivimos y aún tener tanto poder y causar tanto daño en el mundo. La respuesta es que atar a Satanás no significa necesariamente restringir su acción por completo. Satanás está atado de forma específica. Está restringido y limitado, pero no completamente confinado. Todavía anda al acecho como un león buscando a quién devorar (1 P. 5:8). Todavía dirige "huestes espirituales de maldad" que operan contra los creyentes (Ef. 6:12). Podemos considerar que está amarrado con una correa, una correa muy larga.

Satanás está atado así por un propósito específico, para que sus mentiras acerca de la bondad de Dios y la esperanza que se encuentra en el evangelio no tengan el poder para engañar a las naciones. Sí, algunas personas, muchas, son engañadas. Pero no como lo fueron antes de la muerte, resurrección y ascensión de Jesús y la venida del Espíritu Santo.

Si regresamos al Antiguo Testamento, recordaremos que después de leer la promesa a Abraham de que por medio de él "serán benditas en ti todas las familias de la tierra" (Gn. 12:3), las naciones no acudieron multitudinarias aferrándose a las promesas de pacto divino. Leemos acerca de individuos o pueblos particulares que se integraron al pueblo de Dios para adorar a Yahvé en el Antiguo Testamento, pero de un modo limitado. Más adelante, todo cambia con la venida del Rey Jesús al mundo y el envío de su Espíritu después de su ascensión. Leemos en los Evangelios cómo Jesús alcanzó con las buenas nuevas, aparte del redil judío, a los gentiles, a fin de que empezaran a asirse de Él por la fe. En Hechos leemos acerca de Pentecostés que inaugura una era en la que el evangelio se predicó en Jerusalén, en Judea, en Samaria y hasta los confines de la tierra, de modo que la palabra se difundió y muchos creyeron. En las epístolas leemos acerca de la fundación de iglesias en toda la extensión del mundo conocido. ¿Qué cambió? Que Satanás fue atado por medio de la vida, la muerte, la resurrección y la ascensión de Jesús a fin de que las naciones ya no fueran engañadas y empezaran a venir a Él. Satanás sigue atado hasta que todos los que fueron elegidos en Cristo para la salvación, de todo pueblo del mundo, estén a salvo en el redil.

Juan ha tenido una visión de lo que sucede en la tierra durante el período entre la primera y la segunda venida de Jesús en lo concerniente a las limitaciones de Satanás. En seguida, ve lo que sucede en el cielo durante ese mismo período.

Seremos partícipes de la resurrección

Estar en el lado correcto de la historia va a significar que seremos partícipes de la resurrección de Jesús en vez de sucumbir a la segunda muerte:

> Y vi tronos, y se sentaron sobre ellos los que recibieron facultad de juzgar; y vi las almas de los decapitados por causa del testimonio de Jesús y por la palabra de Dios, los que no habían adorado a la bestia ni a su imagen, y que no recibieron la marca en sus frentes ni en sus manos; y vivieron y reinaron con Cristo mil años. Pero los otros muertos no volvieron a vivir hasta que se cumplieron mil años. Esta es la primera resurrección. Bienaventurado y santo el que tiene parte en la primera resurrección; la segunda muerte no tiene potestad sobre estos, sino que serán sacerdotes de Dios y de Cristo, y reinarán con él mil años (Ap. 20:4-6).

Juan ve tronos. Y cabe preguntarnos, ¿dónde están ubicados esos tronos? A lo largo de Apocalipsis los tronos han estado en el cielo. De modo que sabemos desde un principio que se trata de una escena celestial, no de un suceso terrenal. Él ve almas, no personas con cuerpo y alma. Son las almas de las personas que mantuvieron su testimonio de Jesús hasta su último aliento. Y para ellos, ese último aliento fue simplemente un pasaje para reinar con Cristo en el cielo.

Imagina el consuelo que debieron sentir esos creyentes en las siete iglesias que habían presenciado la ejecución de otros creyentes por su lealtad a Jesús, contemplar con sus ojos y abrigar en su corazón la imagen de esos santos reinando con Cristo en el cielo. Tal visión les habría infundido valor para su propio testimonio al reconocer que el sufrimiento sobre la tierra por causa de Jesús nos lleva a reinar con Cristo en el cielo.

Juan describe como "primera resurrección", el momento en que las almas de los creyentes son levantadas para ir a la presencia de Cristo, para reinar con Él. Esto indica que falta una segunda o última resurrección. Cuando Jesús regresa a esta tierra, las almas de quienes se reúnen con Él en el cielo vienen con Él. Él va a llamar al polvo de nuestro cuerpo fuera del sepulcro, y a partir de ese polvo va a darnos cuerpos gloriosos como su propio cuerpo glorioso. Ahora mismo, solo hay un ser humano que tiene un cuerpo glorificado. Pero Él es solo el primero. Vendrá el día en que una vez más seremos cuerpo y alma, pero esta vez con un cuerpo que nunca puede morir.

Los que no están en Cristo nunca experimentan esa primera resurrección del alma para pasar a la presencia de Cristo. Serán levantados una sola vez en la venida de Jesús, para presentarse delante de Él en juicio. Y en aquel día quedará completamente claro lo que significa estar en el lado correcto de la historia.

Seremos preservados en medio del fuego

Estar en el lado correcto de la historia va a significa que seremos preservados en medio del fuego en vez de ser consumidos por él.

Los mil años durante los cuales los santos reinan mientras el diablo es sujetado terminarán cuando suelten a Satanás de su prisión o lo aten por un breve tiempo. En ese período, podrá engañar a las naciones con el único propósito de juntar a su ejército de seguidores para una batalla final pero perdida contra Jesús y contra su iglesia:

Cuando los mil años se cumplan, Satanás será suelto de su prisión,
y saldrá a engañar a las naciones que están en los cuatro ángulos
de la tierra, a Gog y a Magog, a fin de reunirlos para la batalla; el
número de los cuales es como la arena del mar. Y subieron sobre
la anchura de la tierra, y rodearon el campamento de los santos

y la ciudad amada; y de Dios descendió fuego del cielo, y los consumió. Y el diablo que los engañaba fue lanzado en el lago de fuego y azufre, donde estaban la bestia y el falso profeta; y serán atormentados día y noche por los siglos de los siglos (Ap. 20:7-10).

Ya hemos leído acerca de esta guerra y su desenlace un par de veces desde diferentes ángulos en Apocalipsis. Es la misma batalla de Armagedón representada en la sexta copa en el capítulo 16 y la guerra contra el Cordero que fue presentada en los capítulos 17 y 19. En cada una de estas escenas de batalla la derrota es demasiado contundente para que estos pasajes sean otra cosa que descripciones diversas del mismo suceso: La última batalla de la historia. Cada descripción de esta batalla ha mostrado aspectos singulares con el propósito de que vivamos en el presente, demos testimonio en el presente y descansemos en el presente a la luz de esa realidad.

Así refiere Pablo la misma batalla final: "Y entonces se manifestará aquel inicuo, a quien el Señor matará con el espíritu de su boca, y destruirá con el resplandor de su venida" (2 Ts. 2:8). Jesús con una simple exhalación pone fin al mal. Aquí en Apocalipsis, Juan presenta esta batalla final como un estallido. No será una batalla prolongada de ires y venires en los que no se sabe cuál de los bandos prevalece. En un solo instante, el Creador de los cielos y la tierra pondrá fin al conflicto que ha asolado el mundo desde que puso enemistad entre la simiente de la mujer y la simiente de la serpiente.

El capítulo termina con el suceso final que debe ocurrir para tratar con el mal que hay en el mundo a fin de que la nueva creación pueda hacer su entrada.

Recibiremos nuestra recompensa

Estar en el lado correcto de la historia va a significar que seremos recompensados en lugar de condenados por lo que está escrito en los libros:

Y vi un gran trono blanco y al que estaba sentado en él, de delante del cual huyeron la tierra y el cielo, y ningún lugar se encontró para ellos. Y vi a los muertos, grandes y pequeños, de pie ante Dios; y los libros fueron abiertos, y otro libro fue abierto, el cual es el libro de la vida; y fueron juzgados los muertos por las cosas que estaban escritas en los libros, según sus obras. Y el mar entregó los muertos que había en él; y la muerte y el Hades entregaron los muertos que había en ellos; y fueron juzgados cada uno según sus obras. Y la muerte y el Hades fueron lanzados al lago de fuego. Esta es la muerte segunda. Y el que no se halló inscrito en el libro de la vida fue lanzado al lago de fuego (Ap. 20:11-15).

Cuando meditamos en esta descripción del juicio final, hay varias preguntas que quisiéramos plantearnos y responder: (1) ¿Quiénes serán juzgados en este juicio? (2) ¿Con qué criterio serán juzgados? (3) ¿Cuáles serán los resultados del juicio?

Veamos, primero, quiénes serán juzgados en este juicio. Algunos dicen que las únicas personas que enfrentan este juicio son quienes están espiritualmente muertos, aquellos que han vivido y muerto sin Cristo. Sin embargo, es más probable que esta imagen represente a todos los que han muerto físicamente, tanto santos como pecadores, que comparecerán delante del trono del juicio de Dios. En numerosos pasajes de la Biblia leemos que todas las personas se presentarán delante del juez divino. Pablo escribe en Romanos 14:10-12: "Porque *todos* compareceremos ante el tribunal de Cristo . . . cada uno de nosotros dará a Dios cuenta de sí". En 2 Corintios 5:10 escribe: "Porque es necesario que *todos* nosotros comparezcamos ante el tribunal de Cristo, para que *cada uno* reciba según lo que haya hecho mientras estaba en el cuerpo, sea bueno o sea malo". Lo que Pablo subraya en estos versículos es que comparecerán *todos* y *cada uno*.

Así pues, si todos hemos de ser juzgados, ¿con qué criterio seremos juzgados? Según este pasaje seremos juzgados conforme a lo que está escrito en los libros. Sin embargo, observa que aquí en Apocalipsis 20:11-15 encontramos "los libros" y otro "libro", que es "el libro de la vida". La clave para entender lo que significa este mensaje para tu futuro está en la diferencia entre "los libros" y "el libro".

Los libros contienen un registro de la vida de cada persona que ha vivido a lo largo de la historia. Asombra que muchas personas estén convencidas de que tal registro vaya a favorecerlos. Sabemos que "no hay quien haga lo bueno, no hay ni siquiera uno" (Sal. 14:3). Nadie será capaz de presentarse delante de Dios en virtud de su propio historial de obras. Lo que está escrito en los libros los condenará.

"El libro" es muy diferente de "los libros". En otros pasajes (Ap. 13:8; 21:27), este libro se llama "el libro de la vida del Cordero", lo cual significa que es una lista de todos aquellos cuyos pecados han sido limpiados por la sangre de Cristo. El libro es un registro de los nombres de aquellos a quienes Dios llama suyos. Es una lista de todos los que lo conocen y lo aman, que Dios eligió en Él desde antes de la creación del mundo para que sean santos y sin mancha delante de Él (Ef. 1:4). Todos aquellos a quienes ha "predestinado para ser adoptados hijos suyos por medio de Jesucristo, según el puro afecto de su voluntad" (Ef. 1:5). Es la lista de los nombres que hacen parte de la novia, de los elegidos, de los que estuvieron alguna vez muertos espiritualmente y han recibido vida al ser unidos a Cristo.

El asunto más urgente en esta vida es determinar si el Rey Jesús es o no nuestro Rey.

Moisés sabía acerca de este libro. Cuando rogó a Dios que perdonara a los israelitas por haber pecado, dijo: "que perdones ahora su pecado, y si no, ráeme ahora de tu libro que has escrito" (Éx. 32:32). Jesús se refirió también a este libro, diciendo a sus discípulos cuando se ufanaron de su capacidad de sujetar a los demonios: "Pero no os regocijéis de que los espíritus se os sujetan, sino regocijaos de que vuestros nombres están escritos en los cielos" (Lc. 10:20).

La presentación tanto del libro de la vida como de los libros exige preguntarse: Si tu nombre está en el libro de la vida, ¿es entonces irrelevante el registro que contienen los libros de tu vida? No, no lo es.

En su sermón titulado "Todos compareceremos delante del juicio de Dios", John Piper explica que lo que está escrito en los libros es condenación para quienes no están conectados a Cristo, mientras que será una confirmación para todos los que están unidos a Él por la fe.[6] Lo que está escrito allí confirmará que estamos conectados a Cristo en un modo transformador que trae salvación. Si estás en Cristo, los libros mostrarán cómo has confiado en su misericordia y has aceptado su perdón, cómo tus apetitos y afectos han cambiado según la obra del Espíritu Santo en ti y que se ha hecho evidente en tu manera de vivir. Los libros documentarán todas las cosas que has podido hacer y todo lo que has llegado a ser por la gracia de Dios en tu vida en virtud del vínculo que te une a Jesús.

Y ¿cuál será el resultado de este juicio? Los que no tienen nada a qué apelar aparte de sus obras carnales descubrirán que, tristemente, todos sus esfuerzos son inadecuados para protegerlos de la segunda muerte, la muerte del alma. Es difícil leer las palabras que describen el fin de los que rechazaron a Cristo y que, por ende, no realizaron el acto crucial de clamar por su misericordia. Sin embargo, por difícil que resulte leer las palabras "fueron lanzados al lago de fuego", la realidad que describen es absolutamente insoportable.

Aunque Apocalipsis 20 no nos dice específicamente cuál es el resultado de este juicio para quienes han vencido al mundo y se han aferrado a Cristo, otros pasajes sí lo hacen. Jesús dijo: "Porque el Hijo del Hombre vendrá en la gloria de su Padre con sus ángeles, y entonces pagará a cada uno conforme a sus obras" (Mt. 16:27). En el último capítulo de Apocalipsis, Jesús lo expresa en estas palabras: "He aquí yo vengo pronto, y mi galardón conmigo, para recompensar a cada uno según sea su obra" (Ap. 22:12). Para el creyente, lo que sigue después del juicio es recompensa. ¿En qué forma? No lo sé. Pero sea lo que sea, yo la quiero. ¿Y tú?

Cosas que ojo no vio, ni oído oyó,
Ni han subido en corazón de hombre,
son las que Dios ha preparado para los que le aman (1 Co. 2:9).

---

6. John Piper, "We Will All Stand before the Judgement of God", sermón, Bethlehem Baptist Church, Minneapolis, MN, 30 de octubre de 2005, https://www.desiringgod.org/.

Sea lo que sea, al final esto definirá lo que significa ser bendecido.

Lo que significa oír y guardar Apocalipsis 19:11–20:15

Hemos reflexionado acerca de lo que significa estar en el lado correcto o equivocado de la historia cuando llegue a su fin la historia humana tal y como la conocemos. Apocalipsis 19 y 20 nos han presentado dos destinos profundamente diferentes. Estar en el lado correcto de la historia va a significar muchas veces estar en contradicción con las actitudes, los valores y los agentes de poder que prevalecen en nuestros días. Sin embargo, en el día final de la historia, mientras que muchos lamentarán haber entregado su lealtad al régimen actual, nadie que se haya puesto del lado de Jesús lo lamentará en absoluto.

Estos capítulos en Apocalipsis nos han mostrado que quienes sirven en el ejército del Rey, quienes son partícipes de la resurrección de Cristo, quienes están a salvo en el interior de la congregación de los santos, aquellos cuyos nombres se encuentran en el libro de la vida, demostrarán que han estado en el lado correcto de la historia. Así que oír y guardar lo que está escrito en estos capítulos es ante todo correr a Jesús y estar unidos a Él en su muerte, de modo que participemos de su resurrección, seamos parte de la congregación de los santos y seamos limpios en la sangre del Cordero. El asunto más urgente en esta vida es determinar si el Rey Jesús es o no nuestro Rey.

Podemos vivir con la confianza de que la derrota y la destrucción finales del diablo están garantizadas.

Si es cierto que Satanás ha sido atado (¡y lo es!) para no poder engañar más a las naciones con sus mentiras acerca de las bondades de Cristo, quiere decir que podemos dedicarnos a comunicar el evangelio a las personas que nunca antes lo han oído, confiados en que algunos van a poder oírlo, entenderlo y responder a él en arrepentimiento y fe. A veces somos muy pesimistas frente a la posibilidad de que alguien con quien compartimos el evangelio realmente se vuelva a Cristo. Sin embargo, la buena noticia que encontramos en Apocalipsis 20 es que Satanás con sus mentiras es el que está limitado y en desventaja, no Cristo y su verdad.

Si es cierto (¡y lo es!) que cuando morimos es solo el comienzo de una vida eterna en la que reinamos con Cristo, no tenemos que temer que nos discriminen, persigan, odien o hagan daño en los pocos años que dura esta vida. No tenemos que temer la realidad desconocida de la muerte, gracias a lo que ha sido revelado claramente acerca de esa vida después de la muerte.

Y esas son buenas noticias según lo que se nos ha revelado aquí acerca del momento en que Satanás es liberado para hacer guerra justo antes de que Jesús venga a condenarlo al tormento eterno. Esto quiere decir que podemos esperar no menos sino más apostasía, más falsas enseñanzas que engañarán a muchos y más persecución, por lo que será más difícil perseverar en la verdad. Sin embargo, también significa que por el resto de nuestra vida podemos vivir con la confianza de que la derrota y la destrucción finales del diablo están garantizadas. Él no va a oprimir para siempre a la iglesia con sus artimañas perversas.

Al meditar en lo que el juicio venidero de la humanidad significa para nosotros, entendemos que la forma en que vivimos nuestra cotidianidad tiene un peso eterno. Un día daremos cuenta del uso que dimos a lo que Dios nos confió para el regreso de su reino y todo lo que hicimos para su gloria se sumará a nuestro gozo eterno.

Nos hallaremos en el lado correcto de la historia, no porque fuimos listos o entendidos, sino porque en su gracia nuestro Rey se reveló a nosotros y ha dispuesto hacernos partícipes de su victoria por toda la eternidad.

11

LA BENDICIÓN DE VIVIR EN LA NUEVA CREACIÓN CON JESÚS

Apocalipsis 21:1–22:5

¿ALGUNA VEZ HAS experimentado o realizado algo que te llevó a pensar: *Para esto fui hecho*? Recuerdo que así me sentí cuando obtuve mi primer empleo como publicista en una compañía editorial cristiana. Dado que yo tenía entrenamiento musical, en un principio busqué un trabajo con la idea de encontrar mi lugar en la división musical de la compañía. Sin embargo, el puesto que estaba disponible para un asistente de publicidad era en la división de publicaciones. Me encantaban los libros, de modo que me lancé. Y en poco tiempo me di cuenta de que había encontrado un trabajo para el cual fui hecha.

Supongo que algunas personas se sienten de ese modo cuando descubren que tienen un cuerpo dotado para correr rápido, una mente ágil para los números o una afición por la cocina o la decoración. Yo no fui hecha para ninguna de esas cosas.

Tal vez lo opuesto a la sensación de "estar hecho para algo" es la impresión de que las cosas "no son como deberían". Y la mayoría lo hemos experimentado en algún momento. Lograr lo que esperamos no debería ser tan difícil. Las relaciones no deberían ser tan frágiles. Los gobiernos no deberían ser tan corruptos. Los cuerpos no deberían ser tan vulnerables. Las pérdidas no deberían ser tan dolorosas. El

237

trabajo no debería ser tan frustrante. Las iglesias no deberían estar plagadas de conflicto. La vida no debería ser tan solitaria. A mi modo de ver, gran parte de nuestra vida está marcada por el "no debería ser así". ¿Qué piensas de esto?

Por fortuna, la Biblia nos revela aquello para lo cual fuimos hechos y, asimismo, por qué las cosas no son como deberían. Hay una relación, un hogar, un propósito para los cuales fuimos creados y que Adán y Eva perdieron, y de paso toda la humanidad, el día en que se apartaron de la bondad de Dios en el huerto de Edén. Su rebelión contra Dios trajo al mundo ese estado de "no debería ser así". Sin embargo, para dicha nuestra, la Biblia nos asegura que este estado no perdurará para siempre. Apocalipsis 21 y 22 nos presentan una imagen del día en que todos los que están en Cristo dejarán para siempre el estado de "no debería ser así" para entrar en la nueva realidad eterna y definitiva donde podremos decir que "para esto fuimos hechos". Y así será porque, en efecto, para eso *fuimos* hechos. Apocalipsis 21 y 22 nos muestran la relación para la cual fuimos hechos, la tierra que fuimos hechos para heredar, la comunidad que fuimos hechos para conformar, la gloria que fuimos hechos para disfrutar y la satisfacción que fuimos destinados a gozar para siempre.

En el centro del pasaje está una declaración que es, en realidad, la esperanza en el corazón de nuestra existencia, de modo que será nuestro punto de partida:

> Y el que estaba sentado en el trono dijo: He aquí, yo hago nuevas todas las cosas. Y me dijo: Escribe; porque estas palabras son fieles y verdaderas (Ap. 21:5).

Recibimos toda clase de mensajes de personas y fuentes que no son confiables y que tienen su propia agenda. En cambio, esta palabra nos presenta una verdad que es lo bastante sólida para edificar sobre ella nuestra vida. La persona que habla también tiene una agenda. Su agenda es bendición y su estrategia para cumplirla es una novedad permanente que abarca toda la realidad de la vida. Esta es la novedad que anhelamos en un mundo donde todo se rompe, todo se gasta, todo está bajo los efectos de la maldición. La promesa aquí no es que Dios hará todo nuevo, sino más bien que todas las cosas en su creación que fueron afectadas por la maldición van a ser restauradas, renovadas y resucitadas.

> Y me dijo: Hecho está. Yo soy el Alfa y la Omega, el principio y el fin (Ap. 21:6).

Aquel que puso en marcha las cosas en el principio es el que llevará todas las cosas a su fin señalado. En Génesis 1 a 3 leemos acerca del principio y aquí en Apocalipsis 21 y 22 leemos acerca del fin.

- El Alfa y la Omega que en el principio presentó una novia a su hijo Adán al final presentará una novia a su Hijo, el segundo Adán. Este es el dichoso matrimonio que fuimos hechos para disfrutar.
- El Alfa y la Omega que en el principio creó una tierra para Adán y Eva y su descendencia, al final dará esa tierra, el mundo entero, como herencia a todos los que se convierten en sus hijos e hijas por la fe (Ro. 4:13). Esta es la tierra que fuimos hechos para heredar.
- El Alfa y la Omega que en el principio mandó a Adán y Eva que fueran fructíferos, se multiplicaran y llenaran la tierra, al final acogerá a un pueblo de toda tribu, lengua y nación para recibirlos en una ciudad que llenará la tierra. Esta es la comunidad multicultural que fuimos hechos para conformar.
- El Alfa y la Omega que en el principio caminó con los suyos en el santuario de Edén, al final morará con su pueblo en el lugar más santo que se extenderá a cada rincón de la tierra. Esta es la gloria que fuimos hechos para disfrutar.
- El Alfa y la Omega que en el principio plantó un árbol de vida en el centro del huerto para nutrir y sustentar a su pueblo, al final dará a las naciones un nuevo huerto donde todos encontrarán sanidad y restauración, plenitud

de satisfacción y provisión. Esta es la vida, la sanidad y la satisfacción que fuimos hechos para gozar eternamente.

¿Acaso no suena maravilloso todo esto? Este es el mundo y la vida para los cuales fuimos hechos. Y es precisamente lo que Juan vio en su visión.

Vi un cielo nuevo y una tierra nueva; porque el primer cielo y la primera tierra pasaron, y el mar ya no existía más (Ap. 21:1).

La "primera tierra", o el "antiguo orden" como lo expresan algunas traducciones de Apocalipsis 21:4, la manera en que funcionan las cosas en un mundo marcado por la maldición, pasa. Juan vio cómo será la creación cuando "Él viene a hacer fluir sus bendiciones do quiera se halle la maldición",[1] después que la creación quede purificada del mal, cuando "la creación misma será libertada de la esclavitud de corrupción, a la libertad gloriosa de los hijos de Dios" (Ro. 8:21). A lo largo de las Escrituras el mar denota un lugar de caos, maldad y peligro, y en Apocalipsis el mar ha sido la morada de la bestia. De modo que cuando Juan dice que el mar pasa, se refiere a que nada malo aparecerá nunca más en la nueva creación.

Juan empieza en seguida a usar imágenes que aparecen a lo largo de la Biblia: La imagen del matrimonio, de la herencia, de la ciudad, del templo y del huerto, para exponer las maravillas de la nueva creación, empezando con la imagen bíblica del matrimonio.

El matrimonio para el que fuiste hecho

En el principio, Dios presentó una novia a su hijo Adán. Era un matrimonio sumamente prometedor. Era un matrimonio con una misión. Estaban llamados a llenar la tierra y sojuzgarla, a extender las fronteras de Edén para que la tierra entera se convirtiera en un huerto paradisíaco lleno de portadores de la imagen de Dios. Eran dos personas sin pecado con nada qué ocultar y todo para disfrutar en compañía del

---

1. Isaac Watts, "Joy to the World", 1719; "Al mundo paz", traducción libre.

otro. Sin embargo, cuando entró el pecado en la escena, el gozo de recibir una novia se convirtió en el señalamiento de la novia, cuando Adán dijo: "La mujer que me diste por compañera me dio del árbol, y yo comí" (Gn. 3:12). Por cuenta de los efectos de la maldición su matrimonio quedó infectado por luchas de poder y decepción.

Se necesitaba un novio más fiel que Adán, uno que obedeciera en lugar de rebelarse, uno que guiara fielmente a su novia a comer juntos del árbol de la vida en lugar de hacer que les fuera restringido el acceso a él. Y cuando Jesús apareció en la escena, fue así como Juan lo identificó en su Evangelio, como el Novio fiel. Juan refirió estas palabras de Juan el Bautista: "El que tiene la esposa, es el esposo" (Jn. 3:29). Pablo también presenta a Jesús en esos términos, escribiendo que, desde aquel primer matrimonio en Edén, el sentido más profundo del matrimonio ha sido siempre el supremo matrimonio eterno de Cristo con su novia (Ef. 5:32). En 5:31 cita a Moisés, que escribió: "Por tanto, dejará el hombre a su padre y a su madre, y se unirá a su mujer, y serán una sola carne" (Gn. 2:24) y dice: "Grande es este misterio; mas yo digo esto respecto de Cristo y de la iglesia" (5:32). El matrimonio humano siempre tuvo como propósito revelarnos algo acerca de la relación que Dios desea tener con su pueblo.

Por supuesto, hasta ahora, mientras esperamos este matrimonio eterno con Cristo, es evidente que se trata de un compromiso muy largo. Y al parecer Apocalipsis reconoce que puede ser muy difícil permanecer fiel en un compromiso tan prolongado. El libro de Apocalipsis ha sido un llamado a la perseverancia paciente, un llamado para la novia de Cristo a velar con paciencia y esperanza la llegada de su Novio. Y en Apocalipsis 21, Juan ve una visión del día cuando la espera terminará:

> Y yo Juan vi la santa ciudad, la nueva Jerusalén, descender del cielo, de Dios, dispuesta como una esposa ataviada para su marido (Ap. 21:2).

Es la hermosa novia de Cristo, lista para la boda, para la consumación de un matrimonio eterno con su Novio. La separación terminará. Por fin la novia y el Novio estarán juntos en casa:

Y oí una gran voz del cielo que decía: He aquí el tabernáculo de Dios con los hombres, y él morará con ellos; y ellos serán su pueblo, y Dios mismo estará con ellos como su Dios. Enjugará Dios toda lágrima de los ojos de ellos; y ya no habrá muerte, ni habrá más llanto, ni clamor, ni dolor; porque las primeras cosas pasaron (Ap. 21:3-4).

Lo que Dios ha querido siempre es morar con el ser humano. Y si te detienes a pensarlo, en realidad es algo absolutamente asombroso, que Dios quiera morar con nosotros, ¿no te parece? Así es. Y claramente Él quiere acercarse a nosotros, acercarse tanto que enjugará las lágrimas de nuestros ojos, todas las lágrimas que hemos derramado por el sufrimiento y las pérdidas en esta vida. La perseverancia paciente en esta vida no significa que nuestras experiencias mientras esperamos no duelan. Vivir en este mundo acarrea mucho dolor. Sin embargo, podemos estar seguros de que nuestro Novio ha visto los daños, los sacrificios y los desaires. Él sabe lo que supone vivir en este mundo porque Él entró en este mundo para vivir en él y experimentó los peores padecimientos de este mundo. Y un día volverá por nosotros. Él llegará como un guerrero en un caballo blanco para acabar con todo lo que nos ha causado sufrimiento y aflicción. Y entonces vendrá a nosotros como un novio para instaurar nuestro matrimonio eterno. Por fin tendremos con Él la intimidad que siempre hemos anhelado y que nunca hemos podido alcanzar o mantener. Amaremos a Aquel que nos amó primero.

Es posible que en esta vida hayas tenido la bendición de tener un matrimonio largo y feliz. En ese caso, has disfrutado un anticipo del cielo. O puede ser que hayas pasado muchos años anhelando casarte, que una relación matrimonial te haya decepcionado o que te hayas dado por vencido respecto al matrimonio. Lo cierto es que por bueno que sea un matrimonio humano, ninguno puede colmar nuestros anhelos de aquello que solo el matrimonio eterno con nuestro Novio puede proveer y proveerá.

Un día Dios va a presentarnos como una novia para su Hijo, Aquel que nos amó y se entregó a sí mismo por nosotros, para santificarnos, habiéndonos purificado en el lavamiento del agua por la Palabra, a fin de presentarnos a sí mismo una iglesia gloriosa, sin mancha ni arruga ni cosa semejante, sino santa y sin mancha (ver Ef. 5:25-27). Su rostro irradiará un gozo que se reflejará en nuestros rostros. Él nos recibirá en su hogar para dar inicio al matrimonio eterno.

La tierra que fuiste hecho para heredar

Mientras que la imagen de la novia y del Novio refleja la intimidad que gozaremos en la eternidad con Cristo, la imagen del padre y el hijo refleja la herencia que será nuestra en Cristo:

> El que venciere heredará todas las cosas, y yo seré su Dios, y él será mi hijo. Pero los cobardes e incrédulos, los abominables y homicidas, los fornicarios y hechiceros, los idólatras y todos los mentirosos tendrán su parte en el lago que arde con fuego y azufre, que es la muerte segunda (Ap. 21:7-8).

En el principio, a Adán y Eva les fue dado dominio y el encargo de multiplicarse y llenar la tierra. Si ellos hubieran obedecido, la tierra entera habría sido suya. Sin embargo, a causa de su desobediencia Adán y Eva fueron expulsados del huerto y perdieron su acceso y posesión de la tierra. Dios empezó entonces a obrar en su pueblo para darles una herencia de tierra, por lo que llamó a Abraham a que dejara su familia y su país para ir a la tierra que Él iba a entregarle. A pesar de que los descendientes de Abraham estuvieron en el exilio en Egipto durante cuatrocientos años, Moisés lideró su salida de Egipto y Josué los guió a la tierra prometida donde cada tribu, clan y familia recibió una herencia de territorio. Tener una parte en la tierra prometida era tener una parte de las promesas de Dios a su pueblo, todas sus bendiciones prometidas.

Por supuesto, Abraham siempre comprendió que la tierra que Dios le dio a él y a sus descendientes en realidad prefiguraba una herencia mucho más grande. El autor de Hebreos dice: "Por la fe [Abraham] habitó como extranjero en la tierra prometida como en tierra ajena, morando en tiendas con Isaac y Jacob, coherederos de la misma promesa; porque esperaba la ciudad que tiene fundamentos, cuyo arquitecto y constructor es Dios" (He. 11:9-10). Fue evidente que Abraham vio en la promesa de la tierra de Canaán una realidad mucho más profunda. Pablo escribe que la promesa a Abraham y su descendencia era "que sería heredero del mundo" y que todo aquel que vive por la fe es parte de "su descendencia" (Ro. 4:13, 16). Eso significa que, si estás en Cristo, tú, junto con el resto de tus hermanos y hermanas, serán herederos . . . del mundo. Un día, nuestro Señor, que es mayor que Josué, va a guiarnos a la tierra de la cual la tierra prometida de Canaán nada más fue una sombra. Al fin tomaremos posesión completa de nuestra herencia en la verdadera tierra donde fluye leche y miel. Esa será la tierra que siempre anhelamos, la tierra que Canaán prefiguraba, la tierra donde estaremos por fin en casa.

Si estás en Cristo, tú, junto con el resto de tus hermanos y hermanas, serán herederos . . . del mundo.

Sin embargo, para hacer posible esta gran herencia, Jesús tenía que ser cortado de la tierra. Isaías escribe que Él "fue cortado de la tierra de los vivientes, y por la rebelión de mi pueblo fue herido" (Is. 53:8). Jesús fue exiliado de la tierra de la bendición y descendió al lugar de los muertos a fin de que tú y yo pudiéramos tener la expectativa de vivir en la tierra de la promesa para siempre.

Es posible que tengas la bendición de recibir una gran herencia de tu familia terrenal. Tal vez has heredado una suma importante de dinero o alguna propiedad de gran valor. Tal vez te han dado un nombre que inspira respeto y un gran sentido de pertenencia. O tal vez no tienes nada de eso. Tal vez has estado alejado de tu familia o nunca has tenido realmente un hogar o un lugar al que sientes que perteneces. Sin importar lo que tu padre y tu madre terrenales hayan o no provisto para ti o te hayan heredado, si estás en Cristo puedes estar seguro de que tu Padre celestial desea proveerte una gran herencia. Él ya te ha dado su nombre. Tu hermano ha ido delante de ti para prepararte un lugar. Además, con tu amor y servicio a Él atesoras para ti. Por lo tanto, no debes permitir que este mundo se convierta en tu hogar, debes rehusarte a creer sus promesas falsas y a ceder a sus pecados que contaminan. Quienes aman este mundo también tendrán una herencia o, en palabras de Juan, "su parte" (Ap. 21:8), pero no será en una creación purificada en una tierra celestial. Será en un lago de fuego.

La bendición consiste en vivir esta vida sin temor a recibir esa parte y, en cambio, con la certeza de ser recibido en una nueva creación donde recibirás una herencia que compensará cualquier carencia que hayas vivido. Tendrás la bendición de una herencia inmerecida e inconmensurable que nada ni nadie te puede arrebatar.

La comunidad que fuiste hecho para conformar

> Vino entonces a mí uno de los siete ángeles que tenían las siete copas llenas de las siete plagas postreras, y habló conmigo, diciendo: Ven acá, yo te mostraré la desposada, la esposa del Cordero. Y me llevó en el Espíritu a un monte grande y alto, y me mostró la gran ciudad santa de Jerusalén, que descendía del cielo, de Dios, teniendo la gloria de Dios. Y su fulgor era semejante al de una piedra preciosísima, como piedra de jaspe, diáfana como el cristal. Tenía un muro grande y alto con doce puertas; y en las puertas, doce ángeles, y nombres inscritos, que son los de las doce tribus de los hijos de Israel; al oriente tres puertas; al norte tres puertas; al sur tres puertas; al occidente tres puertas. Y el muro de la ciudad tenía doce cimientos, y sobre ellos los doce nombres de los doce apóstoles del Cordero (Ap. 21:9-14).

En este pasaje, Juan superpone dos metáforas para describir la misma realidad. El ángel dice que quiere mostrarle a Juan la novia, la esposa del Cordero, y pasa a mostrarle la ciudad santa. Por consiguiente, la novia, la totalidad de creyentes que han sido unidos a Cristo, constituyen una ciudad, la santa ciudad de Jerusalén. Dice el pasaje que esta ciudad desciende del cielo porque esta ciudad, estas personas, son el resultado de la obra transformadora del Espíritu Santo en la vida de los pecadores comunes. Cualquier rastro de pecado en sus vidas ha desaparecido. Ellos irradian la belleza, la gloria y la santidad de Dios.

La lectura del pasaje debe llevarnos a pensar en las ciudades que refiere la Biblia. Encontramos en Génesis 4 la primera ciudad que edificó Caín y que llamó por nombre Enoc, como su hijo; esta ciudad se fundó con el propósito específico que mantener a Dios fuera de ella. Ese ha sido siempre el objetivo de las ciudades fundadas por los hombres. Lo mismo sucedió con la otra ciudad importante que aparece más adelante en la Biblia, la ciudad llamada Babel. Fue una ciudad que se construyó para desafiar el mandato divino de extenderse por la tierra. Sus habitantes buscaron hacerse un nombre. En lugar de vivir para la gloria de Dios querían instaurar su propia gloria. Por supuesto, Babel terminó mal. También leemos acerca de la ciudad de Sodoma, cuyos habitantes eran "malos y pecadores contra Jehová en gran manera" (Gn. 13:13) y, al mismo tiempo, víctimas de su violencia sexual e injusticia. Dios destruyó a Sodoma y Gomorra con azufre y fuego. La siguiente ciudad importante en la historia bíblica es Jerusalén. Jerusalén estaba destinada a convertirse en una ciudad donde el pueblo de Dios pudiera disfrutar de la presencia de Dios en medio de ellos. Y tuvo sus días buenos. Sin embargo, Jerusalén fue mancillada por la idolatría y otros males. La ciudad que Dios decidió usar como instrumento de juicio y medio de purificación para Jerusalén fue nada menos que Babilonia, la cual sometió a sus habitantes a vivir como refugiados en las afueras. Con el tiempo, el pueblo de Dios regresó del exilio para reconstruir la ciudad de Jerusalén, pero nunca recuperó la gloria de otrora. Esta fue la Jerusalén a la que Jesús se acercó y por la cual lloró. Esta fue la Jerusalén que lo rechazó y le dio muerte.

Así que, en muchos sentidos, resulta absolutamente asombroso que Juan describa la comunidad de los que han sido unidos a Cristo como la "nueva Jerusalén". ¿Qué nos revela esto? Nos muestra que Dios, a partir de la ciudad del hombre que ama a sus ídolos, que desafía a Dios y rechaza a Cristo, está creando una ciudad santa en la cual ha dispuesto que morará con su pueblo. Esta es la esencia de lo que significa ser hecho de nuevo. Dios escoge a hombres y a mujeres como nosotros, que adoran ídolos de placer y de orgullo, hombres y mujeres como nosotros que odian a Dios, hombres y mujeres como nosotros que rechazan continuamente las riquezas de Cristo por las baratijas del mundo, y nos convierte en una ciudad, una comunidad en la que Él quiere habitar.[2]

Hay doce puertas en los cuatro costados de la ciudad: Oriente, norte, sur y occidente. En otras palabras, vendrán personas de todas partes a vivir en esta ciudad. Las puertas tienen los nombres de las doce tribus y el muro tiene doce cimientos sobre los cuales están escritos los nombres de los doce apóstoles. ¿Qué busca revelarnos Juan con esto? Definitivamente algo que nos revela aquí es que no existen dos comunidades aparte, por un lado Israel y por el otro la iglesia. Dios tiene un solo pueblo multinacional y multicultural. Lo que los define, sin importar de qué rincón de la tierra provengan, es el hecho de que han abrazado el evangelio de Jesucristo proclamado por los apóstoles. El boleto de entrada a esta ciudad es abrazar este glorioso evangelio.

Hay algo más que nos revelan estas puertas por donde entran a la ciudad personas de todas partes. Vivimos en un mundo de sospecha, elitismo, racismo y nacionalismo que llena a muchos de orgullo, incita al enojo y al resentimiento, lo cual crea profundas divisiones entre grupos humanos. Cuando dejamos esas barreras atrás y aceptamos a nuestros hermanos y hermanas en Cristo de diferentes razas y culturas, nos convertimos en un anticipo viviente de la hermosa comunidad en la que vamos a vivir por la eternidad.

Imagínatelo nada más. Una comunidad sin divisiones. Sin discordias. Sin desconfianza. Vamos a vivir juntos con hermanos y hermanas en Cristo provenientes de toda tribu, lengua y nación, compartiendo el amor de Cristo para siempre.

La nueva Jerusalén es una ciudad con muros. Los muros denotan seguridad. Tú y yo vivimos en un mundo inseguro donde cerramos nuestras puertas y les ponemos llave. Nos asedian escenas de bombardeos

---

2. Este párrafo ha sido adaptado de mi libro anterior *The Son of David: Seeing Jesus in the Historical Books* (Wheaton, IL: Crossway, 2013), 241.

en los centros de las principales ciudades, de refugiados que arriesgan sus vidas para huir de la pobreza y el peligro, reportes noticiosos acerca de virus mortíferos, abejas asesinas, desastres naturales, aguas contaminadas, armas nucleares, ciberataques y disturbios sociales. Sabemos que somos vulnerables. Aun así, esa vulnerabilidad tiene fecha de caducidad.

Un día vamos a establecer nuestro hogar en la nueva creación que será completamente segura. Será perfectamente pacífica. Tendrá una belleza sin par y recursos ilimitados.

Juan ha usado las imágenes de una novia, de un hijo y de una ciudad para ayudarnos a comprender las excelencias que nos esperan en la nueva creación. Y hemos visto que cada una de estas imágenes se superponen para revelar un aspecto particular de la realidad del mundo venidero y de lo que seremos como una novia, como un hijo y como una comunidad en la nueva creación. A continuación, Juan usa la imagen que ha ocupado un primer plano en la historia bíblica desde el principio, la imagen del templo.

La gloria que fuiste hecho para disfrutar

Juan habla todavía en términos de una ciudad, pero nos revela que la ciudad también es un templo, según las medidas que nos presenta del lugar:

> El que hablaba conmigo tenía una caña de medir, de oro, para medir la ciudad, sus puertas y su muro. La ciudad se halla establecida en cuadro, y su longitud es igual a su anchura; y él midió la ciudad con la caña, doce mil estadios; la longitud, la altura y la anchura de ella son iguales (Ap. 21:15-16).

En el principio, Dios diseñó un santuario inundado de luz resplandeciente, decorado con piedras preciosas, lleno de su gloria penetrante y habitado por su pueblo. Era un lugar santo, y cuando Adán y Eva pecaron no pudieron seguir viviendo en ese santuario santo con un Dios santo. Así que Dios dio inicio a su plan de purificar a su pueblo para permitirles así entrar de nuevo a su presencia.

Mandó a su pueblo edificar un santuario en forma de tienda e instituyó sacrificios de purificación. En el interior de la tienda se encontraba el lugar santísimo, una habitación que era un cubo perfecto donde Él descendía para morar en medio de su pueblo. Los sacerdotes que entraban después de ofrecer los sacrificios de purificación tenían piedras preciosas en sus vestidos. Más adelante, cuando su pueblo tuvo un hogar más permanente en Israel, Dios descendió para morar en medio de ellos en el santuario supremo que era el templo. Sin embargo, había un problema. Solo una persona, una vez al año, podía entrar en la presencia de Dios. El sumo sacerdote entraba al lugar santísimo una sola vez al año, mientras que todos los demás tenían que esperar desde lejos. La única manera en que el pueblo de Dios puede acercarse a la presencia de un Dios santo es siendo perfectamente santos. Pero ¿cómo es posible lograr esto?

Dios está llevando a cabo su plan de llevarnos a su presencia por medio de Jesús, quien entró en este mundo mancillado por el pecado y se ofreció a sí mismo una vez y para siempre como sacrificio por nuestro pecado. Dios, "que no conoció pecado, por nosotros lo hizo pecado, para que nosotros fuésemos hechos justicia de Dios en él" (2 Co. 5:21). Incluso ahora Dios está obrando para santificarnos a fin de que podamos entrar en su lugar santísimo y que no estemos más confinados a un recinto de 4.5 × 4.5 × 4.5 metros en un templo que se encuentra en Oriente Medio. Antes bien, la tierra entera se volverá el lugar santísimo del templo. Un día, cuando la obra santificadora de Dios en nosotros sea completa, al fin tendremos la gloria, la santidad y la belleza para las cuales fuimos creados, de tal modo que podremos entrar en la presencia de Dios para contemplar su hermosura. Esta hermosura es lo que representa este pasaje con las joyas incrustadas en los cimientos de esta ciudad-templo:

Vamos a vivir juntos con hermanos y hermanas en Cristo provenientes de toda tribu, lengua y nación, compartiendo el amor de Cristo para siempre.

Y midió su muro, ciento cuarenta y cuatro codos, de medida de hombre, la cual es de ángel. El material de su muro era de jaspe; pero la ciudad era de oro puro, semejante al vidrio limpio; y los cimientos del muro de la ciudad estaban adornados con toda piedra preciosa. El primer cimiento era jaspe; el segundo, zafiro; el tercero, ágata; el cuarto, esmeralda; el quinto, ónice; el sexto, cornalina; el séptimo, crisólito; el octavo, berilo; el noveno, topacio; el décimo, crisopraso; el undécimo, jacinto; el duodécimo, amatista. Las doce puertas eran doce perlas; cada una de las puertas era una perla. Y la calle de la ciudad era de oro puro, transparente como vidrio (Ap. 21:17-21).

La bendición de la nueva creación consiste en que el que empezó la buena obra en nosotros es fiel en completarla.

C. S. Lewis escribe en *El peso de la gloria*: "No queremos simplemente ver la belleza, aunque, bien lo sabe Dios que es suficiente recompensa. Queremos algo más que difícilmente podemos describir con palabras: Unirnos con la belleza que vemos, convertirnos en ella, recibirla como propia, bañarnos en ella, volvernos parte de ella".[3] Y un día así será. La imagen que nos presenta Juan de esta realidad inspira ese anhelo en nosotros:

Y no vi en ella templo; porque el Señor Dios Todopoderoso es el templo de ella, y el Cordero. La ciudad no tiene necesidad de sol ni de luna que brillen en ella; porque la gloria de Dios la ilumina, y el Cordero es su lumbrera. Y las naciones que hubieren sido salvas andarán a la luz de ella; y los reyes de la tierra traerán su gloria y honor a ella. Sus puertas nunca serán cerradas de día, pues allí no habrá noche. Y llevarán la gloria y la honra de las naciones a ella. No entrará en ella ninguna cosa inmunda, o que hace

---

3. C. S. Lewis, *The Weight of Glory* (Nueva York: Harper Collins, 2001), 43. Publicado en español por Harper Collins con el título *El peso de la gloria*.

abominación y mentira, sino solamente los que están inscritos en el libro de la vida del Cordero (Ap. 21:22-27).

No habrá templo en esta ciudad porque la ciudad misma será un templo. Estará llena de personas que han sido purificadas por la sangre del Cordero cuyos nombres han sido escritos en su libro y han sido santificadas mediante la obra santificadora del Espíritu. Todos estaremos en la presencia cercana y constante de Aquel que nos amó y se entregó a sí mismo por nosotros.

La santidad del cielo nos resulta un poco intimidante en este momento. En cierto sentido, somos conscientes de que no encajaríamos en un lugar que es perfectamente santo. Tememos dejar por doquiera que vamos las huellas de nuestros fracasos morales. Sin embargo, la bendición de la nueva creación consiste en que el que empezó la buena obra en nosotros es fiel en completarla. El que dijo: "Sed santos porque yo soy santo" habrá perfeccionado su obra santificadora en nuestras vidas de tal modo que realmente seremos santos como Él es santo. Santos de manera perfecta, completa y permanente. Para eso fuimos hechos.

La satisfacción que fuiste hecho para gozar

Después del matrimonio, la herencia, la comunidad y el templo, Juan tiene una imagen más en su colección: el huerto.

Después me mostró un río limpio de agua de vida, resplandeciente como cristal, que salía del trono de Dios y del Cordero. En medio de la calle de la ciudad, y a uno y otro lado del río, estaba el árbol de la vida, que produce doce frutos, dando cada mes su fruto; y las hojas del árbol eran para la sanidad de las naciones. Y no habrá más maldición; y el trono de Dios y del Cordero estará en ella, y sus siervos le servirán (Ap. 22:1-3).

En el principio, Dios sembró un huerto. El árbol de la vida estaba en medio del huerto. El árbol del conocimiento del bien y del mal también estaba allí, donde Adán debía juzgar el bien como bien y el mal como mal conforme a lo que Dios había dicho. Fue allí que Adán debió aplastar la cabeza de la serpiente cuando tentó a Eva a comer de aquel árbol. Pero no lo hizo. Si Adán y Eva hubieran pasado la prueba de la obediencia representada en el árbol prohibido, habrían podido darse un banquete en el árbol de la vida en el huerto y, por consiguiente, habrían recibido una vida gloriosa, inagotable y plenamente satisfactoria. Pero no fue así. La gloria que les fue dada terminó manchada, la vida dio paso a la muerte y la satisfacción se volvió esquiva.

Por causa de su desobediencia, Adán y Eva fueron expulsados del huerto y Dios mandó un querubín con una espada encendida que se revolvía por todos lados para impedir el acceso al árbol de la vida. Entonces Dios envió a su Hijo, un segundo Adán, que también enfrentó la tentación ante un árbol, el árbol del Calvario. Para hacer posible que su pueblo entrara en la presencia de Dios, Jesús se sometió a la espada encendida. En la cruz, Jesús fue atravesado por esa espada encendida del juicio. Jesús enfrentó la muerte para que nosotros pudiéramos un día ser recibidos en el gran huerto suyo que Juan contempló en su visión.

Este huerto tendrá un río de cuyas aguas habló Jesús a la mujer samaritana cuando dijo: "El que bebiere del agua que yo le daré, no tendrá sed jamás; sino que el agua que yo le daré será en él una fuente de agua que salte para vida eterna" (Jn. 4:14). Y el árbol de la vida estará en ese huerto. Solo que para entonces se habrá extendido. Ya no será un árbol con un solo tipo de fruto y una cosecha de fruta por temporada. El árbol se extenderá a cada lado del río. Producirá doce tipos de fruto y una cosecha nueva cada mes. Aquí, el número doce indica que este árbol no solo va a darnos provisión, sino que va a proporcionarnos una satisfacción absoluta, completa y eterna.

Este será un huerto sanador. Recibiremos sanidad de todo tipo de enfermedad y desfiguración que el pecado haya producido en nosotros. Nada volverá jamás a ser maldito. Todo lo que la maldición nos ha quitado será restaurado.

En seguida, Juan nos muestra la mejor parte del nuevo huerto:

y verán su rostro, y su nombre estará en sus frentes (Ap. 22:4).

Son las palabras que el salmista nos inspiró a orar cuando escribió: "Una cosa he demandado a Jehová, esta buscaré; que esté yo en la casa de Jehová todos los días de mi vida, para contemplar la hermosura de Jehová, y para inquirir en su templo" (Sal. 27:4). Es lo que la bendición sacerdotal nos promete cuando se ora por nuestra vida con estas palabras: "Jehová haga resplandecer su rostro sobre ti, y tenga de ti misericordia" (Nm. 6:25). Veremos cara a cara su belleza. Seremos sellados y transformados por su belleza. Recibiremos aceptación y pertenencia perfectas. No nos veremos más por un espejo de manera borrosa, sino cara a cara. No conoceremos más en parte, sino plenamente, tal y como fuimos conocidos (1 Co. 13:12).

> No habrá allí más noche; y no tienen necesidad de luz de lámpara, ni de luz del sol, porque Dios el Señor los iluminará; y reinarán por los siglos de los siglos (Ap. 22:5).

La historia de la Biblia empezó con un hombre y una mujer hechos a imagen de Dios que recibieron el encargo de ejercer señorío sobre la creación. Por supuesto, sabemos que fallaron y permitieron que un bicho que se arrastra ejerciera señorío sobre ellos. El autor de Hebreos describe la realidad que hemos vivido desde entonces: "Pero todavía no vemos que todas las cosas le sean sujetas" (He. 2:8). Pareciera una declaración incompleta. Vivimos en un mundo en rebelión contra Cristo. Sin embargo, eso es solo lo que podemos ver desde nuestra perspectiva del aquí y el ahora. Juan pudo ver lo que será este mundo el día en que todos los que están en Cristo entren al reino o señorío que Dios deseó siempre para su pueblo. Cuando llegue ese día, todas las oraciones que hemos elevado para que se haga su voluntad en la tierra como en el cielo serán respondidas. Nuestra voluntad coincidirá a la perfección con la suya. Libres del pecado y del yo, viviremos en

Todas las oraciones que hemos elevado para que se haga su voluntad en la tierra como en el cielo serán respondidas.

este mundo en su esplendorosa presencia sin desear otra cosa aparte de lo que Él desea, sin amar nada más sino lo que Él ama. Eso es reinar por siempre y para siempre. Esa es su voluntad hecha en la tierra como en el cielo.

Lo que significa oír y guardar Apocalipsis 21:1–22:5

¿Qué debemos hacer con la maravilla de la nueva creación que Juan nos presenta en estos versículos? ¿Cómo oímos y guardamos esta increíble promesa? Ante todo (y perdóname si sueno a disco rayado

Juan ha corrido el velo para que podamos ver la bendición de la nueva creación.

cuando repito este llamado urgente del libro de Apocalipsis o, de hecho, de la Biblia entera), debemos estar unidos a Cristo. Pablo escribe: "Por lo tanto, si alguno está en Cristo, es una nueva creación" (2 Co. 5:17, NVI). En otras palabras, la novedad de esta nueva creación, su intimidad con Jesús, su pertenencia a Jesús, su belleza, seguridad, comunidad, satisfacción, iluminación, santidad, sanidad y felicidad, no están reservadas únicamente para el futuro. Para los que estamos en Cristo, son una realidad paulatina ahora mismo en nuestra vida interior.

~ La imagen de la nueva creación como un matrimonio nos sustenta a lo largo de la espera hasta que venga nuestro Novio, Jesús. Nos lleva a encaminar nuestros anhelos hacia ese matrimonio eterno.

~ La imagen de la nueva creación como una herencia produce en nosotros contentamiento. No nos ponemos ansiosos por lo que tenemos o no tenemos aquí y ahora, porque realmente creemos y esperamos el día en que, junto con todos los hijos de Abraham por la fe, vamos a heredar el mundo.

~ La imagen de la nueva creación como una comunidad multicultural nos lleva a abrir las puertas de nuestro corazón, a disponer la mesa en nuestros hogares y los bancos de nuestras iglesias para recibir a personas que han entrado quizás por una puerta diferente, que proceden de una cultura diferente, cuya piel es de otro color. Las amamos, las recibimos con los brazos abiertos y cultivamos una relación con ellas en el presente porque sabemos que vamos a pasar la eternidad en su compañía.

~ La imagen de la nueva creación como un templo santo nos motiva a aborrecer lo malo y a amar lo bueno más y más. En lugar de aferrarnos a nuestros pecados que antes hemos consentido, descubrimos en nosotros un deseo mayor de ser santos como Él es santo.

~ La imagen de la nueva creación como un huerto nos guarda de esperar que este mundo logre algún día satisfacernos. Sentimos sed del agua viva. Sentimos hambre del fruto del árbol de la vida. Anhelamos la satisfacción plena y completa que nos espera en el nuevo y mejor huerto venidero.

Apocalipsis 21 y 22 nos brindan nuevas categorías para definir lo que significa la verdadera bendición. Juan ha corrido el velo para que podamos ver la bendición de la nueva creación, donde gozaremos:

la bendición de ser ataviados como una novia para Jesús,
la bendición de estar en nuestro hogar con Jesús,
la bendición del consuelo de Jesús que enjuga nuestras lágrimas,
la bendición de beber el agua viva de Jesús,
la bendición de ser partícipes de la herencia de Jesús,
la bendición de contemplar el resplandor y la belleza de Jesús,
la bendición de vivir en la seguridad que Jesús provee,
la bendición de entrar en el lugar santísimo en virtud de la obra de Jesús,
la bendición de estar satisfechos en Jesús,
la bendición de ser sanados por Jesús,
la bendición de adorar a Jesús,
la bendición de ver el rostro de Jesús,

la bendición de pertenecer a Jesús para siempre,
la bendición de habitar en la luz radiante de Jesús,
la bendición de reinar para siempre con Jesús.

Seremos verdaderamente bendecidos. Seremos eternamente bendecidos. Sin duda, esta es la vida de bendición para la cual fuimos hechos.

12

LA BENDICIÓN DE GUARDAR LAS PALABRAS DE JESÚS

Apocalipsis 22:6-21

HACE UN TIEMPO, los editores del *New York Times* pidieron a sus lectores que opinaran acerca de un libro que hubiera influido en su manera de pensar, obrar o mirar el mundo.[1] Recibieron más de mil trescientas respuestas que citaban un gran número de libros, y los editores publicaron algunas de ellas en un artículo titulado "El libro que cambió mi vida".

Beth Krugman escribió acerca de cómo leer y preparar las recetas que encontró en *El arte de la cocina francesa* de Simone Beck, Louisette Bertholle y Julia Child había abierto nuevos horizontes gastronómicos para su familia.[2] Rick de Yampert escribió que leer *¡Corre, perro, corre!* de P. D. Eastman en su infancia lo llevó a amar la lectura como un medio para vivir aventuras.[3] G. Wayne Dowdy escribió que, cuando en octavo grado leyó la frase "Todos los animales son iguales,

---

1. Susan Mermelstein y Thomas Feyer, "The Book That Changed My Life", *New York Times*, 19 de enero de 2020, https://www.nytimes.com/.

2. Julia Child, Louisette Bertholle, Simone Beck, *Mastering the Art of French Cooking* (1961; repr., New York: Knopf, 2001). Publicado en español por Debate con el título *El arte de la cocina francesa*.

3. P. D. Eastman, *Go, Dog. Go!* (Nueva York: Random House, 1961). Publicado en español por Lectorum con el título *¡Corre, perro, corre!*

pero algunos animales son más iguales que otros" en *Rebelión en la granja* de George Orwell, sintió un escalofrío por la espalda y nunca volvió a ver con los mismos ojos la política y el gobierno.[4]

Hemos llegado al final de un libro extraordinario, un libro que tiene muchísimo más de lo que hemos podido extraer en estas pocas páginas. No puedo evitar preguntarme de qué manera lo que has visto en el libro de Apocalipsis influirá en tus pensamientos, tus actos o tu forma de mirar el mundo de aquí en adelante.

Hemos llegado a los últimos versículos del libro de Apocalipsis, su epílogo. Desde el prólogo, en Apocalipsis 1:1-8, hemos leído la crónica de Juan de las visiones que le fueron dadas y que nos permiten ver este mundo y lo que en él sucede desde la perspectiva del cielo. Hemos oído lo que Jesús dice a las iglesias que ama. Hemos sido invitados al salón del trono celestial para dar un vistazo a la gloria de Dios y al Cordero. Hemos visto cómo se desarrolla la historia al derramarse el juicio de Dios en formas preliminares y parciales y, por otro lado, el juicio de Dios el día en que se manifestará de manera final y completa. Hemos visto el sufrimiento pasajero y la seguridad definitiva de los santos, así como el sufrimiento eterno y la inseguridad definitiva que experimentarán todos aquellos que persisten en rechazar la gracia y la bondad de Dios. En los últimos capítulos hemos visto de qué forma el reino de este mundo dará paso al reino de nuestro Señor y de su Cristo. Sucederá por medio de su obra purificadora de juicio que limpiará de mal a toda la creación de modo que surja una nueva creación, una creación en la que Dios y su pueblo gozarán de una comunión cara a cara y de satisfacción eterna.

No existe un libro ni una historia que tengan un final más feliz que este. Por supuesto, este final no es realmente un final. El final está lleno de expectativa y anhelo de un nuevo comienzo, el nuevo matrimonio, la nueva herencia, la nueva comunidad, la nueva gloria y la nueva satisfacción que fueron descritos en el capítulo anterior. El epílogo que nos disponemos a considerar está lleno de expectativa

---

4. George Orwell, *Animal Farm* (Orlando, FL: Harcourt, 1946). Publicado en español por Destino con el título *Rebelión en la granja*.

por el suceso que introducirá esta nueva creación en toda su plenitud gloriosa, la segunda venida del Señor Jesús.

En estos últimos quince versículos oímos a Jesús, para ser exactos, tres veces. Tres veces Jesús dice a Juan, a sus primeros lectores en las siete iglesias en Asia, a cada creyente a lo largo de los siglos desde entonces y a ti y a mí hoy: "Vengo pronto". Tres veces aparta nuestra mirada de nuestros afanes cotidianos, de nuestras ambiciones a corto plazo y de nuestras metas miopes para dirigirla a aquello hacia lo cual Él ha dispuesto que nuestra vida se oriente y se encamine: Su venida.

¿Podemos ser francos y reconocer que en nuestro mundo moderno puede parecer una locura creer realmente que un día el Jesús que vivió en la tierra por treinta y tres años hace más de dos mil años va a regresar a esta tierra, ejecutar juicio sobre quienes lo rechazaron y establecer un nuevo huerto, una nueva ciudad, un nuevo templo con todos aquellos que lo recibieron? La gran mayoría en el mundo hoy pensaría que es una manera absurda, arcaica y poco sofisticada de mirar el mundo y el futuro.

Sin embargo, en las últimas palabras de Apocalipsis Jesús nos insta una y otra vez a poner nuestra mira expectante en esa realidad. Una vida cristiana en la que simplemente orientamos nuestra vida en función de las enseñanzas y el ejemplo de Jesús sin esperar su regreso físico a esta tierra, en realidad, no es una vida cristiana. El enfoque cristiano es proyectarse a anticipar el próximo gran suceso de la historia redentora: la segunda venida de Jesucristo.

Creer que Jesús va a regresar a esta tierra puede parecer una locura a la mayoría de las personas en el mundo. Pero no es una locura. Basados en lo que hemos leído en el conjunto de la Biblia, que incluye lo que fue revelado en el libro de Apocalipsis, vivir con la expectativa de la segunda venida de Jesús es la manera más sabia de vivir, porque se trata de la verdad más confiable del universo. Eso dijo el ángel a Juan después de escribir las visiones que componen el libro de Apocalipsis:

Y me dijo: Estas palabras son fieles y verdaderas. Y el Señor,
el Dios de los espíritus de los profetas, ha enviado su ángel,

para mostrar a sus siervos las cosas que deben suceder pronto (Ap. 22:6).

Nunca llegará el día en que lamentes haber creído lo que Juan escribió en este libro acerca de la progresión y el desenlace final de la historia humana. Recuerda cómo llegó a Juan dicho contenido: Se originó en Dios mismo y le fue confiado a Jesús, quien a su vez lo entregó a su ángel, quien a su vez lo comunicó a Juan, quien por su parte lo escribió para la iglesia y para nosotros. Puedes depositar tu confianza en la fiabilidad de lo que lees en Apocalipsis. Y conforme pones tu confianza en ese mensaje y vives a la luz de él, experimentarás la promesa que lo acompaña: La promesa de bendición.

La bendición de guardar el mensaje de Apocalipsis

A todo lo largo de este libro hemos seguido la pista de la promesa de bendición en Apocalipsis. En los últimos versículos encontramos la misma promesa de bendición que leemos en el primer capítulo:

> ¡He aquí, vengo pronto! Bienaventurado el que guarda las palabras de la profecía de este libro (Ap. 22:7).

Vivir con la expectativa de la segunda venida de Jesús es la manera más sabia de vivir, porque se trata de la verdad más confiable del universo.

A todo lo largo de nuestro estudio nos hemos preguntado qué significa para nosotros guardar las palabras de la profecía de este libro. Y ahora que el libro llega a su fin, la pregunta que se nos plantea es: ¿Permitiremos que nuestra vida sea transformada por las imágenes que hemos visto y por las declaraciones que hemos oído? ¿Definirá la realidad de la venida de Jesús para juicio y salvación nuestras prioridades, nuestros intereses, nuestras finanzas, el uso de nuestro tiempo y nuestra energía, la manera en que hablamos a otros acerca de Cristo y como nos hablamos a nosotros mismos acerca de lo que es real y fiable?

Para recapitular lo que hemos visto en los veintidós capítulos de Apocalipsis, hemos aprendido que ahora mismo y por la eternidad hay una bendición profunda y tangible que está a disposición de aquellos que:

- tienen una visión de Jesucristo que se conforma a la visión de Apocalipsis acerca de quién es Él, lo que Él ha logrado y lo que Él llevará a cabo en su segunda venida;
- están dispuestos a evaluar sus iglesias y a evaluarse a sí mismos a la luz de los elogios y las críticas de las cartas a las iglesias en Apocalipsis 2 y 3;
- adoptan la adoración celestial de Dios que presenta Apocalipsis 4 y 5 como el parámetro de su propia adoración;
- perseveran en su valiente lealtad a Cristo y testifican de Cristo aunque cueste;
- ven tras el falso barniz la verdadera fealdad de los sistemas, las filosofías y las prioridades de este mundo;
- descansan en la providencia de Dios, creyendo que Él tiene el poder para llevar a acabo todo lo que ha revelado y prometido en este libro;
- esperan que el malvado experimente el juicio de Dios y saben que celebraremos su justicia divina y su rectitud;
- orientan sus vidas hacia la nueva creación, negándose a esperar que esta vida bajo el orden actual llegue a satisfacerlos y sustentarlos verdaderamente;
- ansían ver a su Salvador cara a cara y gozar de comunión con Él eternamente.

Es mi anhelo que este estudio del libro de Apocalipsis haya sido mucho más que el esclarecimiento de algunos puntos de interpretación. El objetivo es vivirlo, guardarlo y obedecerlo. El objetivo es la perseverancia paciente. El objetivo es vencer la influencia de este mundo que quiere llevarnos a transigir, arrastrarnos a la apatía y a la idolatría. El objetivo es un día vestirnos con las vestiduras blancas de la justicia de Cristo, oír nuestros nombres cuando se lea el libro de la vida del Cordero, ser sellados, santificados y salvos. El objetivo es, a la luz del versículo siguiente donde Juan nos revela su propia respuesta frente a lo que vio, adorar al Dios que ha provisto esta revelación de sus planes y propósitos para nosotros:

Yo Juan soy el que oyó y vio estas cosas. Y después que las hube oído y visto, me postré para adorar a los pies del ángel que me mostraba estas cosas. Pero él me dijo: Mira, no lo hagas; porque yo soy consiervo tuyo, de tus hermanos los profetas, y de los que guardan las palabras de este libro. Adora a Dios (Ap. 22:8-9).

La respuesta instintiva de Juan a lo que se permitió ver en las visiones de Apocalipsis fue postrarse en adoración a los pies del ángel que le mostraba todo ello. Sin embargo, como bien sabemos, adorar a un ser creado, sin importar cuán glorioso sea, sería arrebatarle la adoración a Aquel que es digno de nuestra adoración. Hemos visto que Dios desde su trono derrama su juicio justo, reviste de poder a su pueblo para testificar y establece su morada con su pueblo. Estas son algunas de las múltiples razones por las cuales Dios es digno de nuestra adoración, según nos enseña el libro de Apocalipsis.

Apocalipsis debe renovar tus fuerzas para adorar e infundir en ti el anhelo profundo de adorar.

Si en verdad has asimilado lo que hemos leído en Apocalipsis, tu cabeza y tu corazón están llenos de imágenes que deben guardarte de una adoración floja o indiferente. Apocalipsis debe renovar tus fuerzas para adorar e infundir en ti el anhelo profundo de adorar.

Y me dijo: No selles las palabras de la profecía de este libro, porque el tiempo está cerca (Ap. 22:10).

Alrededor de setecientos años antes, el profeta Daniel recibió una visión similar. Sin embargo, las instrucciones que recibió acerca de su visión fueron muy diferentes. A Daniel se le dijo: "Cierra las palabras y sella el libro hasta el tiempo del fin" (Dn. 12:4). A Juan se le ordenó que *no* sellara las palabras de las visiones que le fueron dadas. ¿Por qué? Porque él está viviendo los últimos días. El "tiempo" del fin está cerca.

Tan pronto comprendemos claramente que al escribir el versículo 10 Juan tiene en mente Daniel 12, podemos encontrarle sentido a lo que escribe en el versículo 11 que, a simple vista, parece fatalista:

> El que es injusto, sea injusto todavía; y el que es inmundo, sea inmundo todavía; y el que es justo, practique la justicia todavía; y el que es santo, santifíquese todavía (Ap. 22:11).

Cuando comparamos lo que escribe aquí Juan con Daniel 12:10, que dice: "Muchos serán purificados y perfeccionados, y quedarán limpios, pero los malvados seguirán en su maldad. Ninguno de ellos entenderá nada, pero los sabios lo entenderán todo", podemos ver que Juan nos indica como lectores que la profecía de Daniel se está cumpliendo ahora, de modo que no debe desanimarnos la oposición de quienes persisten en su maldad; antes bien, debemos persistir en caminar en pos de la justicia y la santidad.

La Biblia nos muestra una y otra vez que ante la Palabra de Dios algunos se derriten y responden en arrepentimiento y fe, mientras que otros se endurecen y responden a ella con oposición y rechazo. La imagen que Juan presenta aquí es lo opuesto a la bendición de oír y guardar las palabras de este libro; ilustra la maldición de oír y endurecerse ante el mensaje de este libro.

La bendición de experimentar la gracia de Apocalipsis

Jesús se identifica de nuevo como el principio y el fin, el que va a regresar para poner en orden todo lo que Él creó:

> He aquí yo vengo pronto, y mi galardón conmigo, para recompensar a cada uno según sea su obra. Yo soy el Alfa y la Omega, el principio y el fin, el primero y el último (Ap. 22:12-13).

Cuando leemos las palabras "galardón" y "recompensa" nos resultan familiares. En este libro hemos leído bastante acerca de cómo Jesús da a las personas lo que merecen justamente. Sin embargo, debo suponer que los primeros lectores de este libro necesitaban oír repetidamente que Jesús iba a venir a dar su merecido a quienes los habían perseguido y habían arrastrado a sus seres queridos a la prisión o a la muerte. No se cansarían de oírlo. Necesitaban tener la certeza de que podían confiar que Aquel que es el Alfa y la Omega estará allí al final para repartir su ira a quien la merezca.

Jesús quiere que sepamos que nunca lamentaremos vivir para Él; antes bien, que seremos recompensados por vivir para Él.

Sin embargo, Jesús no solo habla de retribución a quienes merecen su ira. Su retribución también incluye su recompensa. Recuerda que uno de los objetivos de Apocalipsis ha sido llamar a los creyentes a que perseveren en la novedad de vida que han experimentado en su unión con Cristo. Jesús quiere que sepamos que nunca lamentaremos vivir para Él; antes bien, que seremos recompensados por vivir para Él.

Esto nos recuerda la parábola que contó Jesús acerca del señor que viajó lejos y, antes de irse, confió sus bienes a sus siervos con la idea de que, durante su ausencia, invirtieran esos recursos y obtuvieran ganancias para su reino. A los siervos fieles el señor dijo a su regreso: "Bien, buen siervo y fiel; sobre poco has sido fiel, sobre mucho te pondré; entra en el gozo de tu señor" (Mt. 25:21). Ahí esta la retribución, la recompensa.

Cuando Jesús declara que va a pagar a cada uno conforme a sus obras, no se refiere a la salvación por obras. Antes bien, se refiere a la recompensa por las obras que son la evidencia de que una persona ha sido salva, obras que son el fruto de una vida salvada por la gracia. Sabemos que esto es a lo que Jesús se refiere porque las palabras que vienen en seguida nos muestran una imagen de esta gracia:

Bienaventurados los que lavan sus ropas, para tener derecho al árbol de la vida, y para entrar por las puertas en la ciudad. Mas los perros estarán fuera, y los hechiceros, los fornicarios, los homicidas, los idólatras, y todo aquel que ama y hace mentira (Ap. 22:14-15).

¡Qué futuro tan absolutamente diferente les espera a quienes responden al ofrecimiento de la gracia de Jesús en arrepentimiento humilde, en contraste con el futuro de quienes rechazan la oferta de gracia en orgullosa oposición! Los primeros experimentarán la bendición inmerecida y completa de una vida absolutamente satisfactoria en la presencia de un Salvador que los ha amado y limpiado. Los otros experimentarán una maldición totalmente merecida y completa de una desdicha interminable lejos de la presencia del Salvador a quien rechazaron y deshonraron.

La bendición de esperar la promesa de Apocalipsis

En los últimos versículos de Apocalipsis oímos de nuevo la voz de Jesús declarando que Él es el cumplimiento de dos profecías del Antiguo Testamento:

Yo Jesús he enviado mi ángel para daros testimonio de estas cosas en las iglesias. Yo soy la raíz y el linaje de David, la estrella resplandeciente de la mañana (Ap. 22:16).

Isaías escribió: "Saldrá una vara del tronco de Isaí, y un vástago retoñará de sus raíces" (Is. 11:1). El "tronco de Isaí" era una expresión para aludir al pueblo de Israel que, tras ser arrasado por los babilonios, parecía un tronco seco. Jesús quiere decir que Él es el brote verde que salió de ese aparente tronco seco. En seguida, Isaías declara que cuando venga ese rey que desciende de Isaí, "reposará sobre él el Espíritu de Jehová" (11:2); "con el espíritu de sus labios matará al impío" (11:4); "morará el lobo con el cordero" (11:6); y "la tierra será llena del conocimiento de Jehová, como las aguas cubren el mar" (11:9). Al identificarse como la raíz y el descendiente de David, Jesús afirma que Él es ese rey y que con su venida hará realidad todo lo que Isaías escribió en su profecía.

"La estrella resplandeciente de la mañana" alude a Números 24:17, un pasaje que registra la profecía del misterioso chamán pagano llamado Balaam, quien dijo: "Saldrá estrella de Jacob, y se levantará cetro de Israel". Balaam pasa a hablar de todos los enemigos que serán despojados cuando venga esta estrella, este rey. De modo que al llamarse "la estrella resplandeciente de la mañana", Jesús declara que su venida como rey será el amanecer de un nuevo día. Él brillará como una estrella resplandeciente sobre una nueva creación. Será el día eterno de Dios que nunca tendrá fin. Es el día que hemos anhelado. Es el día que hemos esperado con perseverancia paciente. Imaginar y esperar con ansias ese día puede llenarnos del valor que necesitamos para enfrentar lo que sea que el hoy nos depare.

La bendición de responder a la invitación de Apocalipsis

Hemos oído hablar al ángel, hemos oído hablar a Juan y hemos oído hablar a Jesús mismo. Ahora oímos hablar al Espíritu y a la novia. En otras palabras, este es el mensaje que el Espíritu Santo comunica al mundo a través de los labios de quienes están enamorados de Jesús:

> Y el Espíritu y la Esposa dicen: Ven. Y el que oye, diga: Ven. Y el que tiene sed, venga; y el que quiera, tome del agua de la vida gratuitamente (Ap. 22:17).

Como quienes estamos comprometidos para casarnos con Cristo para siempre, decimos al mundo que nos rodea: "Ven". Mientras llega ese día, invitamos a todos los que tienen sed de algo más que lo que este mundo ofrece a que acudan al único pozo que nunca se secará, la única fuente que puede saciar nuestra sed de vida, de intimidad y de significado. Decimos a los sedientos: "Dejen de esperar que pueden saciarse con lo que este mundo tiene para ofrecer. ¿Desean algo más? Ese deseo es lo único que necesitan. Esta vida y esta relación son el regalo gratuito para todo el que esté dispuesto a traer a Cristo nada más aparte de su necesidad".

Apocalipsis concluye con unas palabras finales de Jesús, una respuesta final de Juan y una oración final del apóstol por nosotros.

Las palabras finales de Jesús expresan lo que Él espera que resuene en nuestros oídos y cautive nuestros corazones:

El que da testimonio de estas cosas dice: Ciertamente vengo en breve (Ap. 22:20a).

Piensa en lo importantes que son las últimas palabras que pronuncia una persona. Por lo general, lo que quieren decir es lo más importante. Es lo que quieren que sus oyentes retengan y recuerden. Jesús quiere que tú y yo nos aferremos a su promesa de su venida.

Juan oye estas palabras finales de Jesús y responde a lo que Jesús ha dicho:

Amén; sí, ven, Señor Jesús (Ap. 22:20b).

Juan lo ha internalizado todo. Lo ha escrito todo. Ha llenado su corazón de adoración, de asombro y de anhelo por la venida del Rey, un anhelo de que Jesús ponga fin a la maldad para siempre, un anhelo de que Él introduzca a su pueblo a la nueva creación, un anhelo de que Él viva con nosotros y nos satisfaga para siempre. Así que clama en respuesta a la promesa de Jesús, afirmando que la ha oído y que se aferra a ella. No existe nada que él anhele tanto como la venida de Jesús.

> Jesús quiere que tú y yo nos aferremos a su promesa de su venida.

Juan pareciera saber que habrá un tiempo de espera antes de la venida prometida de Jesús y que su pueblo va a necesitar gracia para poder esperar aquel día y perseverar hasta entonces. Por consiguiente, ora pidiendo que experimentemos esa gracia:

La gracia de nuestro Señor Jesucristo sea con todos vosotros. Amén (Ap. 22:21).

Esta es también mi oración por ti. Oro para que tu respuesta a todo lo que has leído, meditado y puesto en oración a lo largo del libro de Apocalipsis inspire en ti la misma respuesta de Juan: Que descubras en ti ese mismo anhelo por la venida de Jesús. Y oro para que Él te dé la gracia para perseverar con paciencia mientras esperas su venida.

- Que seas bendecido con la fortaleza espiritual que necesitas para guardar lo que está escrito en este libro.
- Que seas bendecido con la gracia para limpiar tus vestiduras en la sangre purificadora de Cristo, a fin de que puedas vivir confiado en que serás recibido en su presencia en la creación purificada.
- Que seas bendecido con el gozo de invitar a los sedientos que te rodean a que vengan y beban del agua de vida que solo se halla en Cristo.
- Que seas bendecido con el anhelo por la venida de tu Rey y por el amanecer del día que no tiene fin.

BIBLIOGRAFÍA

Bauckham, Richard. *The Theology of the Book of Revelation*. Cambridge, UK: Cambridge University Press, 1993.

Beale, G. K., con David H. Campbell. *Revelation: A Shorter Commentary*. Grand Rapids, MI: Eerdmans, 2015.

Beale, Gregory K., y Donald A. Carson. *Commentary on the New Testament Use of the Old Testament*. Ada, MI: Baker, 2007.

ESV Study Bible. Editado por Wayne Grudem. Wheaton, IL: Crossway, 2018.

Ferguson, Sinclair. Serie de sermones acerca de Apocalipsis. "Resources", The Gospel Coalition. Consultado el 18 de agosto de 2021. https://thegospelcoalition.org.

Goldsworthy, Graeme et al. *The Goldsworthy Trilogy*. Milton Keynes, UK: Paternoster, 2011.

Hamilton, James M. *Revelation: The Spirit Speaks to the Churches*. Wheaton, IL: Crossway, 2012.

Hendriksen, William. *Más que vencedores: una interpretación del Apocalipsis*. Grand Rapids, MI: Libros Desafío, 2005.

Hoekema, Anthony A. *The Bible and the Future*. Grand Rapids, MI: Eerdmans, 1994.

Johnson, Dennis E. *Triumph of the Lamb: A Commentary on Revelation*. Phillipsburg, NJ: P&R, 2001.

Kruger, Michael J. *Hebrews to Revelation*. Curso 0NT5350, Reformed Theological Seminary. Consultado el 18 de agosto de 2021. https://itunes.apple.com.

Leithart, Peter J. *Revelation 1–11*. Edinburgh: Bloomsbury, 2018.

Mackie, Tim. "Apocalyptic Literature". *Bible Project* pódcast. Consultado el 18 de agosto de 2021. https://bibleproject.com/.

Morris, Leon. *Apocalyptic.* Grand Rapids, MI: Eerdmans, 1972.

Phillips, Richard D. *Revelation.* Reformed Expository Commentary. Phillipsburg, NJ: P&R, 2017.

Poythress, Vern S. *The Returning King: A Guide to the Book of Revelation.* Phillipsburg, NJ: P&R, 2000.

Riddlebarger, Kim. "Sermons on the Book of Revelation". The Riddleblog. Consultado el 18 de agosto de 2021. http://kimriddlebarger .squarespace.com.

Ryken, Leland. *Words of Delight: A Literary Introduction to the Bible.* Ada, MI: Baker, 2003.

Sach, Andrew, y Andrew Latimer. "666: Armageddon and the End of the World: What Does the Bible Actually Say?". Serie de sermones. Grace Church Greenwich, enero-mayo 2021. https://www .greenwich.church.

Schreiner, Thomas R. "Commentary on Revelation". *Expository Commentary Hebrews-Revelation.* Wheaton, IL: Crossway, 2018.

———. *The Joy of Hearing: A Theology of Revelation.* New Testament Theology. Wheaton, IL: Crossway, 2021.

Wilcock, Michael. *The Message of Revelation: I Saw Heaven Opened.* The Bible Speaks Today. Westmont, IL: InterVarsity Press, 1991.

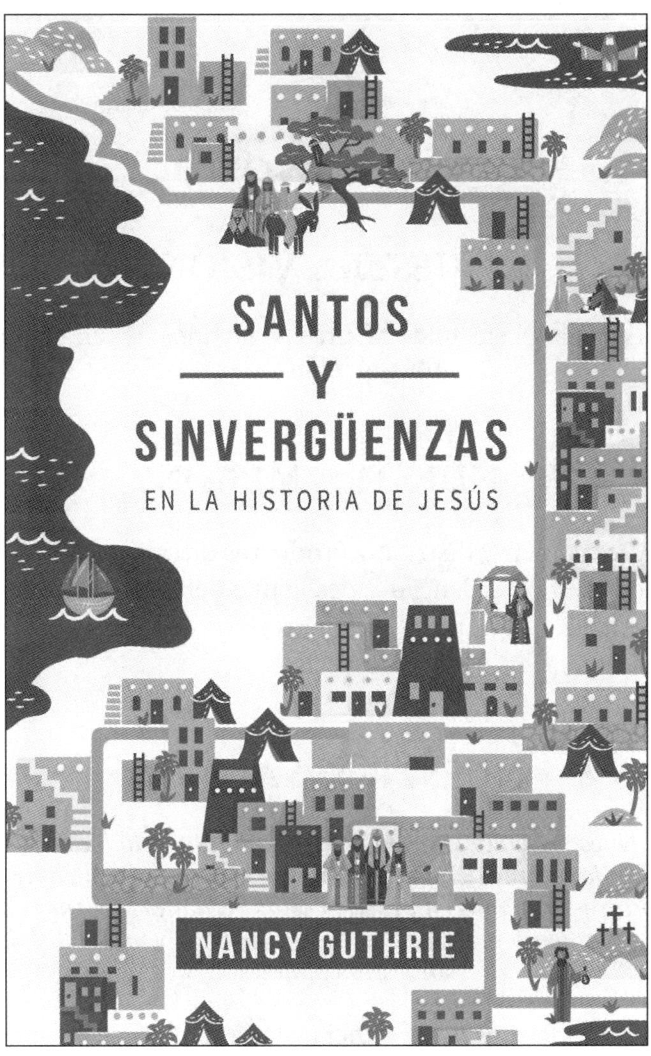

La historia de Jesús en los Evangelios incluye todo tipo de individuos interesantes: algunos que decían ser santos pero demostraron ser sinvergüenzas, y otros sinvergüenzas que se transformaron en santos. En *Santos y sinvergüenzas en la historia de Jesús*, Nancy Guthrie ofrece una nueva mirada a lo que definió y motivó a personas como Juan el Bautista, Pedro, los fariseos, Zaqueo, Judas, Caifás, Barrabás, Esteban y Pablo. Únete a ella mientras nos vuelve a presentar a estos personajes bíblicos, y nos ayuda a ver más claramente de qué manera revelan la generosa gracia de Jesús hacia los pecadores.

NUESTRA VISIÓN

Maximizar el efecto de recursos cristianos de calidad que transforman vidas.

NUESTRA MISIÓN

Desarrollar y distribuir productos de calidad —con integridad y excelencia—, desde una perspectiva bíblica y confiable, que animen a las personas a conocer y servir a Jesucristo.

NUESTROS VALORES

Nuestros valores se encuentran fundamentados en la Biblia, fuente de toda verdad para hoy y para siempre. Nosotros ponemos en práctica estas verdades bíblicas como fundamento para las decisiones, normas y productos de nuestra compañía.

Valoramos la excelencia y la calidad
Valoramos la integridad y la confianza
Valoramos el mérito y la dignidad de los individuos y las relaciones
Valoramos el servicio
Valoramos la administración de los recursos

Para más información acerca de nuestra editorial y los productos que publicamos visite nuestra página en la red: www.portavoz.com